KB144662

# 콘텐츠와 글쓰기로
# 매출 올리는
# SNS
# 마케팅

**플랜스페이스** 지음

**BM** (주)도서출판 **성안당**

급속히 변화하는 SNS 생태계를 이해하고 대응할 수 있도록 필요한 부분을 콕콕 짚어 주는 책이다. 특히 단기적인 대응이 아닌 장기적인 혜안을 얻을 수 있도록 도움을 주는 전략서이자 실용서로, SNS 마케팅 초급자부터 중·고급자까지 만족시킬 수 있다.

– Idea Doctor 이장우 박사(한국인공지능포럼 회장)

이 한 권의 책 속에는 SNS 플랫폼 사용법에 대한 다양한 사례를 담고 있다. 효과적인 소비자 맞춤형 정보 전달 방법과 버즈 마케팅에 대한 노하우를 취득할 수 있을 것이다.

– 이인숙 교수(서울디지털대학교 디자인학과)

특별함에서 일상생활 용어가 된 SNS는 사람들과 사람들 사이에 기업과 사람들 사이에 커뮤니케이션의 혁신을 이룬 주역이다. SNS 마케팅을 제대로 실행하고자 하는 분들에게 이 책을 권한다.

– 박희용 대표(주식회사 위브앤)

고대 불의 발견처럼 현재 세상을 혁신적으로 변화시키는 도구가 바로 SNS이다. 이 책은 저자가 오랫동안 SNS 분야에서 활동한 실무 경험을 바탕으로 SNS 마케팅의 입문에서부터 방법론까지 두루 다룬다. SNS의 시대, 성공을 갈망하는 모든 분께 일독을 권한다.

– 강경태 소장(한국CEO연구소)

실전 SNS 마케팅 최고 전문가의 비법을 공개한다는 소식을 듣고 오랫동안 기다렸다. 이제 당신은 SNS 마케팅에 대한 강력한 통찰력을 만날 수 있다.

– 구창환 소장(한국기업평판연구소)

SNS 실전 마케팅 최고 전문가가 공개한 SNS 마케팅 비법서이다.

– 김인기 전문위원, 경영학 박사(구월시장 문화관광시장 육성사업단)

전 국민 중 누구나 한 명은 가지고 있는 스마트폰, 클릭 몇 번이면 내가 원하는 정보를 쉽게 찾을 수 있습니다. 매일같이 보게 되는 광고와 뉴스들, 우리는 '정보의 허리케인', 빅데이터 시대에 살고 있습니다. 이 매개체가 SNS(Social Network Service) 플랫폼입니다. 사회 관계망 서비스는 인류의 타고난 소통 본능을 발현시켜 시공간의 개념을 사라지게 했으며 다양한 비즈니스 기회를 구현할 수 있도록 만들어 주었습니다. 이 시간에도 복잡하고 긴밀하게 연결된 네트워크 공간에서 정보가 유통되고 다양한 비즈니스 기회가 융합하고 있습니다.

SNS 플랫폼의 영향력과 파급력은 이제 아무도 무시할 수 없습니다. 코로나19 팬데믹으로 인한 사회적 거리두기와 비대면 일상이 지속되면서 소비자는 선택의 폭이 넓어지고 보다 가치 있게 소비하는 패턴으로 바뀌었습니다. 공급자가 만들어 내는 정보보다 소비자가 앞서가는 '정보의 역전' 현상이 더 커졌습니다. 이전과 다른 사회가 도래한 것입니다. 이에 외부 환경 변화에 대응하여 민첩하게 움직여야 합니다.

SNS 플랫폼 활용이 성숙기를 넘어서면서 '전략적 실행'과 '공감을 유도하는 스토리'가 중요해지고 있습니다. '전략적 실행'은 보다 빠르게 보다 구체적으로 보다 맞춤화하여 접근하는 것으로, '키워드' 전략과 '피드백'에서 찾을 수 있습니다. '키워드'는 고객을 찾는 징검다리로 중요한 역할을 의미하며, '피드백'은 SNS 운영에 대해서 검증하는 것을 말합니다. '공감을 유도하는 스토리'는 SNS 스토리텔링을 어떻게 하면 호소력 있고 매력적으로 차별화할 수 있는가를 의미합니다. SNS 마케팅이 필수인 시대에 SNS 플랫폼에 대한 활용과 접근 전략에 대해서 냉철하게 파악해 볼 필요가 있습니다.

책이 나오기까지 많은 노력이 들었습니다. 여러 분들의 첨언이 있었기에 출간이 가능했습니다. 출판사 관계자, 변함없는 우정으로 지적 깨우침을 주는 죽마고우 전경식, 마케팅 혜안과 가르침을 주신 박병형 박사님, 아낌없는 조언을 주신 한국교육강사연합회 홍웅식 회장님, SNS가 비즈니스 성공의 가늠자라고 가르침을 주신 한베콘텐츠협회 고 전충헌 회장님, 날카로운 지적을 해주신 ㈜위브앤 박희용 대표님, 저비용 고효율 마케팅을 적용할 수 있도록 조언해 주신 가치창업연구소 신영민 소장님께 진심으로 감사의 말씀을 드립니다. 어렸을 적부터 다양한 분야에 접근할 수 있도록 좋은 교육 환경을 만들어 주신 부모님께 감사드리며, 늘 따뜻하게 챙겨주는 친동생 장성숙에게 고마움을 전합니다.

플랜스페이스

이 책은 총 9파트, 56개의 섹션으로 구성되어 있습니다. 다양한 최신 SNS를 이용하여 콘텐트 제작과 마케팅 방법을 학습해 보세요.

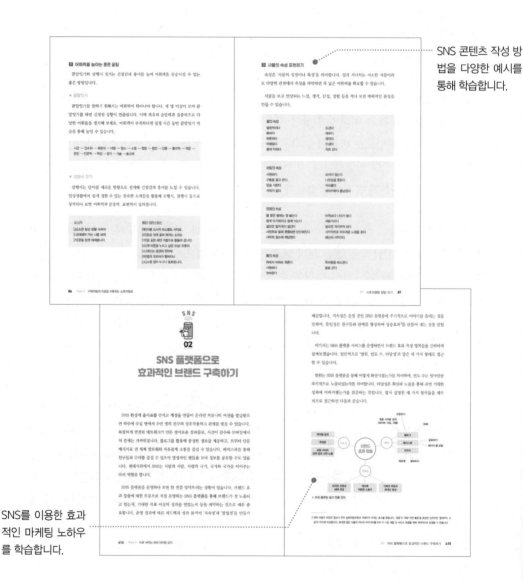

SNS 콘텐츠 작성 방법을 다양한 예시를 통해 학습합니다.

SNS를 이용한 효과적인 마케팅 노하우를 학습합니다.

## 클럽하우스 활용 백서

### 메뉴 설명

본격적으로 흥미진진한 이야기로 여백을 채우고 귀를 즐겁게 해주는 음성 SNS 클럽하우스 앱의 메뉴에 대해서 상세하게 알아보겠습니다. 메뉴들은 직관적인 아이콘 이미지로 디자인이 되어 있어 어떤 기능인지 어렵잖아 이해할 수 있습니다.

다양한 SNS를 사용하기 위한 기능 및 옵션을 설명합니다.

쉽게 SNS 마케팅 기법을 학습할 수 있도록 따라하기 형식으로 소개합니다.

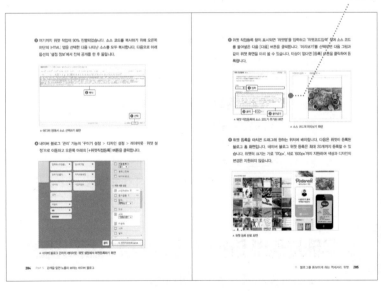

## Part 1 개인 맞춤형 SNS 마케팅 시작하기

## Part 2 구매자들의 마음을 유혹하는 스토리텔링

**Contents** 목차

## Part 5 검색을 알면 노출이 보이는 네이버 블로그

**Contents** 목차

**Part 6  SNS의 판을 키우기 위한 페이스북**

Contents 목차

## Part 8   고객 요구에 빠르게 반응하는 SNS 마케팅

# 개인 맞춤형
# SNS 마케팅 시작하기

# 애프터 코로나 시대,
# 어떻게 정보를 제공할까?

스마트폰이 없는 세상을 생각해볼 수 있을까요? 이제 가치 있는 정보를 찾고, 분석하고,
이해하고, 다시 가공해 전달하는 것이 중요해지고 있습니다.

#스마트폰 #정보홍수시대 #큐레이션(curation)

현재 우리들은 급속한 변화의 물결 속에 살고 있습니다. 자고 일어나면 삶의 패턴을
바꾸는 기술들이 등장합니다. 영화 속에서 보았던 첨단 기술, 3년 전에 문을 연듯
등장했던 서비스들이 현실 세계에서 활용되고 있습니다. 시간 흐름 속에서 기술
혁신은 몇 배 이상으로 진화하고 있다는 것을 느끼게 합니다.

대표적인 한 예로 전 국민 누구나 가지고 있는 스마트폰이 있습니다. 이제 스마
트폰은 상대방과의 소통 채널을 넘어서서 다양한 엔터테인먼트 서비스와 업무 수
행이 가능한 작은 컴퓨터로 인식되고 있습니다. 우리들에게 몰입의 즐거움과 놀
라움을 선사해 줍니다.

매년 스마트폰 기술이 진화하면서 인터넷 서비스가 향상되고 애플리케이션 숫
자가 기하급수적으로 늘어나고 있습니다. 과거 그 어느 때보다 풍성한 콘텐츠 혜
택을 누리고 있습니다. 언제 어디서나 볼거리가 많은 시대! 헤아릴 수 없는 정보의
물결! 여러분들은 얼마나 내가 원하고 필요한 정보들을 받고 있습니까? 아마

대부분 의식적이든 무의식적이든 다양한 접속 디바이스로 정보들을 찾고 습득할 것입니다.

과연 내가 선택한 정보가 정확하고 신뢰할 수 있을까요? 빅데이터 시대에 살고 있는 시점에서 고민해야 할 과제입니다. 새롭게 도래한 비대면 사회 속에서 정보 가치는 한층 더 중요해지고 있습니다. 맞춤화된 정보를 가공하고 제공할 수 있는 전문가와 기업이 도래하는 시대가 되었습니다.

▲ 위치 기반으로 소비자에게 빠른 서비스와 정보를 제공하는 큐레이션 개념의 '요기요 사장님' 광고

미술관이나 박물관에서 전시 콘셉트에 따라 작품을 선정하고 배치하는 사람들을 '큐레이터(curator)'라고 부릅니다. 최근 정보통신 분야에서도 이와 같은 용어를 사용하고 있습니다. 큐레이터는 사람들이 필요로 하는 것을 모으고 정리해서 적합한 것을 건네주는 역할을 하며, 직접 물건이나 작품을 만들지는 않습니다. TV에서도 건강이나 음식, 패션, 영화나 기타 여러 분야의 전문가들이 출

연하여 유용한 정보를 알려주거나 추천하기도 합니다. 이 가운데에는 사람들이 궁금해하는 것을 콕 집어내는 능력이 뛰어나고 영향력을 발휘하는 인플루언서(influencer)[1]들도 있습니다.

현대인은 생활이 복잡해지면서 점점 알아야 하는 것들이 많아졌고, 개인이 수용할 수 있는 정보 메시지가 한계 허용치를 넘어서게 되었습니다. 이에 따라 옳은 판단과 선택이 어려워졌습니다. 선택사항이 너무 많아졌고 각각을 들여다 보아도 알 수 없는 것들이 참 많습니다. 어느새 개인이 진정으로 무엇을 필요로 하는지를 알아내는 것조차 어려운 일이 되었습니다.

시장에서 치열하게 경쟁하는 기업들도 같은 문제를 겪고 있습니다. 경쟁에서 승리하기 위한 행동, 시점, 투자 범위와 규모 등 모든 선택이 사업에 지대한 영향을 끼칩니다. 이에 실패 확률을 최소화하고 수익을 극대화할 수 있는 선택과 판단이 필요합니다. 치열한 경쟁에서 객관적이고 이익과 직결된 정확한 정보를 얻는 것, 이를 통해 올바른 선택을 내리는 것은 대단히 중요하고도 힘든 일입니다.

정보의 가치는 양이 아니라 유용성에 따라 결정됩니다. 다양한 정보는 소비자의 안목을 넓히는 데 도움이 되지만, 구체적인 문제를 해결해야 할 때에는 다양성보다 정확성이 더 필요합니다.

앞으로 다루게 될 '큐레이션(curation)'은 수많은 정보 속에서 효과적으로 가치 있는 정보를 찾고, 분석하고, 이해하고, 그것을 필요로 하는 사람들에게 전달하는 것입니다. 이를 위해서는 지금 현재, 우리가 살고 있는 시대에서 이야기하는 '정보'가 어떤 의미를 가지는지 확인할 수 있도록 보다 넓고 깊은 안목을 갖춰야 합니다. 살아 움직이는 정보의 가치를 이해했다면 그다음은 이를 통해 새로운 가

---

1 SNS상에서 영향력이 큰 개인을 의미하며, SNS 플랫폼 계정에 수십만 명의 팔로워를 보유한 유명인을 말합니다.

치의 가능성을 찾고, 실제로 정보를 가공하고 유통하는 방법들을 살펴볼 차례입니다.

이 책은 크게 두 가지 관점에 따라 구성되어 있습니다. 전반부에는 정보의 속성과 가치를 사례와 함께 살펴보고 정보 큐레이션의 핵심 가치인 키워드 전략과 SNS 스토리텔링에 대해서 알아볼 것입니다. SNS 마케팅 전략에서 키워드와 스토리텔링은 성과 창출에 있어 중요한 위치를 차지하고 있어 SNS 플랫폼 실행하기 전에 체크하길 바랍니다. 후반부에는 SNS 플랫폼을 효과적으로 활용할 수 있는 다양한 방법과 팁을 살펴볼 것입니다. 또한 SNS 큐레이터가 실무에서 부가가치를 효과적으로 창출할 수 있는 실전 노하우를 습득할 수 있습니다.

**글로벌 모바일 데이터 트래픽(월 엑사바이트(EB) 단위)**

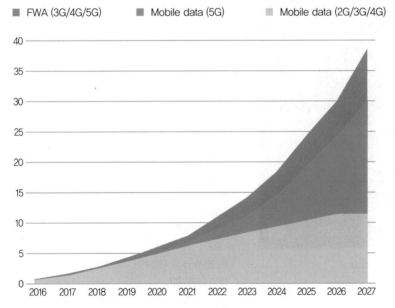

www.ericsson.com

▲ 에릭슨 모빌리티 보고서에 의하면 모바일 데이터 트래픽이 급속하게 증가하고 있다는 것을 알 수 있습니다.

미국 데이터 분석 소프트웨어 기업인 도모(Domo)는 수년째 '데이터는 결코 잠들지 않는다(Data naver sleeps)'라는 인포그래픽 자료를 발표하고 있습니다. 2023년에 내놓은 11.0 버전을 보면 전 세계적 인터넷 사용자가 생성하는 데이터 양을 큰 그림으로 살펴볼 수 있습니다. 1분 동안 더 많은 사람들이 디지털 플랫폼 및 서비스와 상호 작용하며 데이터가 어떻게 지속적으로 진화하는지 보여 줍니다. 매 년 빅테크(Big Tech) 회사들이 새로운 기록을 갈아치우고 있어 이제는 국경도 시차도 중요하지 않다는 것을 알게 합니다. 이러한 성장 흐름을 보면 앞으로의 수치는 더욱 놀라울 것이라는 것을 기대할 수 있습니다.

▲ https://www.domo.com/

**1분 동안…**

- 구글(Google)에서는 630만 개의 검색이 이뤄집니다.
- X(구 Twitter)는 분당 360,000개의 게시물이 발생합니다.
- 아마존(Amazon)에서는 매분 455,000달러 이상의 매출을 기록하고 있습니다.
- 에어비앤비(Airbnb) 투숙객은 747개의 숙박 예약을 하고 있습니다.
- 시청자들은 43년의 스트리밍 컨텐츠를 시청하고 있습니다. 스트리밍 세계는 계속해서 지배적입니다.
- 챗GPT는 6,944개의 프롬프트를 제출합니다.
- 페이스북(Facebook) 사용자들은 400만개의 게시물을 좋아하고 있습니다.
- 전세계 인터넷 사용자들은 2,510만 시간을 온라인에서 소비합니다.
- 평균적으로 한 명당 102MB의 데이터를 생성하고 있습니다.
- 사람들은 2억 4,100만 개의 이메일을 보냅니다.
- 트위치(TWITCH) 사용자들은 48,000시간의 콘텐츠를 시청합니다
- 벤모(Venmo) 사용자는 463,768달러 상당의 결제 금액을 보내고 있습니다.
- 도어대시(Doordash) 고객은 122,785달러의 주문을 하고 있습니다.
- 인스타그램(Instagram)에서는 다이렉트 메시지를 통해 694,000개 이상의 릴을 보내고 있습니다.
- 사이버 범죄자들은 30건의 DDoS 공격을 감행하고 있습니다.
- 링크드인(Linkdin) 사용자는 6,060개 이력서를 제출하고 있습니다.

# SNS로 필요한 정보 제공하기

전 세계에 축적된 데이터의 90%는 2015년 이후에 생산된 것이라고 합니다.
수많은 정보 속에서 질 좋은 정보를 찾아내는 것은 중요해지고 있습니다.
#실시간 #좋은정보찾기

인터넷의 발달과 폭발적인 보급 덕분에 대량의 정보와 마주하면서 정보 가치에 대해 다시 생각하게 되었습니다. 누구에게나 열려있는 인터넷 공간은 여러 사람이 자발적으로 참여해 의사소통하고 다양한 정보를 공유합니다. 이러한 점은 긍정적인 면이 있지만 한편으로는 잘못되거나 왜곡된, 어떤 의도에 따라 본질을 흐리는 정보와 함께 부정적인 면을 가져왔습니다. 이로 인해 인터넷 정보는 기존의 문자화된 정보나 방송의 신뢰도에 비교하면 아직 그에 걸맞지 않은 평가와 인식을 받고 있습니다.

시간이 지나 초연결 초테크 사회가 되면서 인터넷 정보에 대한 이해와 접근 이전과 달라졌습니다. 글로벌 네트워크 시대를 맞이하면서 일상생활에 큰 변화가 일어나게 되고 인문, 문화, 예술 등의 폭넓은 분야가 서로 융합되는 새로운 정보 생태계가 만들어졌습니다. 이로 인해 새롭게 형성된 정보 공유의 장이 형성되었고 인터넷 정보에 대한 기대가치를 한 차원 높여 놓았습니다. 또한, 동시다발적으로 생성되는 다양한 데이터 양으로 인해 기존의 정보 매체와 다르게 정보를 새로운 관점에서 바라보게 합니다.

앞으로 정보의 오류를 최소화하고 객관성을 높이는 '신뢰성', 정보의 정확도를 의미하는 '무결성', 언제 어디서나 접속할 수 있는 '접근성'은 인터넷 정보 가치에 대한 기대감과 잠재력을 높여줄 것입니다.

우리가 정보의 질을 생각할 때 좋은 정보를 얼마나 가지고 있느냐에 더해, 올바르고 필요한 정보를 찾고 골라내는 검색, 평가, 재생산하는 관점은 앞으로 더욱 중요한 화두가 되었습니다.

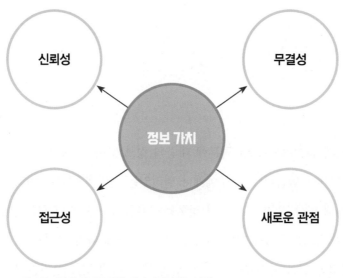

▲ 정보의 가치와 정보를 검색, 평가 재생산하는 관점

## ◼ 다양한 비즈니스 영역에 스며 있는 메타데이터

메타정보는 개체를 설명하는 정보입니다. 충무공 이순신의 난중일기에서 책이 담고 있는 기록들은 일기로써의 콘텐츠입니다. 이를 저술한 저자, 기록된 날짜, 주제, 역사적 가치 등 난중일기를 설명하는 정보가 바로 메타정보입니다.

메타정보는 새로운 것이 아니라 실생활에서도 이미 여러 형태로 활용되고 있습니다. 서점에서 책들을 분야나 주제에 따라 배치하는 것은 각 도서의 목적과 성격을 담은 메타정보를 분류한 것입니다.

탐색자가 정보를 검색할 때 책 제목이나 노래 제목과 같이 정확하게 대상을 인지하고 찾는 경우도 많지만, 그렇지 않은 경우가 대부분일 것입니다. 나름 자신의 필요에 따라 적당한 주제어들을 생각하고 그 가운데 검색률이 가장 높은 단어들을 조합해 인기 검색어를 정합니다.

메타정보[2]는 정보의 속성을 간결하게 만들고 연관 정보와의 관계를 설명해 줍니다. 이를 통해 정확한 검색어를 모르거나 찾고자 하는 주제와 인접한 정보를 유용하게 제공하는 매개체가 됩니다. 다시 말해 메타정보는 올바른 정보를 찾기 위한 가장 핵심적이고 중요한 정보라고 할 수 있습니다.

▲ 메타정보는 정보의 속성을 간결하게 만들고 연관 정보와의 관계를 설명해 준다.

■ 고객에게 풍성한 구매 경험을 제공하라

아마존은 작은 차고에서 온라인 서점을 시작하였습니다. 현재 대규모 온라인 쇼핑몰은 물론 클라우드 서비스에 이르기까지 세계 정보통신 시장에서 중요한 역할을 하는 기업으로 성장했습니다. 더 나아가 모든 종류의 제품과 자사 콘텐츠 서비스를 이용할 수 있는 전용 스마트폰, 태블릿 제품을 개발하고 있습니다.

대규모 쇼핑몰을 운영하면서 수많은 제품의 정보를 관리하는 것 역시 보통의 상상력을 뛰어넘는 힘든 일입니다. 아마존은 단순한 상품정보 제공에서 멈추지

---

2 메타정보는 고객의 구매 취향이나 패턴을 도출하여 더욱 적극적으로 상품을 제안할 수 있습니다.

않았습니다. 각 제품의 메타정보를 축적하고 시스템으로 연관 정보를 관리해 고객에게 보다 적극적으로 상품들을 제안하고 있습니다.

고객이 온라인몰에서 원하는 상품을 찾는 과정 중에 기록들을 남깁니다. 아마존은 이러한 기록들을 상품의 메타정보와 엮어서 고객이 관심 있을 만한 상품, 함께 구입하면 더 좋을 상품, 당장은 아니더라도 다음에 한 번 더 관심을 가질 만한 상품들을 소개합니다. 이러한 제안은 분류와 필터링을 통해 관심사를 좁혀 나가거나 정확한 상품명을 출발점으로 하여 분류 검색 또는 필터링 방식으로 조합하고 있습니다.

이것은 자동화된 큐레이션 서비스로, 최적화된 상품 정보를 제공하기 위해 기본적으로 메타정보가 충실히 관리되고 있다는 것을 알 수 있습니다. 단순히 관심 상품 목록만 수집하는 것이 아니라 상품 사이의 연관성을 메타정보로 추출해 고객의 구매 취향이나 패턴을 전략적으로 활용합니다. 아마존은 일반적인 상품 검색 방법인 분류에 따른 탐색과 키워드 검색을 지원하며, 고객에게 보다 풍성한 쇼핑 경험을 제공하고 맞춤형 서비스로 기대가치를 높이고 있습니다.

▲ 아마존 온라인 쇼핑몰에서는 고객이 관심을 갖고 클릭한 상품 정보를 그대로 기록하여 서비스를 제공하고 있습니다.

▲ 고객의 관심 상품 메타정보를 활용해 비슷한 유형과 취향, 주제의 상품을 선별해서 화면에 나타냅니다.

## ② 일상 정보가 실시간으로 저장되고 있는 시대

정보가 다양화되고 가속화되면서 이를 정리하는 방법에 대해서도 관심이 높아졌습니다. 개별 정보의 가치와 속성은 메타정보를 통해 설명할 수 있지만, 이를 그룹으로 분류하는 것은 또 다른 관점이 필요합니다. 정보의 1차적인 의미와 2차적인 활용성, 다른 연관 정보와의 연속성에서 창출되는 부가가치 등은 정보가 적절하게 분류되지 않으면 실제로 정보를 탐색하는 과정에서의 효용성이 제한됩니다.

거대한 창고에서 원하는 제품을 찾아 헤매는 것을 상상해 보면 아카이빙(Archiving)[3]이 얼마나 중요한지 쉽게 알 수 있습니다. 정보 검색 과정은 인터넷의 하이퍼텍스트(Hypertext)[4] 방식으로 바로 접근해 계층형 구조[5]로 관심사의 초점을 큰 분류에서부터 점차 세부적으로 좁혀 나갑니다. 이 방식은 비효율적일 수 있지만 또 다른 부가가치를 생성합니다. 정보를 보다 넓게 이해할 수 있으며 연관 정보에 대한 폭넓은 접근 기회를 제공합니다.

정보 구조화는 주체의 목적과 성향에 따라 달라집니다. 개인 신상 정보를 구조적으로 축적할 때 은행에서 고객을 대상으로 하는 것과 학교에서 학생을 대상으로 하는 것은 극적인 차이를 보이며, 아카이빙의 주체뿐만 아니라 시대 상황 역시 정보 구조화에 영향을 줍니다.

최근 다양한 정보를 특정 관점에 따라 구조화하기보다 정보 자체는 저장의 효율성이라는 측면에서 관리합니다. 이는 필요에 따라 동적으로 목록화하는 기술 발전에 의해 언제든지 달라질 수 있는 환경에 대비하기 위한 대응 전략입니다.

---

3 아카이빙은 정보를 구조화하는 작업입니다.
4 하이퍼텍스트는 1960년 컴퓨터 개발자이자 철학자인 테드 넬슨이 자신의 재나두 프로젝트(Project Xanadu)를 설명하기 위해 고안한 용어입니다. 이는 전 세계 정보를 연결하는 정보 실크로드를 만들고자 한 프로젝트입니다. 사용자가 하나의 문서에서 다른 문서로 즉시 이동할 수 있도록 조직화된 텍스트로, 월드와이드웹(WWW)을 개발하는 데 큰 영향을 주었습니다. 이와 관련된 정보를 링크 또는 하이퍼링크라고 합니다.
5 계층형 구조는 나무뿌리가 아래로 확장되어 뻗어나가는 모양과 흡수하여 트리(Tree) 구조라고 합니다. 데이터의 상호관계를 트리 형태로 조직하고 구조화하여 대용량 데이터 처리에 용이합니다

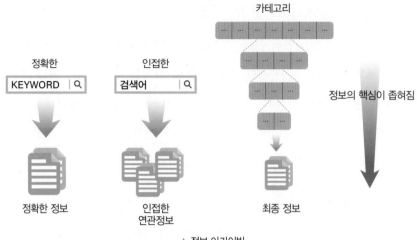

▲ 정보 아카이빙

## 3 정보의 홍수 시대, 선택 과잉에 빠지다

수많은 정보 중에서 신뢰할 수 있고 충실한 정보는 어떻게 알 수 있을까요? 정보는 구체적인 사실을 제공하기 위한 정황을 담고 있지만, 개인의 주관적인 의견처럼 소비자 관점에 따라 가변적인 가치를 갖는 정보가 있습니다. 전자의 경우 상호 검증(Cross-Validation)을 통해 비교적 쉽게 정보의 진실성을 판단할 수 있고, 후자의 경우 다양한 가능성을 포함하기 때문에 쉽게 정보의 가치[6]를 정의하기가 힘듭니다. 어느 정치인의 정책이 지지자에게는 매우 중요하고 유효한 것이지만 반대 의견을 가지는 사람들에게는 전혀 다른 의미를 가지는 것과 같습니다. 고정되지 않은 정보의 가치를 평가하기 위해 많은 사람이 다양한 방법으로 접근하고 있습니다.

통계적인 방법[7]으로 가치를 정량화해서 계측하거나 해당 분야의 전문가 평가, 실제 소비자의 피드백을 수집해 분석하기도 합니다. 어떤 방식이든 정보는 소비자가 이해할 수 있는 어떤 권위가 전제되어야만 하고 이것은 쉽게 얻기 어려운 가치입니다.

---

6 비정형화된 정보가 많아지면서 정보의 검증 기준이 달라지고 있습니다.
7 평가 방법론, 전문가의 명성, 피드백 시스템의 투명성 등을 말합니다.

## 4 웹에서 맞춤화된 정보 찾기는 중요한 과정이다

정보를 검색하는 방식은 목적과 상황에 따라 매우 다양합니다. 명확한 주제어를 알거나 원하는 정보의 일부만으로 찾을 때도 있습니다. 이미 알고 있는 정보의 파생성이나 연관성에 따라 검색하는 경우도 많습니다. 좀 더 복잡한 경우 특정 정보를 활용한 다음 그 영향과 관련된 정보가 필요하기도 합니다.

유효한 정보를 찾기 위해서는 검색의 시작점을 결정해야 하고 그다음에 검색 방향을 설정해야 합니다.

검색의 시작점은 정확하게 원하는 정보가 무엇인지 정의하는 것입니다. 구체적인 정보 외에 어떤 것이든, 탐색자의 필요성을 충족시킬 수 있는 정보든, 정보 탐색에 대한 목표가 명확하면 접근 방식을 선택하기 쉽습니다.

검색의 방향성은 정보와 밀접한 관련이 있습니다. '서울 신촌 요식업 자영업자의 식자재 구매 유형'이라는 긴 주제를 검색할 때 개별 정보를 확장해 검색자 요구에 대응하는 정보로 구성할 수 있습니다. '신촌의 요식업'이라는 특수성과 '식자재'라는 구체적인 사항의 결합에는 신촌의 유동인구, 인기 메뉴, 시간대별 지역 방문자 수 등의 파생 정보를 추출할 수 있습니다.

이를 조합해 구매 유형 정보의 다양한 측면, 구입 식자재 종류, 지출 금액 범위, 주요 구입 시점과 같은 주제어들을 얻을 수 있습니다.

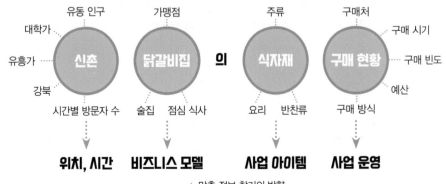

▲ 맞춤 정보 찾기의 방향

## 5 정보의 확장, 연관 정보

아카이빙은 연관성 있는 정보들을 묶어 구조화하고 이를 관리와 검색에 유용하도록 정보를 구성하는 것입니다. 여기서 연관성은 정보 간 유사성과 연속성이라는 측면에서 가치를 지닙니다. 이는 정보가치의 확장으로 해석할 수 있으며 검색 조건에 따라 범위가 정해질 수 있습니다.

정보 가치의 확장[8]은 특정 상황에서 매우 유용하게 참조할 수 있는 부가가치입니다. 정보 자체뿐만 아니라 정보 사이의 관계도 부가가치가 될 수 있습니다. 이러한 부가가치는 단일 정보의 보편적인 의미와 달리 연관 관계의 성격에 따라 재평가할 수 있습니다.

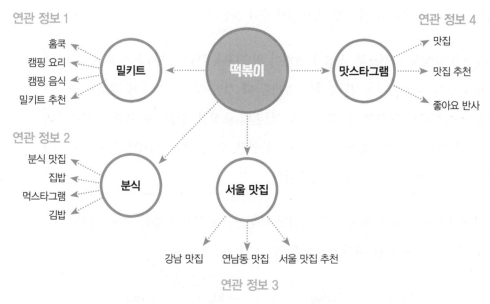

▲ 정보 탐색자의 관점과 연관 정보에 따라 생기는 다양한 방향성

---

8 정보 가치의 확장으로 보다 쉽게 정보를 이해하고 파악할 수 있습니다.

## 6 정보의 바다에서 맞춤 정보 찾기

정보의 접근성과 처리 속도가 빨라지면서, 새롭게 강화되거나 뒤집어지면서 그 가치가 빠르게 변화하고 있습니다. 화용론(pragmatics, 話用論)[9]적인 관점에서 보면, 정보의 상호 참조 작용을 통해 그 의미는 지속적으로 변화하고 새로운 의미를 담고 있습니다.

변화무쌍한 정보의 가치를 어떻게 정확하게 매길 수 있을까요? 현대사회의 사람들은 변화무쌍한 정보의 홍수 속에서 급류를 타고 있습니다. 이러다 보니 나에게 맞는 균형 잡힌 정보를 찾기 위해서 빠르게 포착하고 기민하게 접근합니다. 지금 이 순간의 정보를 획득하여 새로운 부가가치를 매길 수 있습니다. 앞으로 정보에 가치를 매길 수 있는 사람은 더 빨리, 더 멀리 내다볼 수 있는 통찰력을 갖고 새로운 기회에 눈을 뜰 수 있게 될 것입니다.

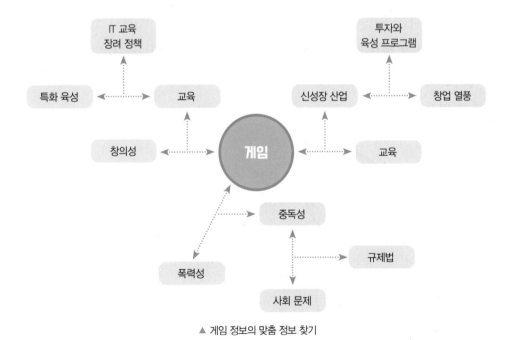

▲ 게임 정보의 맞춤 정보 찾기

---

9 화용론은 일종의 언어철학으로, 주어진 상황에서 의사소통하기 위해 언어 사용의 효과적인 선택과 적절성 여부를 분석하는 의미론의 한 분야를 말합니다.

### ☑ 시대의 변화를 앞서가기 위한 정보의 접근 방법

인터넷의 보편화로 인해 많은 사람의 정보 접근이 상당 부분 평등해졌습니다. 물론 과거에 비해 비약적으로 개선되었지만, 접근성을 단순히 정보에 대한 접근 권한을 획득하는 것으로 이해한다면 충분치 않습니다. 접근 권한도 중요한 요소이지만 동적인 의미의 다른 요소를 생각해야 합니다.

먼저 효율적이고 실효성 있는 정보 검색 도구에 대한 '접근성'이 중요합니다. 최근에는 SNS나 지리기반 정보를 사용하는 빅데이터[10] 등이 이러한 도구로 각광받고 있습니다. 특정 목적에 최적화된 정보 해석 도구들도 매우 유용하기 때문입니다. 한 예로 카드 사에서 특정 상권 방문 고객들의 구매 패턴을 조사해 해당 지역 가맹점에게 정보 서비스를 제공하는 것이 있습니다. 이러한 효과적인 도구에 대한 접근성은 부가가치에 걸맞은 대가를 요구하기 마련입니다.

또한, '시간'이라는 요소도 중요합니다. 같은 정보라도 다른 사람보다 신속하게 수집하고 그 의미를 빠르게 해석할 수 있다면 가치가 한층 강화됩니다. 남들보다 먼저 신뢰할 만한 정보를 획득하면 '정보의 효용성과 접근성'에서 경쟁적 우위를 선점할 수 있습니다.

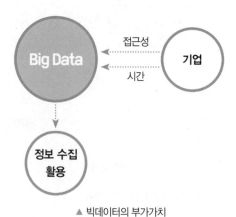

▲ 빅데이터의 부가가치

---

10 데이터의 생성 주기가 기존 데이터에 비해 너무 폭발적이어서 기존 방법으로는 수집하고 관리, 분석하기 어려운 데이터를 총칭하는 말입니다.

## 8 정보의 유통 과정에서 얻을 수 있는 부가가치

유효한 정보를 찾아내고, 연관 정보를 통해 그 가치를 확장시키고, 이를 재처리해서 새로운 정보로 만드는 과정은 정보 자체의 의미를 확대하고 새로운 가치를 생산하는 여정입니다. 여기서 일련의 정보 재처리 과정은 완결된 정보를 만드는 것이 아닌 필요에 따라 정보 유통 과정과 함께 일어납니다. 이 점은 정보를 유통하고 순환시키는 과정 자체가 정보 자체의 가치를 재평가할 수 있는 기회와 같습니다.

앞서 가는 사람들은 이 과정에서 새로운 부가가치의 기회를 찾습니다. 정보의 연관성을 찾아 더 큰 맥락을 파악하고 이를 기반으로 일어날 일들을 예측합니다. 또는, 창의적으로 각기 다른 관점에서 축적된 정보 사이의 연결점을 만들어 새로운 종류의 가치를 만들기도 합니다. 중요한 것은 정보 자체가 정적인 것이 아니고 필요에 따라 순환하며 과정 속에서 계속 가치를 찾아내고 있는 것은 사실입니다.

▲ 정보의 부가가치 창출

정보를 효과적으로 활용하기 위해서는 정보와 유통, 역동적인 가치의 다양한 측면에서 고민해야 합니다. 과거의 정보가 특정한 곳에 보관되어 있는 무엇이라면, 현재의 정보는 살아있는 생명체처럼 항상 움직이고 성장하며 번식하고 변화(Stream)[11]합니다. 이러한 역동적인 정보의 바다에서 새로운 가치를 찾고 제시하는 길잡이 역할이 필요합니다.

---

11 SNS 환경에서 데이터가 썰물을 타듯 지속적으로 퍼져나가는 것을 의미합니다.

# 무에서 유를 창조하는 콘텐츠

콘텐츠는 비즈니스 영역에서 막대한 영향을 미치는 큰 축이 되었습니다.
어떻게 하면 부가가치를 창출하고 지속적으로 재생산할 수 있을지 기회를 만들어야 합니다.
#부가가치 #콘텐츠비즈니스

원하는 정보를 적절하게 선택하고 잠재적 부가가치를 적극적으로 개발하는 비즈니스 모델이 새롭게 나타나고 있습니다. 무엇보다 흩어져 있는 여러 정보를 특정 관점에 따라 분류, 편집, 유통하여 새로운 가치를 만들어 내는 큐레이션은 정보 과잉 시대의 돌파구가 되고 있습니다. 디지털 시대의 딜레마를 극복하고 가장 효과적인 시너지를 창출할 수 있다는 점에서 중요한 의미를 가집니다.

## 1 정보로 비즈니스 기회를 발견하다

인터넷은 많은 사람에게 다양한 정보를 직접 생산하고 소비할 수 있는 기회를 제공합니다. 하지만, 수많은 정보 중 필요한 정보를 고르는 것은 쉽지 않습니다. 어느 정도 기술과 정보에 대한 통찰력이 있다면 이를 활용하여 지식으로 활용할 수 있는 유용한 정보를 가치 있는 자산으로 바꿀 수 있습니다. 이는 많은 사람의 욕구를 충족시키고, 사업적인 측면의 기대 가치도 매우 큽니다.

## ② 정보 가공으로 부가가치 창출이 가능한 기회의 시대

다양한 관점을 입체적으로 조합해 여러 정보들을 조직화하면 개별 정보가 갖는 가치 이상의 통섭적인 의미와 부가가치를 얻을 수 있습니다. 정보 큐레이션 자체가 새로운 시야와 통찰력을 키울 기회를 제공합니다. 더 나아가 단편적인 정보 사이의 연관성을 여러 관점으로 재평가할 수 있고, 여기서 추출한 연관 정보는 누구나 쉽게 획득할 수 없는 새로운 부가가치가 됩니다.

▲ 정보의 부가가치 창출

## ③ 한발 앞서 정보 콘텐츠에 접근하자

단순히 기존의 정보 콘텐츠를 탐색하고 재구성하는 것을 넘어 콘텐츠 전문가와의 협업을 통해 신뢰도를 높일 수 있습니다. 더 나아가 사람들의 필요에 따라 고품질 콘텐츠 서비스로 확장하는 통찰력을 얻을 수도 있습니다. 이는 보다 적극적인 콘텐츠 사업으로 발전할 수 있고, 2차 콘텐츠 생산으로 새로운 사업 모델을 구축할 수 있습니다.

## ④ 콘텐츠 재생산 가능한 SNS 플랫폼

다양한 큐레이팅 플랫폼으로 정보의 잠재적인 가능성과 확장성을 이해할 수 있습니다. 정보의 탐색, 확장, 재생산 과정 사이에서 보다 세분화된 정보 서비스를 시도할 수 있습니다. 각 서비스는 새로운 콘텐츠를 재생산할 수 있는 기반이 됩니다. 주류 플랫폼으로 확고히 자리 잡은 페이스북, 인스타그램, 엑스, 유튜브, 네이버 블로그 등의 계정을 만들어 활용하는 것은 중요해지고 있습니다.

일련의 정보 서비스는 적극적인 콘텐츠 생산 서비스와 연계됩니다. 이를 참여형 선순환 구조로 조직화하면 다양한 욕구를 가진 사람들이 참여할 수 있는 콘텐츠 환경으로 확장할 수 있습니다. 이를 위해 각 SNS 플랫폼이 가지고 있는 특징과 장점을 파악하고 독창적인 정보를 만들어내는 것이 중요합니다.

▲ 오픈 애즈 화면

■ 오픈 애즈

오픈애즈(https://www.openads.co.kr)는 마케터가 될 수 있는 누구나를 위한 큐레이션 플랫폼입니다. 콘텐츠에서는 트렌드, 비즈니스, 마케팅 전략, 광고, 데이터 등 다양한 주제에 따라 전문성 있는 컬렉션을 제공합니다. 특히 트렌드 트렌드 큐레이션 서비스는 트렌드 경향에 따라 분류되어 있으며, 정보의 신선함과 현장감, 맥락에 대한 이해가 전제되어 있습니다. 인사이터에서는 주제별로 경험과 통찰력 있는 전문가들의 다양한 마케팅 인사이트 큐레이션을 받을 수 있습니다.

▲ 이사운드 뮤직 앱 화면

■ 이사운드 뮤직

이사운드 뮤직(eSound Music)은 1억 5,000곡 이상의 음악을 무제한으로 제공하는 앱입니다. 유튜브의 음악 소스로 사용하고 있으며, 개인 취향에 따라 플레이리스트를 만들어 관리할 수 있습니다. 사용자 경험을 최적화된 서비스를 제공하며 전 세계 유행 음악과 순위 파악이 가능합니다.

정보는 큐레이션 서비스 대상으로 특정 주제에 대한 정적인 자료에 한정되지 않습니다. 사람들의 욕구와 정보 연계성에 의해 지속적으로 의미가 달라진다는 점에 있어 단순한 키워드조차 의미 있는 정보로 활용하기에 부족함이 없습니다.

정보의 필요성은 정보 탐색자 입장에서 문제를 해결해 주는 '해결책', 무언가를 설명해 줄 '정의', 완전한 상태로 완성하는 데 필요한 '보충', 최선의 의사결정에 필요한 객관적인 '자료' 등 다양한 의미를 담고 있습니다. 정보 탐색은 '결핍 상태'에서 시작하며 탐색자가 원하는 정보가 무엇인지 정의할 수 있는 보다 특별하고 새로운 가치를 의미합니다.

지금 이 순간에도 끊임없이 축적되는 정보 가운데 가치를 발굴하고 재생산하는 큐레이팅 서비스의 유형을 알아보겠습니다.

# 분야별 맞춤형 정보 제공 사례들

현대인에게 헤아릴 수 없는 정보의 바다 속에서 내가 원하는 콘텐츠를 구독하는 것은
또 다른 경쟁력입니다. SNS는 이제 사람의 소통 채널로 확고히 자리매김을 하였습니다.
지리적, 심리적, 환경적인 영역에 영향력을 주고 있습니다.
#SNS활용 #콘텐츠커뮤니티 #뉴스큐레이팅 #추천 #구독

## ① 필수 정보만을 구독 - RSS 기술과 플립보드

RSS(Rich Site Summary)[12]는 비교적 오래전부터 SNS 큐레이터가 활용하던
정보 공유 형태로, 인터넷이 보급되던 초반부터 활발하게 사용하고 있는 방식입
니다. 뉴스나 블로그에 일일이 방문할 필요 없이 한번 RSS 피드(Feed)를 등록해
두면 자동으로 콘텐츠를 받아 볼 수 있습니다. 일종의 '콘텐츠 구독 서비스'를 위
한 기술이며, 이를 활용하는 방법과 기술이 무료로 공개되어 있습니다. 현재 수
많은 뉴스 사이트, 블로그 콘텐츠 페이지에 적용되어 있습니다.

---

12 RSS는 사용자 맞춤형 정보 습득이라는 부가가치와 수많은 정보 속에서 풍성한 시각적 경험을 제공합니다.

▲ RSS 리더기

▲ 매일경제신문사 RSS 서비스

   RSS는 콘텐츠 표현 방식, 즉 레이아웃이나 글꼴과 같은 스타일을 구독자가 직접 선택할 수 있어 콘텐츠 활용이 자유롭습니다. 이러한 장점은 단순히 독자 취향을 반영할 뿐만 아니라 정보를 재생산하는 큐레이션 비즈니스 모델에도 유용합니다. 시각적인 스타일에서부터 정보의 구성 자체를 재처리할 수 있는 가능성까지 제공하고 있기 때문입니다. 실제로 RSS 피드 정보를 이메일 형태로 보여 주느냐, 세련된 매거진과 같은 레이아웃으로 보여 주느냐에 따라 정보 소비자에게 끼치는 영향은 다릅니다. 무엇보다 RSS의 보편성은 수집할 수 있는 정보의 규모에서 매우 유용합니다.

■ 플립보드

   플립보드(Flipboard)는 아이패드 전용 구독 서비스로 시작한 애플리케이션입니다. 태블릿 PC의 넓은 화면에서 다양한 정보를 매거진 스타일로 즐길 수 있어 많은 사용자를 확보했습니다. 최근에는 안드로이드 플랫폼의 폭발적인 성장에 발

맞추어 시장 변화에 대응하고 있습니다. 국내의 대표적인 콘텐츠 큐레이션 서비스로 사용자에게 콘텐츠 선택권을 제공하고 있으며, 콘텐츠 제공자들에게는 사업적인 부분을 고려할 수 있는 기회를 만들어주고 있습니다. 이러한 점은 폐쇄적인 비즈니스 모델이 아닌 개방적이고 상호 호환적인 환경에서 대두되었다는 것을 알려 줍니다.

이 서비스는 사용자들의 관심사에 따른 분류체계를 보여줍니다. 각 분류에는 해당 주제에 맞는 서비스 제공자들이 있습니다. 제공자들은 온라인 신문사, 잡지사처럼 자사의 정보 서비스를 운영하는 업체이며 양질의 콘텐츠를 바탕으로 어느 정도 입지를 다진 매체들입니다. 사용자는 취향에 따라 여러 분류 중에서 선택해 큐레이션이 가능합니다. 온라인 특성상 각 매체에서 제공하는 콘텐츠는 온라인 특성상 실시간으로 업데이트되고 언제든지 이전 콘텐츠에도 접근할 수 있습니다.

플립보드에서 분류를 통해 접근할 수 있는 콘텐츠 외에도 사용자는 취향에 따라 RSS나 SNS를 설정해서 자신만의 콘텐츠를 구독할 수 있습니다. 맞춤형 정보 제공과 동시에 사용자가 직접 콘텐츠를 구성할 수 있는 자유를 제공합니다.

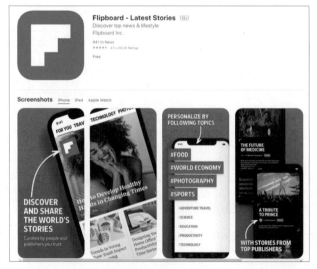

▲ 플립보드는 사용자 취향을 반영한 맞춤형 RSS 큐레이팅 서비스를 제공합니다. 주요 카테고리를 선택해 사용자의 관심 사항을 기본으로 설정합니다.

플립보드[13]는 기존의 정보 구독형 앱들과 차별화됩니다. 이 앱의 핵심은 다양한 분야에 걸쳐 사용자가 신뢰할 수 있는 양질의 정보를 제공한다는 점입니다. 직접 정보 콘텐츠를 생산하지 않고 기존 영향력 있는 매체들과 협업할 수 있습니다. 신문사, 온라인 뉴스 사이트, 기술 사이트, 분야별 인지도를 가지는 잡지사 등 기존 매체들로부터 콘텐츠를 받아 앱을 구성합니다. 이 콘텐츠는 플립보드와의 협력을 위해 별도로 만든 것이 아니라 각 매체가 자신의 목적과 필요에 따라 만든 콘텐츠입니다. 플립보드의 콘텐츠 제공자들은 새로운 구독 서비스를 쉽게 사용할 수 있는 장점으로 새로운 정보 소비자들의 지적 욕구를 충족 시키고 있습니다.

또 다른 장점은 제공받은 콘텐츠를 사용자 관점에 맞도록 적절하게 분류하고 매거진과 같은 형태로 재처리하는 것입니다. 플립보드는 각 정보의 제목과 본문, 삽입된 사진이나 비디오 클립을 세련된 감각으로 배치했습니다. 여러 사이트 정보를 짜깁기했다기보다 하나의 맞춤형 매거진과 같은 사용자 경험성을 제공합니다.

양쪽 모두에게 매력적이고 가치있는 큐레이션 앱

▲ 상호 호환적인 환경을 구축한 플랫폼

이 두 가지 특징으로부터 몇 가지 흥미로운 주제를 생각할 수 있습니다. 먼저 '플립보드가 지향하는 가치와 이를 만족하는 실행 방법'을 생각할 수 있습니다. 플립보드는 직관적이고 명확해서 아이패드나 스마트폰에서 매거진과 같은 스타

13 플립보드는 사용자에게 직관적이고 명확하며 흥미로운 주제에 관해 충실하고 세련된 방식으로 읽기 경험을 제공합니다.

일로 온라인 콘텐츠를 구독할 수 있습니다. 신문이나 책이 아닌 매거진에서 얻을 수 있는 가치는 '깊이 있는 특정 주제'와 '영향력이나 유명세 있는 전문가'를 만나 보는 것입니다. 이 조합이 독자에게 접근성을 높이고 긍정적인 반응을 이끌어낼 수 있으며, 짧은 시간에 쉽게 얻을 수 없는 중요한 가치입니다.

매거진은 감각적이고 흥미롭습니다. 표현의 차이는 크지만 기본적으로 해당 주제에 관심 있는 독자의 욕구를 이해하고 그 내용을 다룹니다. 화려한 패션 매거진이나 보도를 위한 시사 매거진은 기본 전략이 같으며 흥미로운 주제에 충실하고 세련된 방식으로 보여 줍니다.

플립보드는 매거진과 같은 읽기 경험을 제공합니다. 세련된 화면 구성, 책처럼 넘기는 시각적인 효과뿐만 아니라 콘텐츠 제공자와의 협력을 통해 흥미로운 이야기, 전문가 견해를 제공합니다. 다양한 관심사에 따라 웹 서비스를 찾는 사용자를 위해 플립보드는 깔끔하고 간편하게 해결하고 있습니다.

이렇게 직접 콘텐츠를 생산하지 않고도 콘텐츠 제공이 가능한 것은 기본적으로 웹 기술의 개방성 덕분입니다. RSS를 활용해 사용자에게 콘텐츠 구독 서비스를 제공하는 경우 이 기술을 활용해서 손쉽게 해결할 수 있습니다. 기존 RSS 구독 프로그램과 기능적으로 큰 차이는 없지만, 플립보드는 신뢰할 수 있는 정보 제공자와 완성도 높은 읽기 경험을 제공해 결과적으로 다른 부가가치를 만들었습니다.

▲ 매거진의 목차 페이지와 유사한 스타일의 사용자 경험을 제공해 정보 소비에 대한 즐거움을 줍니다.

또한, '사용자 욕구와 콘텐츠 제공자의 이익, 영향력을 모두 하나의 서비스로 묶은 비즈니스 모델'을 생각할 수 있습니다. 사람들은 관심 있는 주제에 대해 양질의 흥미로운 정보를 원하지만, 적극적으로 그러한 가치들을 찾는 경우는 극소수입니다. 대부분 자신이 원하는 것을 알고 있지만 쉽게 행동으로 옮기지 않습니다. 이런 사람들에게 원하는 정보를 모아서 볼 수 있게 하고 업데이트된 최신 정보를 제공하면 매력적인 서비스로 다가갈 수 있습니다. 정보 제공자 입장에서는 많은 사람이 자신이 제공하는 정보를 접하기 바라고, 이를 통해 관련 분야에서 영향력을 행사하거나 광고와 같은 수익모델을 만들기 원합니다. 처음부터 안정적인 정보 소비자를 유치하기는 쉽지 않기 때문에 꾸준히 시간과 노력을 투자하여 획득할 수 있는 가치임을 잊지 않아야 합니다.

플립보드는 이러한 양쪽의 이해관계를 어느 정도 해소시킬 수 있는 도구이며 그 가치를 활용해 수익모델을 꾸려나갈 수 있습니다. 여기서 이야기하는 가치는 새로운 정보 제공자를 추가하여 수익모델을 창출할 수 있으며, 분야별 정보성을 띤 광고를 유치하는 것입니다. 특히 매거진 스타일의 레이아웃은 사용자가 가질 수 있는 광고 게재에 대한 거부감을 최소화할 수 있는 장점도 있습니다. 플립보드는 정보를 수집하고 재처리하는 과정 자체에서 부가가치를 창출한 사례로 맞춤형 정보 제공에서 훌륭한 사례입니다.

▲ 협력 사의 콘텐츠 페이지는 보다 깔끔한 레이아웃을 제공해 사용자 경험을 강화합니다. 해당 웹사이트로 바로 넘어가거나 다양한 방법으로 기사를 공유하는 기능으로 서비스 확장을 꾀합니다.

## 2 돈독한 인간관계 만들기 - 링크드인

SNS(Social Network Service)[14]는 2,000년대 초중반부터 인맥을 통한 소통 수단으로 큰 인기를 얻고 있습니다. 보다 넓은 개념으로 접근하면 SNS는 인터넷 초기의 커뮤니티 게시판부터라고도 합니다. 현재 페이스북, 엑스, 인스타그램, 링크드인 등 세계적으로 큰 인기를 끌고 있는 서비스들이 있습니다. 국내·외 기업들은 각각의 서비스를 활용하여 자사의 브랜드 영향력을 극대화하기 위해 노력하고 있습니다.

SNS는 인맥을 기반으로 하기 때문에 기존 웹 서비스와 비교해 신뢰성과 파급력이 뛰어납니다. 실제 개인 단위의 인맥은 물론 유명인사나 익명의 회원과도 공통 관심사를 공유할 수 있습니다. 쌍방향으로 소통 가능한 네트워크로 설계되어 있어 강력한 동기부여 요소가 됩니다. 이러한 특성 덕분에 인적 네트워크를 통한 마케팅, 프로모션 기법이 발달하고 전문 홍보업체도 늘어나고 있는 상황입니다.

SNS는 사람 사이의 연결을 의미하며 시스템으로 많은 참여자를 묶는 것 외에 독특한 특징을 보입니다. 지역정보는 같은 지역 생활권을 공유하는 사람들 사이에 실제적인 영향력을 행사하고, 새로운 투자정보는 생활에 더 큰 영향을 줍니다. 또한 지연, 혈연, 학연, 직장, 공통 관심사 등 다양한 형태의 인맥 정보가 유통되면서 밀접하고 돈독한 울타리를 만들고 있습니다. SNS 공간에서 사람들 간의 연결성은 관심과 참여를 만들어 내는 중요한 요소입니다.

한편 인간관계의 다양성은 기존에 보기 힘들었던 새로운 설득 기법 개발을 촉진하고 있습니다. 설득 기법은 개인적인 관심으로부터 시작해 동기 부여, 콘텐츠 생산, 참여, 권유, 평가 등이 있습니다. SNS의 활동 구석구석에 작용하여 새로운 부가가치를 창출하고 있습니다.

---

14 소셜 네트워크에서 사람들의 연결성은 파급력을 만들어내며 실제 영향력을 끼칩니다.

인간사회도 돈독한 인간관계를 유지하기 위해서는 지속적으로 관심갖고 만남의 기회를 가져야 합니다. 특히 SNS 환경에서 친밀한 인간관계를 형성하려면 스스럼없이 다가가 상대방 SNS 계정에 관심을 갖고 댓글, 공감으로 표현해야 합니다. 이미 SNS 채널은 폭넓은 인간관계를 만들고 막힘없이 소통할 수 있는 도구로 확고히 자리를 잡았습니다. 전 세계 누구와도 만나고 끊임없이 새로운 기회 가치를 창출할 수 있는 인맥 SNS를 시작해 보세요.

### ■ 비즈니스 특화형 SNS, 링크드인

링크드인(LinkedIn)은 기업 또는 개인이 비즈니스 활동에 대한 최신 정보를 공유하고 소비하며 네트워킹을 구축해나가는 글로벌 비즈니스 플랫폼입니다. 특히 개인에게는 온라인 이력서 SNS이자 퍼스널 브랜드의 도구로 자리잡고 있습니다. 마이크로소프트가 2016년에 30조 원(262억 달러)에 인수하면서 B2B, B2C 모바일, 서비스 시장 등에서 놀라운 성장을 보였습니다. 인수 당시보다 매출이 3배 이상 증가하였습니다. 2023년 상반기 기준(2024. 1. 24) 9억 5,000만 명의 회원을 보유하고 있는 세계 최대 비즈니스 연결 플랫폼입니다. 국내는 대략 300만 명이 가입되어 있습니다.

링크드인은 개인의 관심사나 친목 위주로 관계를 맺는 인스타그램, 엑스, 페이스북 플랫폼과 다릅니다. 개인적인 이력 사항과 전문성을 드러내는 비즈니스 네트워크이기 때문입니다. 전문적인 관심사에 대해 의견을 교환하고 이력 사항과 관심 분야에 대해 소통하면서 구인구직의 장이 되고 있습니다. 링크드인은 확실한 목적과 타깃을 가진 취업 플랫폼인 동시에 인맥 SNS입니다. 다른 SNS 플랫폼에 비해 비즈니스적인 측면에 중점을 두고 있어서 업계의 정보와 최신 경향을 살펴보기에 수월합니다. 타깃 고객군의 배경, 직책, 경력, 보유기술, 실적, 관심사 등도 확인할 수 있습니다.

또한 내가 종사하고 있는 업계 현황뿐만 아니라 전문가들이 세상을 보는 통찰력을 살펴볼 수 있고, 성공한 이들의 가치관과 프로젝트 과정에 대한 사례들을 읽어볼 수 있어 업무에 많은 도움이 됩니다.

▲ 링크드인 앱 화면

링크드인은 인맥 숫자가 중요해서 어떻게 하면 지속적으로 '연결할까'에 대한 시간 투자와 노력이 필요합니다. 인맥 1촌 관계를 '친구'가 아닌 '연결'이라고 부릅니다. 그 이유는 상대방과 연결이 되면 다양한 비즈니스 관계가 만들어지기 때문입니다. 단순한 인맥 관계에서 폭넓은 정보를 습득하고 업계 전문가들과 소통할 수 있는 기회를 확보할 수 있습니다. 연결에서 1촌과 1촌 관계를 2촌이라 정의하고 1촌과 2촌 관계를 3촌이라고 부릅니다. 3촌 밖에 있는 사람들은 'Linkedin 회원' 표시는 되지만, 조회가 되지 않습니다. 3촌 안에 들어야 프로필이 보이고, 적절한 제안들을 받을 수 있습니다. 특화된 비즈니스 SNS 채널에서 내가 관심 갖고 있는 업계 선두주자와 전문가들과 꾸준하게 연결을 맺는 것이 중요합니다.

### ③ 자발적으로 정보가 모이게 - 웨이즈

일반 웹사이트처럼 비교적 단방향으로 정보를 제공하는 것에서 나아가 참여를 통해 정보 콘텐츠를 축적해 부가가치를 창출하는 기업이 늘고 있습니다. 대표적인 예로 세계 최대의 인터넷서점이자 종합 쇼핑몰인 아마존을 꼽을 수 있습니다. 상품별 상세정보 페이지에는 별점 평가와 함께 구매자나 관심을 가진 고객들이 해당 제품에 대해 의견을 기록할 수 있습니다.

또한 상품평마다 이를 읽고 실제로 도움이 되었는지에 대한 반응과 다른 사람들이 평가할 수 있는 시스템을 결합하여 콘텐츠 커뮤니티로서의 의미를 강화하고 있습니다. 사용자 참여형은 애초에 구체적인 목적을 갖고 방문한 사람들을 대상으로 하기 때문에 관심사나 동기부여 요소가 명확하다는 장점을 갖습니다. 경험과 깊은 관심이 전제된 양질의 정보들은 재처리를 통해 비슷한 욕구를 가진 방문자들을 위한 맞춤형 정보 제공 솔루션을 구축하는데 밑바탕이 됩니다.

#### ■ 웨이즈

이스라엘에서 창업한 웨이즈(Waze)[15]는 기존 자동차 내비게이션 시장에 뛰어든 애플리케이션 서비스 업체입니다. 내비게이션(Navigation)은 보통 지리 정보를 기본으로 하며 물리적으로 가장 빠른 길을 제시하는 서비스입니다. 최근에는 실시간으로 교통상황을 분석해 단순히 물리적으로 가까운 경로뿐만 아니라 통행량 추이까지 반영해서 실제 운행 시간을 단축시키는 서비스들이 나오고 있습니다. 이러한 정보 서비스는 제대로 된 정보를 수집하고 분석할 수 있는 능력이 필요한데 이 기능은 소규모 회사의 경우 양질의 서비스를 제공하는 것이 쉽지 않습니다. 현재 내비게이션 시장은 폭발적으로 성장해 경쟁이 치열한 상황입니다.

---

15 웨이즈 앱은 내비게이션 시장에서 운전자의 잠재적 필요와 요구를 반영한 참여형 서비스입니다.

이러한 시장 환경에 아랑곳하지 않고 새롭게 뛰어든 웨이즈는 내비게이션 시장에서 부가가치 요소를 사용자 참여로 획득하는 전략을 선택했습니다. 운전자가 웨이즈 앱을 설치하고 내비게이션으로 사용하면 시스템을 통해 수집된 도로 운행 정보를 다른 운전자와 공유할 수 있습니다. 예를 들어, A 차량이 종로 2가를 지나는데 정체가 심하다면 그 정보를 인근의 다른 운전자가 볼 수 있고 다른 경로를 선택할 수 있도록 도움을 줍니다. 이렇게 자동으로 수집되는 운행 정보 외에도 사용자가 직접 보고할 수 있고 교통사고나 경찰의 단속과 같은 정보를 다른 사용자에게 공지할 수 있습니다.

교통 상황을 자동으로 분석해 실시간으로 알려주는 서비스는 많습니다. 이러한 서비스들은 보통 유료 서비스이고 도로 정체상황 외의 관련 정보는 알 수 없기 때문에 웨이즈는 차별화된 방법으로 경쟁력을 획득했습니다.

웨이즈는 많은 운전자가 참여할수록 정보의 신뢰도와 질이 높아지므로 참여를 독려할 만한 요소들을 추가하고 있습니다. 이 가운데 가장 핵심은 단순히 운전자 정보 공유가 아니라 도로 위의 SNS와 같은 커뮤니티 성격을 갖추는 것입니다.

▲ 웨이즈 앱의 성장 원동력

기존에 가공되지 않은 정보, 즉 운전자가 운행하면서 경험하는 것을 시스템을 통해 정보로 변환합니다. 운행 속도, 위치 정보는 운전자 개인에게는 큰 의미가 없을 수 있지만, 이를 수집해 여러 사람에게 의미 있는 시각화 정보로 제공하는 것은 특별한 서비스입니다. 특히 이 앱을 사용하는 모든 고객들의 정보를 분석해 개별 정보가 갖는 의미보다 더 가치 있는 정보로 재생산합니다. 재생산된 정보는 다시 필요로 하는 사람들에게 직관적인 방법으로 배포해 편익을 주고, 이러한 과정을 순환 시스템으로 구성해 더욱 많은 사람이 참여할 수 있도록 독려합니다.

웨이즈는 개인이 만든 유용성이 떨어지는 정보들을 모아 그 가치를 높이고 공유해 사람들에게 편리함을 제공하는 비즈니스 모델을 만들었습니다.

이것은 정보의 가치를 판단하고 재처리하며 새로운 형식으로 재생산하는 큐레이션 전략의 기본 방향과 일치합니다.

▲ 웨이즈의 도로별 정체 현황은 앱 사용자들로부터 자동으로 수집되고, 태그로 표시되는 교통상황은 적극적인 정보 공유 활동으로 생산됩니다.

◀ 적극적인 사용자 참여는 서비스의 핵심입니다. 이 가치를 극대화하기 위한 노력으로 커뮤니티 특성을 강화하기 위해 캐릭터나 포인트, 레벨과 같은 시스템을 도입했습니다.

## ④ 사용자의 참여와 평가 데이터 분석 정보 제공 - 다이닝코드

'빅데이터(Big Data)'는 최근 몇 년간 사람들의 관심을 받는 최첨단의 해법으로 주목받고 있습니다. 쉽게 풀이하면, 다양한 채널로 수집한 많은 양의 데이터를 특정 관점에 따라 선별하고 패턴을 해석해 필요한 정보를 추출하는 것을 말합니다. 급속한 기술 발전으로 웹페이지, 커뮤니티 게시판, SNS 메시지, POS[16]를 통해 축적된 판매동향 데이터 등 다양한 목적으로 축적된 정보들을 유기적으로 통합하고 해석하여 입체적으로 파악할 수 있게 되었습니다. 빅데이터[17]의 특징은 흔히 다음과 같은 4V로 설명합니다.

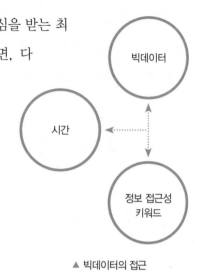

▲ 빅데이터의 접근

❶ **Volume(규모):** 대규모 데이터를 다룹니다. 페이스북 데이터베이스에 저장되는 사진 파일 용량이 30페타바이트에 이른다고 합니다. 이러한 데이터를 관리하고 필요에 따라 활용할 수 있는 대용량 컴퓨터 기술입니다.

❷ **Variety(다양성):** 단순한 텍스트 파일뿐만 아니라 동영상, 사진, 음성 파일과 같이 다양한 종류의 데이터를 모두 포함합니다.

❸ **Velocity(속도):** 복잡하고 수많은 데이터로부터 원하는 결과를 얻기 위해서는 그에 따른 속도와 성능이 필요합니다.

❹ **Value(가치):** 빅데이터를 통해 얻고자 하는 것은 '가치'입니다. 객관적인 데이터를 통해 통찰력을 확보하기 위한 기술이 필요합니다.

---

16 POS(Point Of Sales)는 판매, 회계에서 컴퓨터 단말을 설치해 판매 정보 등을 시스템화해서 관리하는 방법을 말합니다.
17 빅데이터는 중요한 의사결정 순간에 합리적인 판단을 할 수 있도록 돕는 해법입니다.

빅데이터를 활용할 때 필수적이며 중요한 것은 얻으려는 가치를 정확하게 반영하는 '질문'입니다. 방대한 데이터를 수집해서 빠르게 해석하는 것은 첨단 기술이 담당하지만 '무엇을', '어떤 관점에서' 질문하느냐는 여전히 사람의 몫입니다. 빅데이터로부터 의미 있는 가치를 찾기 위해서는 기본 자료가 될 데이터의 분량뿐만 아니라 어떻게, 어떤 관점에서 접근하느냐가 매우 중요합니다.

'주말에 어디 가 볼 만한 식당이 있지 않을까?', '내 주변에 맛집이 있을까?', '어떤 식사를 해야 '맛있었다'라는 행복한 답변을 할 수 있을까?' 같은 궁금증을 해결해 주는 '다이닝코드' 애플리케이션이 있습니다. 이 서비스는 빅데이터를 큐레이션에 접목한 사례로 맛집 랭킹과 키워드 검색으로 정보를 제공해 줍니다. 사용자들의 참여와 평가로 검색 정보에 대한 신뢰도를 높여주고, 키워드 선정에 따른 맛집 랭킹 정보를 제공합니다.

'강남역 맛집 데이트'를 찾고 싶다면 위치, 평가, 맛, 가격, 친절 등을 근거로 사용자의 선택에 적합한 맛집을 추천해 줍니다. 단순한 제안이 아닌 객관적인 데이터를 보여 줘 선택에 도움을 줍니다. 이처럼 다양한 데이터 분석을 통해 새로운 가치를 찾아내고 이를 활용하는 큐레이션 서비스는 중요한 의사결정 순간에 합리적인 판단을 할 수 있도록 돕습니다.

▲ 다이닝코드 애플리케이션은 맛집 추천 정보를 전문가나 평가가 아닌 사용자들의 참여와 평가 데이터를 분석하여 보다 객관적인 설득력을 높이는 큐레이팅 서비스입니다.

## 5 엄선된 전문가의 뉴스 큐레이팅 서비스 - 허프포스트

해당 분야의 깊은 지식과 경험, 권위 있는 전문가가 큐레이팅하는 것은 가장 전통적인 유형입니다. 예를 들어 '서울의 유명 맛집'을 일반 블로거가 탐방하는 것과 유명 미식가가 전문 매거진에 투고하는 것은 신뢰도에 있어 다른 가치를 갖습니다. 블로거는 나름의 눈높이와 솔직함이라는 특성이 보다 진솔하게 다가갈 수 있지만, 전문적인 영역에서는 비교할 수 없습니다. 이러한 형태는 무엇보다 전문가에 대한 객관적인 검증과 사람들의 동의가 전제되어야 그 영향력을 인정받을 수 있습니다. 그러므로 이러한 역량을 갖추는 것이 무엇보다 중요한 선결 과제입니다.

허프포스트(Huffpost)[18]는 최고의 온라인 대안언론이라는 평가를 받는 뉴스 서비스입니다. 2005년에 미국에서 처음 서비스를 시작했고 2008년부터는 미국 언론사 중 최고 수준의 웹 트래픽을 자랑한 바 있습니다. 68개 섹션과 월간 12억 페이지뷰, 연간 5,800만 건 이상의 댓글을 기록하는 뉴스 서비스입니다. 현재 9개국 이상에서 서비스하는 국제적인 언론사로 성장했습니다. 2011년 거대 미디어 업체인 AOL(America Online, Inc.)에 인수되었고 2012년에는 온라인 언론사 최초로 퓰리처상을 수상하기도 했습니다.

가장 큰 특징은 바로 뉴스 큐레이팅과 함께 다른 미디어 사이트와 비교하기 힘든 칼럼니스트입니다. 수많은 뉴스 사이트 정보 가운데 엄선한 리포트들을 게재하고 있습니다. 서비스 초기에는 다른 뉴스 사이트를 큐레이팅 하여 구성했기 때문에 미디어로 인정받지 못했지만, 자체 필진을 보강해 고품질 보도로 비판에서 벗어났습니다. 많은 언론사가 수많은 기사를 쏟아내는 가운데 가치 있는 기사들을 큐레이팅 해 제공하는 것은 뉴스 서비스의 새로운 가치를 찾는 척도가 되고 있습니다.

---

18 허프포스트는 뉴스 큐레이팅 서비스의 성공 사례로, 각 분야에서 영향력 있고 검증된 오피니언 리더를 필진으로 선정해 차별화를 추구하고 있습니다. 설립 당시에는 허핑턴포스트(The Huffington Post)였으며, 2017년에 애칭으로 사용되었던 허프포스트(Huffpost)로 변경하게 됩니다.

무엇보다 짧은 시간 동안 엄청난 성장을 거둔 것은 뉴스 큐레이팅 역량뿐만 아니라 콘텐츠를 제공하는 오피니언 리더들의 수준과 영향력 덕분입니다.

오피니언 리더들은 분야별로 큰 영향력과 통찰력을 자랑하는 유명인사들입니다. 버락 오바마 대통령, 노엄 촘스키 교수, 존 케리 전 국무장관, 토니 블레어 전 영국 총리, 마이클 무어 영화감독 등 각 분야의 최고 인사들이 참여해 직접 콘텐츠를 제공합니다. 기존 언론사들은 뉴스 콘텐츠 생산에 인터넷의 개방성이라는 특성에 충실하게 반영하며 누구나 참여할 수 있는 방식을 수용했습니다.

이에 반해, 허프포스트는 단순한 독자 참여가 아닌 검증된 필진을 구성해 뉴스 콘텐츠의 품질을 높였습니다. 사실 기존의 인터넷 언론이 뉴스에 중심을 둔 반면, 영향력 있는 사람들의 견해로 정보의 품질에 무게를 두어 차별화할 수 있었습니다. 핵심적인 전문가 기반의 뉴스 큐레이팅과 콘텐츠 서비스 이외에 독자들이 직접 뉴스를 매개로 한 소셜 네트워크 서비스와 같은 커뮤니티 서비스를 활용할 수 있는 장치도 제공합니다. 독자들이 기사에 대해 토론하거나 자신의 SNS 계정을 통해 사이트 외부로 공유할 수 있도록 적극적으로 독려합니다. 사이트 안팎으로 영향력을 확장해 단순히 자사 사이트에 머물지 않고 사용자 참여로 인터넷 공간에서 폭넓은 소통을 하고 있습니다.

▲ 허프포스트는 뉴스 큐레이팅을 기반으로 하고 있으며 검증된 전문가들의 콘텐츠로
  서비스의 부가가치를 극대화합니다.

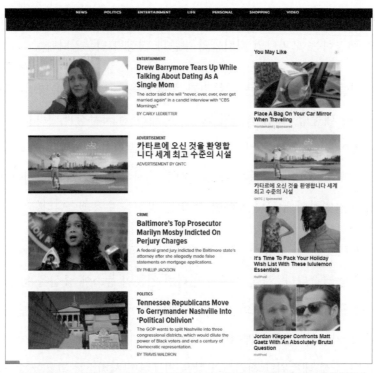

▲ 메인 페이지에는 섹션 별로 영향력 있는 칼럼니스트들의 기사를 배치해 주목성과 함께 오피니언 뉴스의 특성을 강화합니다.

▲ 현재 주요 국가에 서비스 하고 있으며, 대한민국은 2014년 초에 허프포스트코리아로 뉴스 콘텐츠를 제공하고 있습니다.

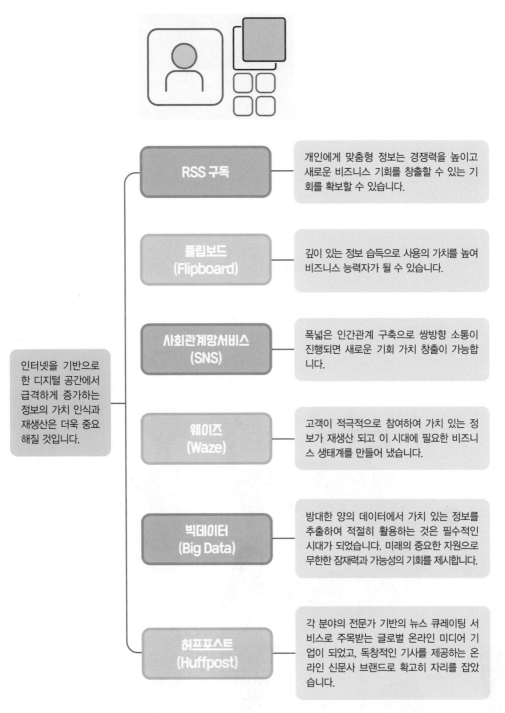

**RSS 구독**

개인에게 맞춤형 정보는 경쟁력을 높이고 새로운 비즈니스 기회를 창출할 수 있는 기회를 확보할 수 있습니다.

**플립보드 (Flipboard)**

깊이 있는 정보 습득으로 사용의 가치를 높여 비즈니스 능력자가 될 수 있습니다.

**사회관계망서비스 (SNS)**

폭넓은 인간관계 구축으로 쌍방향 소통이 진행되면 새로운 기회 가치 창출이 가능합니다.

**웨이즈 (Waze)**

고객이 적극적으로 참여하여 가치 있는 정보가 재생산 되고 이 시대에 필요한 비즈니스 생태계를 만들어 냈습니다.

**빅데이터 (Big Data)**

방대한 양의 데이터에서 가치 있는 정보를 추출하여 적절히 활용하는 것은 필수적인 시대가 되었습니다. 미래의 중요한 자원으로 무한한 잠재력과 가능성의 기회를 제시합니다.

**허프포스트 (Huffpost)**

각 분야의 전문가 기반의 뉴스 큐레이팅 서비스로 주목받는 글로벌 온라인 미디어 기업이 되었고, 독창적인 기사를 제공하는 온라인 신문사 브랜드로 확고히 자리를 잡았습니다.

인터넷을 기반으로 한 디지털 공간에서 급격하게 증가하는 정보의 가치 인식과 재생산은 더욱 중요해질 것입니다.

▲ 분야별 맞춤형 정보 제공 기술과 사례들

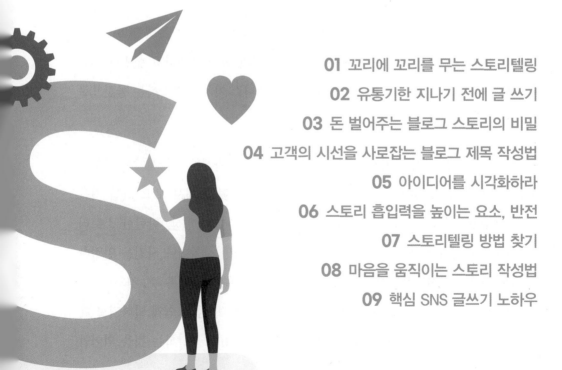

Part **2**

# 구매자들의 마음을
# 유혹하는 스토리텔링

# 꼬리에 꼬리를 무는 스토리텔링

오늘 어떤 하루를 보냈나요? 소소한 일상 이야기들을 글로 표현하는 것은 쉽지 않습니다.
그렇지만 꾸준한 연습을 통해 공감하는 글을 쓸 수 있습니다.
#스토리텔링 #글쓰기

## ▌1▐ 일상 속 모든 순간이 스토리텔링

소셜 스토리텔링이라는 단어를 '소셜(Social)', '스토리(Story)', '텔링(Telling)'
으로 나누어 살펴보면 소셜은 사전적 의미로 '사회의, 사교적'이라고 설명합니다.
좀 더 구체적으로 설명하면 공동체인 동시에 비즈니스 가치를 창출하는 공간으로
접근할 수 있습니다.

'소셜'은 세상을 보다 유기적으로 연결하고 사람과의 관계를 밀착시키는 사회적
네트워크입니다. '스토리'는 여러 가지로 접근하여 생활 속에서 보고 느낀 것을
형식에 구애받지 않은 채 표현한 수필, 재미있는 만화나 동영상, 탄탄한 스토리
를 전개하는 영화나 소설이 될 수 있습니다. 또한, 어떤 사실이나 사건을 일정한
형태를 나타내고 전달하는 대화가 될 수도 있습니다. 주변에서 본 것, 경험한 것,
연상한 것, 생각한 것 등 모두의 스토리가 포함됩니다. '텔링'은 쉽게 말하기로 개
인 또는 불특정 다수의 상대방이 이해할 수 있도록 표현해 전달하는 것을 의미합

니다. 스토리를 효과적으로 쉽고 재미있게 전달할 수 있으면 '공감'과 '설득력'을 얻을 수도 있습니다.

소셜 스토리텔링을 한 문장으로 표현하면 'SNS를 활용해 직접 경험하고 생각한 것을 재미있게 구성해 상대방에게 전달하는 것'입니다. 여기서 SNS는 '블로그, 엑스, 페이스북, 인스타그램, 유튜브 등'을 말하며 직접 경험하고 생각한 것은 '일상적인 생각, 공유하고 싶은 정보, 신상품 홍보, 상품 사용 후기, 여행 갈만한 곳' 등 매우 다양합니다. 스토리를 재미있게 구성해서 상대방에게 전달하는 것은 여러 가지 형태(문자, 이미지, 동영상)로 가공해 전달하는 것을 의미합니다.

## 2 글쓰기 트레이닝

글쓰기는 고차원적인 사고력을 요구하는 수단이며 고도의 정신력과 창조력이 필요한 행위입니다. 누구나 스쳐 지나가는 입체적인 기억들을 종이에 끄적일 수 있습니다. 상대방의 공감을 얻고 논리적으로 설득하기 위해서는 스토리를 정교하게 배열하고 다듬어 더 나아가 형식적인 논리와 표현력이 곁들여져야 합니다.

SNS 글 쓰기는 **신나게 수다 떨듯** 쓰자

▲ SNS 글쓰기 방법

보통 정해진 주제를 가지고 글을 쓰는 경우 스토리 전개 및 구조와 맞춤법, 띄어쓰기, 사용해야 할 단어 등 고려해야 할 것들이 많지만, 미리 겁을 먹지 말아야 합니다. 상대방을 논리적으로 설득하고 공감을 불러일으킬 수 있는 힘 있는 글을 완성하기 위해서는 어느 정도 글을 갈고닦는 시간이 필요합니다. 선천적으로 탁월한 작가적 기질을 갖춘 사람이라면 쉽게 글을 써내려 갈 수 있겠지만, 극소수에 불과합니다. 일류 작가들도 대부분 후천적인 노력과 인내로 자신의 능력을 갈고닦아 재능을 만든 것입니다. 단번에 글쓰기 실력이 좋아질 수는 없지만, 자유롭게 글을 쓸 수 있도록 연습하고 노력하면 글쓰기에 대한 두려움을 없앨 수 있습니다.

■ 형식에 얽매이지 말고 신나게 쓰기

SNS를 활용해 글을 쓴다는 것은 '개방', '공유', '참여'를 허용한다는 의미를 가집니다. 블로그는 불특정 다수에게, 엑스는 수많은 팔로워에게, 페이스북은 친구들에게 전달해 글로 마음껏 소통하고 생각의 폭을 확장할 수 있습니다.

'햄릿'과 '리어왕' 등의 주옥같은 작품을 쓴 셰익스피어는 처음부터 맞춤법에 맞는 글을 쓰지 않았습니다. 이처럼 맞춤법, 문법, 품사 등은 2차적인 고민거리로 넘기는 것이 좋습니다. 글 외에 부수적인 것들을 일일이 생각하면 머릿속이 복잡해져 신나게 글을 쓰는 데 방해가 됩니다.

문장의 어휘와 구절을 정교하게 다듬는 과정은 뒤로 미룬 채 생각나는 대로 글쓰기를 권유합니다. 사람은 매초 의식적으로 2,000비트의 정보를 처리하지만, 무의식적으로는 40억 비트의 정보를 처리한다고 합니다. 형식적이지 않을 때 더 많은 이야기를 할 수 있는 것입니다. 흰 도화지에 그림을 그리듯 글을 쓰고, 좋은 글을 많이 읽으며 많이 써보세요. 시간이 지날수록 생각하지 못했던 어휘들이 떠올라 마법에 걸린 듯 저절로 글이 쓰일 것입니다.

■ 유쾌하게 대화하듯이 쓰기

스마트폰이 대중화되면서 전화통화와 메시지 서비스가 줄어들자 '카카오톡, 밴드, 엑스, 페이스북' 등을 자주 사용하게 되었습니다. 이러다 보니 손쉽게 문자와 이미지, 동영상 등을 공유하고 부담 없이 소통할 수 있는 소셜 네트워크에 흥미로운 스토리가 넘칩니다.

글쓰기가 어렵게 느껴진다면 머릿속으로 SNS에서 지인과 즐겁고 유쾌하게 대화하는 모습을 그려 봅니다. 그다음으로 개성 있는 말투나 대화 등 짧고 긴 내용을 떠나 메모 앱을 활용하여 유쾌하게 글을 작성해 봅니다. 예를 들어보겠습니다. 다음의 내용은 일상적으로 직장인의 아침을 엿볼 수 있는 짧은 글입니다.

금요일인데 아침부터 비가 내리네.
어제 늦게까지 회식을 해서 출근하기 싫은데 어떡하지?
갑자기 동공이 풀리고, 마음의 무게가 10kg 늘어난 기분이다.
그래도 회사에는 출근해야지.
돈을 벌어야 내가 하고 싶은 공부도 하고 사고 싶은 것, 먹고 싶은 것도 살 수 있으니까.
기지개를 한 번 크게 켜고 힘차게 하루를 시작하자.
묵직한 피곤함과 스트레스가 몸을 짓누르지만
'내가 할 수 있는 일이 있다.', '내가 출근할 수 있는 직장이 있다'는 것에 감사하자.

형식에 얽매이지 않고 쓴 짧은 글을 바탕으로 마인드맵[1]을 활용해 키워드 형태로 간단하게 요약해 보겠습니다. 의미 없이 써 내려간 자유로운 글이지만, 마인드맵으로 간략하게 정리해 짜임새 있게 구성할 수 있습니다.

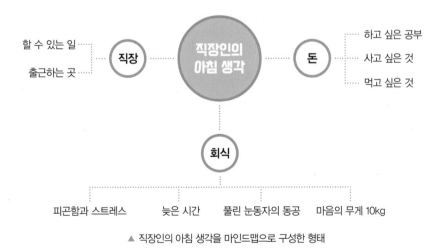

▲ 직장인의 아침 생각을 마인드맵으로 구성한 형태

---

1 마인드맵은 더 나은 아이디어를 떠올리기 위해 생각을 정리하는 도구입니다.

마인드맵[2]을 바탕으로 키워드를 정리해 보니 글을 쓰기 위한 주제와 글감이 마련되었습니다. 주제는 '회식 다음 날 직장인의 아침 생각', 글감은 '직장', '회식, '돈'으로 간략하게 스토리를 만들면 다음과 같습니다.

**회식 다음 날 직장인의 아침 생각**
어제는 한 달마다 갖는 전 직원 회식이었습니다. 술을 잘 마시지 못하지만, 분위기에 취하다 보니 늦은 시간까지 동료들과 즐거운 시간을 보냈습니다. 아침 일찍 일어나 보니 동공은 풀려 있고, 피곤함과 스트레스가 쓰나미처럼 몰려옵니다. 마음의 무게가 갑자기 10kg 정도로 무거워진 것 같습니다. 출근하기 싫지만 해야 합니다. 하고 싶은 공부를 마음껏 하고, 사고 싶은 것, 먹고 싶은 것을 해결하기 위해서입니다. 힘들지만 할 수 있는 일과 출근할 수 있는 직장이 있어 감사합니다.

### ■ 풍부한 감성의 글쓰기

글쓰기를 수도꼭지에 비유해 보겠습니다. 수도꼭지를 서서히 틀면 물이 조금씩 나옵니다. 반면에 완전히 틀면 물이 콸콸 나옵니다. 글쓰기도 수도꼭지와 비슷합니다. 글쓰기가 서툰 사람에게 짧은 글이라도 요청하면 수도꼭지가 꽉 막힌 것처럼 답답하고 아무 생각이 나지 않아 어렵다고 합니다.

그럼 어떻게 해야 수도꼭지에서 자연스럽게 물이 나오듯이 글을 쓸 수 있을까요? 다음과 같은 훈련, 일명 '글쓰기 연습'을 통해 가능합니다. 글쓰기는 개인의 정신적·육체적 건강을 치유하는 힐링 효과를 제공하고, 깊이 사유할 수 있는 사고 능력을 높여 줍니다. 풍부한 감성을 적용하는 글쓰기 방법에 대해 살펴보겠습니다.

---

2 마인드맵으로 키워드를 간결하게 정리한 다음 글을 쓰면 의미가 더욱 잘 전달되고 정리된 느낌이 듭니다. 수다를 떨듯 글을 써보세요. 말하기는 쉬운데 글쓰기가 어렵게 느껴진다면 스마트폰의 녹음 기능을 활용해 스토리를 만들어도 좋습니다.

## ■ 일기와 같은 글쓰기

누구나 읽기 쉽고 이해할 수 있으며 공감 가는 글은 술술 읽힙니다. 초등학생의 일기를 살펴보면 짧은 문장들이 또박또박 거침없이 나열되어 있습니다. 맞춤법이 틀리거나 잘못된 띄어쓰기를 사용하고, 주어와 서술어가 맞지 않는 경우도 있습니다. 글의 전체적인 짜임새도 완벽하지 않지만, 순수함에서 비롯된 단순한 글이기 때문에 보는 이로 하여금 감동과 여운을 남겨 무엇을 이야기하는지 금세 파악할 수 있습니다.

일기처럼 글을 쓴다는 것은 사고의 틀을 과감하게 깨고, 부드럽고 유연한 글감들을 발견하기 위함입니다. 오늘 하루 중 가장 인상 깊었던 기억 또는 사건을 생각해 종이에 제목을 적고 그림을 그려 보세요. 이때 그림을 잘 그릴 필요는 없습니다. 최소한 사람인지, 동물인지, 사물인지 이해할 수 있으면 됩니다. 그다음 자유롭게 쓰는 것을 원칙으로 300~500자 정도의 일기를 써 봅니다.

## ■ 인물, 사건, 배경으로 구성하기

스토리의 구성 요소는 '인물, 사건, 배경'입니다. 인물은 스토리를 이끌어나가는 주인공으로 시점에 따라 1인칭인 '나', 2인칭인 '너', 3인칭인 '우리', '그들'로 접근할 수 있습니다. 소셜 미디어의 시점은 개인이 주관적인 스토리를 만들기 때문에 1인칭을 사용합니다.

사건은 스토리에 더하는 양념과 같습니다. 원인과 결과(인과 관계)로 설명할 수 있으며 '플롯(Plot)'이라고도 하는데 스토리의 단조로움을 피하고 자석처럼 끌어들여 호기심을 자극합니다. 스토리에 몰입시키는 '반전'과 '갈등'은 마음속 깊은 감정을 움직입니다. SNS의 경우 사건 전개에 제약이 따르므로 내밀한 관심과 몰입을 불러일으키기 쉽지 않지만, 블로그의 경우 플롯을 적용해 탄탄하게 스토리를 전개할 수 있습니다.

배경은 스토리 분위기를 형성하는 시간과 공간을 의미하며, 인물이 어떤 선택을 하고 어떤 사건이 일어나는지에 대한 제한을 만들 수 있습니다. 시간은 아침, 점심, 저녁 등으로 스토리에 변화를 제공하며 공간은 집 또는 건물 등으로 입체감과 현실감을 제공합니다.

## ■ 오감 활용하기

스토리에 빨려 들게 하는 방법으로 오감을 활용한 글쓰기를 추천합니다. 오감은 가장 기본적인 차원에서 사람의 감각을 정의하는 것으로 이를 통해 세밀하게 표현할 수 있습니다. 특정 사물에 대한 냄새, 맛, 느낌, 소리 등 감각을 스토리에 담으면 생생하게 전달할 수 있습니다. 여기에 크기, 날짜, 시간, 거리 등의 숫자를 함께 사용하면 입체감을 나타낼 수 있습니다.

## ■ 사건 만들기

개연적인 사건은 일어날 법한 사건으로 일어나든 일어나지 않든 관계없는 사건입니다. 특히 개연적인 사건은 스토리에 관심과 흥미를 유발하는 원동력이므로 적절히 구성하는 것이 중요합니다. 필연적인 사건은 스토리 주제와 연관되어 반드시 일어나는 사건을 말합니다. 개연적인 사건과 필연적인 사건의 예시를 살펴보겠습니다.

> ▶ **개연적**: 레스토랑에서 맛있는 스테이크를 먹었는데 개점 5주년 기념 이벤트로 와인 한 잔을 서비스로 줬습니다.
> ▶ **개연적**: 여행 명소에서 십년지기 친구를 만났습니다.
> ▶ **개연적**: 도서관에서 책을 빌려서 보는 데 만 원짜리 지폐 한 장이 나왔습니다.
> ▶ **필연적**: 입소문 난 해장국 집에 가면 그 식당의 해장국을 먹어 보고 싶습니다.
> ▶ **필연적**: 사우나에 가면 육체적인 피로와 정신적인 스트레스를 해소할 수 있습니다.

스토리를 구성하기 전, 주제와 관련해 반드시 일어나야 하는 필연적인 사건과 우연히 일어날 수 있는 개연적인 사건을 찾아 스토리를 구성하면 돋보이게 할 수 있습니다.

■ 열린 표현 사용하기

　SNS에서 스토리로 공감과 정서적인 유대감을 형성하기 위해서는 내적인 본질[3]이 구체적으로 드러나야 합니다. 누구나 한 번쯤은 책이나 영화를 보다가 자신도 모르게 깊이 빠져드는 몰입의 즐거움을 경험해 보았습니다. 특히 독서 중에 불현듯 감각적이고 세련된 스토리를 만나면 지적 호기심이 발동하게 됩니다. 그 이유는 스토리 구성이 대부분 열린 표현으로 쓰였기 때문입니다. 열린 표현은 독자가 그림을 보듯 분명하고 자세하게 이해할 수 있도록 보여 주는 방식으로, 풍성한 흥미와 재미를 제공합니다.

■ 닫힌 표현 사용하기

　반대로 닫힌 표현은 객관적인 사실과 논리적인 합리성을 부여한 스토리 방식으로 경제경영서 등으로 이해할 수 있습니다. 닫힌 표현의 스토리는 논리적인 판단과 분석적인 추론을 바탕으로 설명해서 공감을 이끌어내기 힘듭니다. 열린 표현의 스토리는 개인적인 경험과 감정 중심으로 전개해 호기심과 상상력을 자극합니다. SNS를 활용해 열린 표현으로 스토리를 구성해 나가기 바랍니다. 닫힌 표현과 열린 표현 방식의 예를 살펴보겠습니다.

**닫힌 표현**
비가 내린 후 창밖을 바라보니 무지개가 떴습니다.

**열린 표현**
맑은 하늘에 거무스름한 구름이 밀려오더니 천지를 뒤흔드는 천둥소리가 들리고 비가 내립니다. 곧이어 언제 그랬냐는 듯 비가 그치고 저 멀리 산등성이에 일곱 빛깔 무지개가 영롱하게 피었습니다.

---

3 내적인 본질은 감정, 생각, 바람, 욕구, 입장, 의견, 주장 등으로 이해할 수 있습니다.

**닫힌 표현**

오전에 거리에서 멋진 남성을 보았습니다.

**열린 표현**

오전에 길을 걷다 완벽한 이상형의 남성을 보았습니다. 서구적인 얼굴에 날렵한 턱선이 매력적이고 스타일리시한 패션이 시선을 사로잡았습니다. 모던한 스타일의 검은 정장을 입고 있어서 그런지 더욱 세련되고 깔끔하게 보였습니다.

전문적이고 논리적인 스토리는 예외지만, 누구나 쉽게 이해할 수 있도록 써야 합니다. 그다음 스토리의 몰입도와 입체감을 높이는 '시간과 공간', '오감', '사건'을 고려하면 감동을 줄 수 있습니다. 세계적으로 유명한 작가이자 철학자인 에머슨(Ralph Waldo Emerson)은 "좋은 습관은 작은 희생들을 쌓아 올려 길러지는 것이다."라고 했습니다. 스토리도 마찬가지로 글쓰기 연습과 노력이 필요합니다. 지금부터 글쓰기 습관을 지니는 것은 어떨까요?

# 유통기한 지나기 전에 글 쓰기

소셜 미디어를 활용해 매일 경험하고 느끼는 소소한 스토리를 공유할 수 있습니다. 잘 전달된 스토리는 주변 사람에게 좋은 기억으로 남아 팬이 되고, 자연 발생적인 입소문이 전파됩니다. 이 장에서는 입소문을 퍼트릴 수 있는 소셜 스토리텔링 과정에 대해서 살펴보겠습니다.

▲ 소셜 미디어의 특징

먼저 주변에서 발생하는 사건, 뉴스, 정보에 대해 세밀하게 관찰하는 것이 중요합니다. 미디어에서 나온 이슈와 토픽은 신뢰성·공정성·유용성 등의 사회적 가치를 갖고 있어서 대중적 관심을 이끌어낼 수 있습니다. 주제가 선택되면 다음으로 소셜 미디어의 특성에 대해서 알아야 합니다. 소셜 미디어는 '직접적인 소통'이 아닌 '간접적인 소통 채널'이라는 것과 '일대일 소통'이 아닌 '일대다 소통'이라는 것입니다. 간접적인 소통 채널인 이유는 개인의 소소한 스토리를 공유하고자 할 때 특정 SNS 플랫폼을 매개체로 하여 전달하기 때문입니다. 또한 일대다 소통인 이유는 소셜 네트워크에 업로드된 데이터가 사회적 관계망을 통해 연속적인 흐름으로 확산될 수 있기 때문입니다. 소셜 미디어에 적합한 스토리 전략과 이용 동기 파악도 중요합니다. 여기까지 완료되면 어떠한 스토리를 담을지 고민해야 합니다.

대표적으로 많이 이용하는 소셜 미디어별 스토리를 살펴보면 다음과 같습니다. 엑스는 '140글자와 이미지', 페이스북과 카카오스토리, 블로그는 '장문과 이미지, 동영상', 유튜브와 틱톡은 '동영상', BIGO LIVE와 Livestream은 '실시간 영상', 핀터레스트와 인스타그램은 '이미지'를 담습니다. 소셜 미디어를 활용해 콘텐츠를 크로스오버 할 수 있는 방법을 알아보겠습니다. 여기서는 엑스, 핀터레스트, 인스타그램, 페이스북, 카카오스토리, 블로그를 활용합니다.

❶ SNS 스토리를 만들기 위한 소재를 선정한 다음 사진을 촬영합니다. DSLR 카메라로 수십 장까지 촬영할 수 있지만, 카메라가 없다면 블로그 포스팅을 고려하기 위해 스마트폰으로 10~20장 정도 촬영합니다. 이때 15~30초 정도의 동영상도 함께 촬영한 다음 클라우드 앱(네이버 N드라이브, 다음 클라우드, T 클라우드 등)에 올립니다.

❷ 다음으로 스토리의 핵심 키워드들을 선별합니다. '맛집'이라면 맛의 품질, 가격, 분위기, 서비스, 재료의 신선도 등이 있고, '병원'이라면 의사 프로필, 시술 성공률, 직원 서비스, 고객 평판, 병원 분위기, 사후 서비스 등을 선택합니다.

❸ 스마트폰의 '메모' 앱을 실행해 간략하게 글을 작성합니다. 1차적으로는 엑스에 올리기 위해 간단명료한 단문을 작성할 때는 '무엇을 말하는가?', '누구에게 말하는가?', '어떻게 말하는가?'를 확인해야 합니다.

예 삼계탕 전문점에서

무엇을 말하는가? 뜨끈한 닭 한 마리로 몸보신하기
누구에게 말하는가? 보양식을 찾는 30~40대
어떻게 말하는가? 시각, 후각, 미각, 청각 활용

❹ 대표 사진을 선택해 엑스에 게시물을 올리고 동시에 핀터레스트와 인스타그램 올립니다.

❺ '메모' 앱으로 이동해 글감을 추가합니다. 장문이 완성되면 페이스북과 카카오스토리에 '장문', '여러 이미지', '동영상(선택 항목)' 등과 함께 올립니다.

❻ 마지막으로 블로그 포스팅을 합니다. 기존에 만들어진 단문, 장문, 동영상을 활용해 스토리를 만듭니다. 여기서는 검색 최적화 전략[4]을 고려해야 합니다.

❼ 블로그 포스팅을 마치면 다시 SNS를 활용해 공유합니다.

다양한 소셜 미디어를 활용하는 이유는 1차적으로 소셜 미디어가 다양화되고 사용자층이 분산되었기 때문입니다. 2차적으로는 개인 브랜드를 홍보하고 구축하기 위한 것입니다. 특히 기업의 경우는 사회적 관계망의 확장으로 소비자와 끈끈한 관계를 형성할 수 있고 상품 브랜드 가치를 높일 수 있습니다.

크로스오버 활용은 소셜 미디어의 잠재적인 파급 효과를 확인하고 각 플랫폼에 맞도록 자유자재로 SNS 스토리를 만들어내기 위함입니다. 소셜 미디어의 크로스오버가 어렵다면 먼저 하나의 플랫폼을 선택한 다음 어느 정도 익숙해져 운영 시간이 줄어들면 추가로 늘려나가면 됩니다.

---

4 검색엔진의 검색 결과에 목적한 정보를 효과적으로 노출시키는 전략을 말합니다. 네이버 블로그 알고리즘을 이해하는 것이 중요합니다.

# 돈 벌어주는 블로그 스토리의 비밀

블로그 글쓰기는 종합적인 표현 예술 영역에 포함됩니다.
어떻게 하면 매력적으로 블로그 글쓰기를 할 수 있을까요?
#블로그글쓰기 #글쓰기기획

20세기 최고의 영화감독이자 프로듀서인 스티븐 스필버그 감독은 〈E.T.〉, 〈트랜스포머〉, 〈마이너리티 리포트〉 등의 대작 영화를 만들었습니다. 기발한 아이디어로 관객에게 상상력과 감동을 선사했고, 할리우드 블록버스터 영화 발전에 큰 영향을 끼쳤습니다.

블로그 스토리[5]는 영화처럼 화려한 연출이 어렵지만, 일상생활에서 겪는 재미있고 흥미진진한 소재를 통해 공감을 불러일으킬 수 있습니다. 영화는 역동적이기 때문에 감동과 재미를 생생하게 느낄 수 있지만, 블로그 스토리는 평면적이기 때문에 영화적인 서사성을 제공하기에는 제약이 따릅니다. 하지만 문자, 이미지, 동영상의 적절한 구성으로 공감대를 형성할 수 있습니다.

---

5 잘 구성된 블로그 스토리는 방문자에게 관심을 유도해 공감대 형성과 설득력을 높여줍니다.

## 1 사전 기대치를 높여라

'프라이밍 효과(Priming Effect)'는 사전에 기대치가 높으면 사후 만족도가 높아진다는 심리 현상을 말합니다. 최근 여행 및 맛집 스토리 중심의 블로그가 이러한 심리 효과를 적절히 활용하고 있습니다. '연인들이 꼭 가봐야 할 명소', '한 번 맛보면 잊을 수 없는 고향 맛집' 등의 제목을 보면 호기심이 발동해 블로그에 방문하게 됩니다. 직접 가보지 않고 맛보지 않아도 '느낌', '감정', '기쁨', '즐거움', '슬픔', '짜증', '편안함', '달콤함', '짜릿함', '행복' 등을 간접적으로 체험할 수 있습니다. 이처럼 블로그 스토리로 사전 기대치를 높이면 해당 장소에 찾아가고 싶은 충동을 불러일으킬 것입니다.

## 2 핵심 내용을 가장 먼저 언급하기

블로그에서 스토리를 보는 순서는 위에서 아래로 내려갑니다. 1차적으로 제목을, 2차적으로 내용(문자, 이미지, 동영상)을 살펴봅니다. 보통 사진 위에 내용을 배치하고 서술하는 것과 전체 내용을 요약해 서술하는 방식으로 입력합니다. 내용의 핵심을 위에 배치하는 방식을 '두괄식'이라고 하며, 아래에 배치하는 방식을 '미괄식'이라고 합니다. '양괄식'은 핵심 내용을 앞뒤에 배치하는 방식입니다.

블로그 서술 방식에는 '두괄식'을 추천합니다. 내용의 핵심 정보를 요약해 먼저 보여주면 방문자에게 콘텐츠가 "이렇게 진행되겠구나."와 같은 이정표를 제공할 수 있기 때문입니다. 양괄식도 핵심 내용을 위아래에 배치해 주제를 동시에 전달할 수 있지만, 위에서 내용을 강력하게 설득시키지 못하면 관심을 끌기 힘듭니다.

## 3 사진이 시선의 흐름을 유도한다

블로그 스토리 구성에서 이미지는 강력한 소통 수단으로 방문자에게 관심도와 호감도를 불러일으킵니다. 또한, 스토리 전개의 무미건조한 흐름을 정화하는 강력한 언어 같은 역할을 하며 스토리에 생명력을 불어넣습니다.

전체적으로 블로그 내용이 글로 구성되면 흥미를 유발하기 어렵지만, 문자에 이미지가 결합되면 효과적으로 내용을 전달할 수 있습니다. 주변 정황을 이미지로 간결하고 명확하게 묘사해 전달하기 때문에 소설과 같은 세부 묘사를 생략할 수 있습니다.

블로그 스토리를 짜임새 있게 구성하기 위해 우선적으로 고려해야 하는 부분은 '시간'입니다. 스토리 요약, 이미지 보정 및 배열, 이미지에 어울리는 글 작성, 동영상 인코딩 등 시간에 따라 적지 않은 노력이 필요합니다.

특히 이미지가 여러 장일 경우에는 블로그 검색 최적화 전략(SEO)을 고려해 위에서 아래로 나열하면서 이미지를 설명하며 써 내려가야 합니다.

이때 '사진 첨부 방식' 기능을 이용하면 이미지를 독창적으로 레이아웃을 구성할 수 있고, 스토리를 탄탄하게 구성해 전개할 수 있습니다. 이미지는 '개별사진', '콜라주', '슬라이드'로 구성할 수 있으며, 콜라주와 슬라이드는 10장까지 추가할 수 있습니다. '개별사진'은 기존의 사진 첨부 방식으로 여러 장을 개별적으로 첨부할 수 있습니다. '콜라주'는 이미지를 타일 형태로 나란히 나열하여 배열할 수 있고, '슬라이드'는 이미지를 옆으로 넘기는 슬라이드 형태 방식입니다.

▲ 네이버 블로그의 사진 첨부 방식

성안당 e 러닝

국가기술자격교육 **NO.1**

합격이 **쉬워**진다,
합격이 **빨라**진다!

당신의 합격 메이트,
성안당
이러닝

bm.cyber.co.kr

단체교육 문의 ▶ 031-950-6332

## ◆ 소방 분야

| 강좌명 | 수강료 | 학습일 | 강사 |
|---|---|---|---|
| 소방기술사 1차 대비반 | 620,000원 | 365일 | 유창범 |
| [쌍기사 평생연장반] 소방설비기사 전기 x 기계 동시 대비 | 549,000원 | 합격할 때까지 | 공하성 |
| 소방설비기사 필기+실기+기출문제풀이 | 370,000원 | 170일 | 공하성 |
| 소방설비기사 필기 | 180,000원 | 100일 | 공하성 |
| 소방설비기사 실기 이론+기출문제풀이 | 280,000원 | 180일 | 공하성 |
| 소방설비산업기사 필기+실기 | 280,000원 | 130일 | 공하성 |
| 소방설비산업기사 필기 | 130,000원 | 100일 | 공하성 |
| 소방설비산업기사 실기+기출문제풀이 | 200,000원 | 100일 | 공하성 |
| 소방시설관리사 1차+2차 대비 평생연장반 | 850,000원 | 합격할 때까지 | 공하성 |
| 소방공무원 소방관계법규 문제풀이 | 89,000원 | 60일 | 공하성 |
| 화재감식평가기사·산업기사 | 240,000원 | 120일 | 김인범 |

## ◆ 위험물 · 화학 분야

| 강좌명 | 수강료 | 학습일 | 강사 |
|---|---|---|---|
| 위험물기능장 필기+실기 | 280,000원 | 180일 | 현성호,박병호 |
| 위험물산업기사 필기+실기 | 245,000원 | 150일 | 박수경 |
| 위험물산업기사 필기+실기[대학생 패스] | 270,000원 | 최대4년 | 현성호 |
| 위험물산업기사 필기+실기+과년도 | 350,000원 | 180일 | 현성호 |
| 위험물기능사 필기+실기[프리패스] | 270,000원 | 365일 | 현성호 |
| 화학분석기사 필기+실기 1트 완성반 | 310,000원 | 240일 | 박수경 |
| 화학분석기사 실기(필답형+작업형) | 200,000원 | 60일 | 박수경 |
| 화학분석기능사 실기(필답형+작업형) | 80,000원 | 60일 | 박수경 |

# 고객의 시선을 사로잡는 블로그 제목 작성법

제목 한 줄이 클릭을 유도하고 글을 읽게 만듭니다.
시선을 사로잡는 제목을 만들어 보겠습니다.
#블로그제목 #시선유도

TV 광고는 15초 안에 시청자의 시선을 사로잡아야 합니다. 이 짧은 시간 안에 시청자의 흥미와 시선을 끌지 못하면 의도한 목적을 달성할 수 없습니다. 그래서 창의적이고 기발한 아이디어를 정교하게 삽입합니다.

블로그 제목 또한 TV 광고처럼 잘 만들어야 합니다. 포털 사이트 검색 결과 화면에서 탐색자가 방문할지를 결정하는 이정표와 같은 역할을 하기 때문입니다. 그래서 블로그 제목은 TV 스폿 광고처럼 시선을 사로잡을 수 있는 독특하고 개성 넘치는 표현이 중요합니다. 키워드 검색 결과 상위에 여러 블로그가 노출되어도 매혹적이고 세련된 제목이 우선적으로 주목을 끌기 때문에 가정 먼저 체크해야 할 항목입니다.

블로그 스토리를 만들 때 제목은 방문자의 클릭을 유도하고 스토리 구성을 파악할 수 있는 단서를 제공합니다. 또한, 포털 사이트 검색 엔진은 블로그를 탐색할 때 가장 먼저 접근하는 항목이 제목이기 때문에 전략적으로 구성해야 합니다.

블로그 제목은 블로그 스토리 구조에서 40% 이상의 중요도를 차지하고 있습니다 (제목 40%, 본문 50%, 태그 10%).

▲ 블로그 스토리의 제목 만들기

　블로그 제목은 스토리를 설명하는 간판인 동시에 검색 사용자 행동을 촉진하는 역할을 하므로 가장 먼저 신경 써야 하는 부분입니다. 특히, 블로그 제목을 만들 때 점검해야 할 사항은 '키워드 가치'입니다. 이 가치를 통해 '조회수', '경쟁 현황', '인기도' 등을 파악할 수 있습니다. 어떻게 하면 블로그 제목을 매혹적으로 만들고 주목성을 높일 수 있는지에 관한 제목 유형을 살펴보겠습니다.

▲ 검색 결과에서 시선을 잡아끄는 블로그 제목

## ◻ 자연스런 시선 유도

은유형 제목은 감각적인 표현으로 시선을 유도해서 스토리 가치를 높이고 구성에 대한 궁금증을 증폭시킵니다.

> 어느덧 '겨울'이 다가옵니다. → 어느덧 '계절의 마침표'가 다가옵니다.
> 회색 구름에서 '싸라기눈'이 떨어집니다. → 회색 구름에서 '하늘의 눈물'이 떨어집니다.

## ◻ 정확한 정보 전달

특정 사실에 대한 정보 및 기업의 새로운 뉴스를 적극적으로 노출할 경우에 적용합니다.

> 명동에 고급 여성 의류 전문점을 공개했습니다.
> [화이트데이] 강남역 명품관에서 100쌍에게 선물 증정
> 어린이 테마파크에서 사계절 눈썰매장을 공개했습니다.

## ◻ 구매 욕구 높이기

제목에 실질적인 혜택과 고객의 구매 욕구를 자극하기 위한 유형입니다. 합리적인 소비를 추구하는 고객의 시선을 끌면서 상업적인 느낌을 배제하는 것이 중요합니다.

> 여성 원피스. 19,000원을 돌려드립니다.
> 멋진 맞춤 남성복 추가 할인 혜택
> 일주일 동안 명품 가방을 한정 판매합니다.

## 4 거부할 수 없는 제안

까다로운 구매층 또는 상류층을 대상으로 적용할 수 있는 유형입니다. 특히 여성에게 큰 호응을 얻을 수 있습니다.

> 애인에게 프랑스산 고급 초콜릿을 선물하세요.
> 봄나들이에 입을 만한 예쁜 원피스를 살펴보세요.
> 애인과 함께 서울 근교 레스토랑에 방문해 보세요.
> [키스 백서] 여성에게 사랑받고 싶은 남성만 보세요.

## 5 호소력 있게 메시지 전달

제목에 특유의 강한 어조의 명령형 표현이 더해지면 효과적인 반응을 이끌어내는 메시지를 전달할 수 있습니다. '문제를 해결해야 하는 경우', '상품이 특정 효과를 제공하는 경우'와 같은 효과적인 제목을 만들 수 있습니다.

> 직장인이여, 매일 책을 읽어라! 내일이 달라진다.
> 평범함을 거부하는 남성이여 스타일샵에 찾아오라!
> 젊음을 되찾아라. 주름을 없애 드립니다.

## 6 호기심 자극

"좋은 질문에는 그 답이 절반은 숨어 있다."라고 했습니다. 질문을 잘하면 어떤 내용인지 대략적으로 이해할 수 있다는 의미입니다. 제목에 질문이 나타나면 주의를 집중시키고 호기심을 자극할 수 있습니다.

> 백화점에 한 달 평균 몇 번 방문하세요?
> 여성 패션 쇼핑몰은 어디가 좋을까요?
> 호감 가는 여성과의 첫 데이트에서 볼만한 영화는 무엇일까요?

효과적으로 질문을 만드는 5가지 방법은 다음과 같습니다.

❶ **요약형**: "이번 프로젝트의 목표는 한 마디로 무엇일까?"

❷ **가정형**: "지금 상태를 계속 유지하면 앞으로 어떻게 될까?"

❸ **선택형**: "A와 B 중 어느 쪽이 더 합리적일까?"

❹ **공감형**: "그렇게 생각하는 데는 이유가 있을 것 같은데 좀 더 자세히 설명해보게."

❺ **아이디어형**: "아이디어가 참 좋은데 현실화하기 위해 어떤 요소가 보충되어야 할까?"

## 7 핵심 대상 좁히기

대상의 범위를 명확하게 지정하면 관심도를 높여 방문자를 유도할 수 있습니다. 제목과 스토리를 만들 때 뚜렷하게 핵심 대상을 적용하면 설득력을 높일 수 있습니다.

> 30대 여성이신가요? 밸런타인 데이에 애인에게 수제 초콜릿을 선물하세요.
> 20대 후반 직장인인데 시력이 좋지 않다고요?
> 연인들이 주말에 가볼 만한 여행지

## 8 감각 적용하기

제목에 하나 이상의 감각을 적용하면 스토리 전개를 암시적으로 드러낼 수 있습니다. 사물에 대한 특징적인 모양, 색상, 소리, 냄새, 맛, 촉감 등을 추가해 만들 수 있습니다.

- **시각**: 파란색과 잘 어울리는 가구입니다.
- **미각**: 매콤 달콤한 닭갈비가 맛있어요.
- **청각**: 여자 아이돌 그룹 노래의 경쾌한 멜로디가 빠져들게 합니다.
- **청각, 후각**: 보글보글 끓어오르는 된장찌개의 구수한 냄새가 좋네요.

## 9 궁금증 끌어올리기

고대 그리스의 철학자인 아리스토텔레스(Aristoteles)는 "호기심은 인간을 인간답게 하는 특성이다."라고 했습니다. 호기심은 인간의 잠재된 욕구를 불러일으키는 촉매제 역할을 하며 감성적인 제목을 만들 수 있습니다. 제목에 '어떤 내용일까?'와 같은 궁금증 유발 요인을 적용하면 결과를 확인하기 위해 참을 수 없는 호기심이 생깁니다. 지적 욕망이 높은 정보 탐색자들의 시선을 잡아끌 수 있는 제목 유형입니다. 보통 이메일 마케팅에서 호기심을 유도하는 제목으로 많이 활용하고 있습니다.

P군은 안면 없는 유명인사와 어떻게 점심을 먹었을까?
강동원이 입은 정장은 어떤 브랜드일까?
20대 초반 직장인 A양, 어떻게 10억 원을 벌었을까?

▲ 클릭을 유도하는 블로그 글은 방문자의 시선을 끄는 제목에서부터 시작됩니다.

# 아이디어를 시각화하라

아이디어 기법을 활용하면 창조적인 생각을 구체적으로 표현할 수 있습니다.
#아이디어구체화 #만달아트

　'만다라트(Mandal-Art)'는 일본의 디자이너 이마이즈미 히로아키(Imaizumi Hiroaki)가 개발한 발상 기법으로 '연꽃 기법'이라고도 합니다. 1개의 사고가 9개 (3×3)로, 9개가 다시 81(9×9)개로 무한히 뻗어 나가는 논리적인 표현 방법입니다. 이 기법은 복잡한 생각을 간단하게 정리하고 다양한 아이디어를 융합해 창의적인 결과물을 도출하는 데 도움을 줍니다. 독창적인 블로그 제목과 스토리 소재가 머릿속에서 그려지지 않을 때 활용할 수 있습니다.

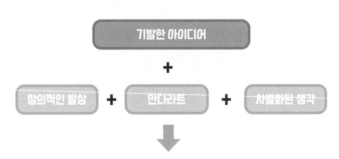

일상 속에서 톡톡 튀는 아이디어와 문득문득 떠오르는 생각을 구체적으로 시각화 할 수 있는 창의적인 아이디어 기법입니다.

▲ 발상 아이디어의 시각화 도출이 가능한 만다라트

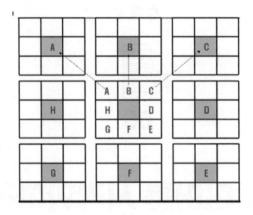

❶ A4 용지 10장을 준비하고 각 장에 가로/세로 2줄을 그어 9칸 '3×3'으로 정렬한 다음 나머지 한 장은 최종적 결과를 입력합니다.

❷ 가운데에 키워드(제목)를 입력합니다. 블로그 제목을 만들 때에는 핵심 키워드를 이용한 다음 나머지 8칸에 연관 키워드를 입력합니다.

❸ 모든 칸이 채워지면 주변을 둘러싸는 표현 가운데 얻어진 키워드를 입력합니다.

❹ 입력된 키워드를 확인하며 본격적으로 연상되는 내용을 입력합니다. 생각이 떠오르지 않으면 잡지나 신문 등을 참고할 수 있습니다. 정해진 패턴과 법칙은 없으므로 다양한 수식어를 더해 새로운 단어를 활용하면 기대하지 않았던 전혀 새로운 것을 발견할 수도 있습니다.

❺ 최종적으로 모든 칸이 채워지면 가장 마음에 드는 단어를 선택합니다. 이 키워드들을 마지막 한 장에 입력해 블로그 제목 또는 소재로 활용할 수 있습니다.

다음은 DIY 브랜드 상품에 만다라트를 활용한 사례입니다. 핵심 키워드를 'DIY 브랜드'로 선정한 다음 8칸에는 판매 중인 핵심 상품 키워드를 입력했습니다. 주변의 용지 가운데 핵심 상품 키워드와 관련해 다양한 수식어(형용사, 부사), 느낌, 색깔, 감정, 숫자 등을 연결하여 빈칸을 채웁니다.

| 아이가 웃어요 | 신발이 행복해요 | 느티나무 장난감 | 꿈꾸는 사물함 | 하얀숨결이 느껴지는 공간 | 굿센스 개인사물함 | 잠잘오게 하는의자 | 편안한 안락처 | 행복의 입맛춤 |
|---|---|---|---|---|---|---|---|---|
| 천연나무 장난감 | 아이 장난감 | 웃음 장난감 | 럭셔리한 사물함 | 사물함 | 개인 락카 | 단칸방에 여유가 느껴져요 | 흔들 의자 | 도심속 자연의 품안으로 |
| 키즈 장난감 | 자연이 함께놀아요 | 자연의 선물상자 | 꼼지락 사물함 | 파랑새가 잠자는곳 | 키작은 사물함 | 답답한 방에자유 | 당신만 가질수있는 여유 | 행복을 느껴보는 공간 |
| 신발 휴식공간 | 신발이 행복해요 | 4단신발 아파트 | 아이 장난감 | 사물함 | 흔들 의자 | 연필이 잠자는곳 | 꿈과희망을 만드는 상자 | 소중한 마음의 상자 |
| 향기나는 신발장 | 신발장 | 고품격 신발장 | 신발장 | DIY 브랜드 | 필통 | 나만의 개성상자 | 필통 | 연필도 호흡을 하고싶어요 |
| 다용도 신발장 | 가족 신발전용 | 신발이 웃어요 | 책꽂이 | 시계 | 탁자 | 양증맞은 키키필통 | 동물이 살고있는 동물원 | 나무향기 나는 공간 |
| 책휴식 공간 | 자연이함께 하는책집 | 강원도 자연이 함께 | 벽에살고 있는시계 | 나무가 살고있어요 | 회색벽에 동그라미 | 가족의 행복마루 | 럭셔리한 고급탁자 | 품격을 높이는 탁자 |
| 엄마가 만든 책꽂이 | 책꽂이 | 피터팬이 살아요 | 시골향기 시계 | 시계 | 매혹적인 사각형 | 미적인 감각의 작품 | 탁자 | 일상이 행복한 이유 |
| 다용도 책꽂이 | 책을돌보 이게하는 책꽂이 | 향기나는 책꽂이 | 24시간 호흡하는 시계 | 나이를 먹는시계 | 자연향기 나는 시계 | 가벼운 양탄자 | 자연이 숨쉬는 탁자 | 나무 그대로 |

마지막 장에 최종 선정된 키워드를 입력합니다. 도출된 키워드를 활용해 블로그 스토리에 적용할 수 있습니다.

| 아이 장난감 | 사물함 | 흔들의자 |
|---|---|---|
| 신발장 | DIY 브랜드 | 필통 |
| 책꽂이 | 시계 | 탁자 |

➡

| 자연의 선물상자 | 꼼지락 사물함 | 답답한 방에자유 |
|---|---|---|
| 신발 휴식공간 | DIY 브랜드 | 연필이 잠자는곳 |
| 다용도 책꽂이 | 벽에살고 있는시계 | 품격을 높이는 탁자 |

**블로그 제목:** 여름 시즌 DIY 브랜드 20'20'20 이벤트 진행

**블로그 소재:** 아이들에게 안전한 자연의 선물 상자

평범하지 않은 꼼지락 사물함

답답한 방에서도 자유를 느낄 수 있는 흔들의자

신발도 휴식 공간이 필요해요.

직장인에게 필요한 다용도 책꽂이

당신의 품격을 높이는 탁자 Best 5

다음 만다라트는 떡볶이 상품에 관한 키워드를 독창적으로 적용한 만다라트 사례입니다. 주변에 입력된 키워드 중에서 최종적으로 선정해 마지막 장에 입력합니다. 최종 선정된 키워드를 활용해 블로그 스토리를 작성합니다.

| 영순이 빨간떡볶이 | 불타는 빨간떡볶이 | 추억의 빨간떡볶이 | 따뜻하고 맛있는떡볶이 | 누나들이 많이 찾는 맛난떡볶이 | 눈물쏙 맛난떡볶이 | 엄마 생각나는 찹쌀떡볶이 | 고향의 맛 찹쌀떡볶이 | 고소한 찹쌀떡볶이 |
|---|---|---|---|---|---|---|---|---|
| 연인빨간 떡볶이 | 빨간 떡볶이 | 친구 빨간떡볶이 | 화끈거리는 맛있는떡볶이 | 맛난 떡볶이 | 중독성있는 맛있는떡볶이 | 배가 부르는 찹쌀떡볶이 | 찹쌀 떡볶이 | 사르르 녹는 찹쌀떡볶이 |
| 유혹의 빨간떡볶이 | 지옥행 빨간떡볶이 | 우라질 빨간떡볶이 | 불화산 맛있는떡볶이 | 입감나오는 맛있는떡볶이 | 잘 못 이루게 만드는 맛난떡볶이 | 매콤한 찹쌀떡볶이 | 감칠맛나는 찹쌀떡볶이 | 부드러운 찹쌀떡볶이 |
| 엄마표 매콤한떡볶이 | 혀가놀란 매콤한떡볶이 | 눈물나는 매콤한떡볶이 | 빨간 떡볶이 | 맛난 떡볶이 | 찹쌀 떡볶이 | 막걸리불어 녹는떡볶이 | 살살 녹는떡볶이 | 연하게 녹는떡볶이 |
| 얼나 매콤한떡볶이 | 매콤한 떡볶이 | 연인 매콤한떡볶이 | 매콤한 떡볶이 | 떡볶이 | 녹는 떡볶이 | 입안에서 녹는떡볶이 | 녹는 떡볶이 | 매콤하게 녹는떡볶이 |
| 불티나 매콤한떡볶이 | 우울마파 매콤한떡볶이 | 365도 매콤한떡볶이 | 치즈 떡볶이 | 해물 떡볶이 | 홍합 떡볶이 | 달달하고 녹는떡볶이 | 살짝 녹는떡볶이 | 스르르 녹는떡볶이 |
| 울렁마 치즈떡볶이 | 불티나는 치즈떡볶이 | 눈물나 치즈떡볶이 | 김이나는 해물떡볶이 | 빅사이즈 해물떡볶이 | 상순이 해물떡볶이 | 알강한 홍합떡볶이 | 콧바람 홍합떡볶이 | 새뇌론 홍합떡볶이 |
| 톨도 치즈떡볶이 | 치즈 떡볶이 | 물고살어야 치즈떡볶이 | 눈물나 해물떡볶이 | 해물 떡볶이 | 홍연 해물떡볶이 | 오박사 홍합떡볶이 | 홍합 떡볶이 | 순박한 홍합떡볶이 |
| 엄마손 치즈떡볶이 | 홍당무 치즈떡볶이 | 초간단 치즈떡볶이 | 공기먹은 해물떡볶이 | 3천원 해물떡볶이 | 청춘 해물떡볶이 | 몽달샘 홍합떡볶이 | 양순이 홍합떡볶이 | 톡톡 홍합떡볶이 |

| 빨간떡볶이 | 맛난떡볶이 | 찹쌀떡볶이 |
|---|---|---|
| 매콤한 떡볶이 | 떡볶이 | 녹는떡볶이 |
| 치즈떡볶이 | 해물 떡볶이 | 홍합떡볶이 |

⇒

| 지옥행 빨간떡볶이 | 눈물쏙 맛난떡볶이 | 감칠맛나는 찹쌀떡볶이 |
|---|---|---|
| 허가놀란 매콤한떡볶이 | 떡볶이 | 부드럽게 녹는떡볶이 |
| 톨도 치즈떡볶이 | 공기먹은 해물떡볶이 | 몽달샘 홍합떡볶이 |

**블로그 제목**: 홍대입구에 위치한 떡볶이 전문점
**블로그 소재**: 미각의 지옥행 빨간 떡볶이
　　　　　　　눈물 쏙, 맛있는 떡볶이
　　　　　　　감칠맛 나는 찹쌀 떡볶이
　　　　　　　혀가 놀라는 매콤한 떡볶이
　　　　　　　둘이 먹다 하나가 죽어도 모르는 궁극의 치즈 떡볶이

# 스토리 흡입력을 높이는 요소, 반전

관심을 유도하는 스토리에는 강력한 반전 요소가 담겨져 있습니다.
#스토리반전

〈내가 살인범이다〉(2012), 〈몽타주〉(2013) 등 제목만으로도 스릴과 짜릿함을 느낄 수 있는 영화를 자세히 살펴보면 공통적으로 치밀한 구성과 사실적인 스토리 전개 속에 반전의 하이라이트가 담겨 있습니다. 어느 누구도 예측할 수 없었던 반전으로 관객의 상상력을 사정없이 배반해 한 차원 높은 몰입과 함께 재미를 제공합니다.

소설도 마찬가지로 스토리에 반전을 더해 재미를 줍니다. 미국 소설가인 오 헨리(O. Henry)의 단편 소설 중 『마지막 잎새』, 『크리스마스 선물』은 반전의 교본이라고 불릴 정도로 매우 유명합니다. 『마지막 잎새』는 병든 주인공을 위해 화가가 마지막 잎새를 그리지만, 정작 화가가 죽음을 맞이합니다. 『크리스마스 선물』은 부인은 아름다운 머리카락을 팔아 남편에게 시곗줄을 선물하고, 남편은 시계를 팔아 부인에게 고급 머리빗을 선물하는 내용으로 어려운 여건 속에서 가난한 부부가 서로에게 의미 있는 선물을 주는 스토리입니다. 서로에게 가장 소중한 선물을 준비했지만 받을 수 없는 스토리처럼 반전은 강한 흡입력과 짜릿함을 선사합니다.

다음의 내용은 평범한 스토리에 반전을 더한 사례입니다. 스토리 전개에 반전 요소를 적용하면 긴장감을 고조시키고 흡입력을 높일 수 있습니다.

### 음식점 스토리

음식점에서 엄마와 어린아이가 맛있게 음식을 먹고 있습니다.
→ 음식점에서 어린아이가 울다가 맛있는 음식을 보고 울음을 그친 후 엄마와 함께 맛있게 먹고 있습니다.
= 어떤 음식이기에 어린아이가 울음을 멈추었는지에 대한 궁금증을 유발합니다.

### 초콜릿 스토리

회사에서 일찍 퇴근해 집에 와보니 초콜릿이 있었습니다. 하나 먹어보니 달콤합니다.
→ 평상시에는 야근을 하지 않지만, 오늘은 밀린 업무를 마무리하느라 밤늦게까지 일했습니다. 퇴근 길에 비까지 추적추적 내려 힘든 걸음을 옮겨 집에 도착하니 어깨는 뻐근하고, 두 눈은 감겨 쓰러지기 일보 직전이었습니다. 탁자에 초콜릿이 보여 입안에 하나를 넣는 순간 황홀해지고, 구름 위에 둥둥 떠 있는 듯한 좋은 느낌이 듭니다.
= 어떤 초콜릿인지 호기심을 자극합니다.

### 영화 스토리

주말에 친구와 극장에서 애니메이션 〈겨울 왕국〉을 봤습니다. 겨울 향기와 디즈니의 무한한 상상력을 느낄 수 있는 시간이었습니다.
→ 하루하루를 치열하게 보내는 직장인 예진이는 건어물녀입니다. 주말에는 늘 신체 리듬이 회복되지 못해 잠자기 바쁘지만, 오늘은 친구와 함께 애니메이션 '겨울 왕국'을 관람했습니다. 스크린 속 아름다운 설경과 감성을 울리는 OST에 흠뻑 빠졌습니다. 특히 얼어버린 왕국의 저주를 푸는 자매의 모험, 감흥을 불러일으키는 OST인 Let It Go, 엘사가 눈의 여왕으로서 얼음 성을 세우는 장면 등은 환상적인 영상미를 선사해 감동의 여운이 남았습니다.
= 건어물녀[6]가 영화를 보고 무료한 일상에서 변화를 느꼈다는 반전으로 영화에 관한 재미 요소를 제공합니다.

---

6 건어물녀는 일본 드라마 〈호타루의 빛〉에 나온 신조어입니다. 직장에서는 세련되고 능력 있는 여성처럼 보이지만, 퇴근 후 집에서는 후줄근한 생활을 즐깁니다. 주말에도 연애와 문화생활을 즐기기보다 잠자기 바쁘고 누워만 지내다 보니 건어물처럼 되었다고 해서 만들어졌습니다.

## 스토리텔링 방법 찾기

어떻게 하면 몰입감 넘치는 SNS 스토리텔링을 선보일 수 있을까요?
글쓰기 첫 단추부터 차근차근 탄탄하게 실력을 쌓아가는 것이 필요합니다
#SNS스토리텔링 #글쓰기연습

소설가나 수필가, 시인은 저마다의 독특한 수첩을 지닌다고 합니다. 어떤 작가는 사진을 촬영해 스크랩하고 의미심장한 문장과 단어들을 적어두기도 합니다. 이것은 어휘 수첩으로 수필 또는 칼럼을 쓸 때 유용하게 활용할 수 있습니다.

사람은 망각의 동물이므로 시간이 지나면 잊어버리기 때문에 유용한 문장, 카피, 단어들을 수첩에 적어두면 도움이 됩니다. 여기서는 간단하게 수집할 수 있는 어휘들을 살펴보고 손쉽게 어휘력을 높일 수 있는 놀이에 대해서 알아봅니다. 사물의 속성과 감정이입에 대해서도 살펴보고 SNS 스토리에 생명력을 불어 넣는 단어에 대해서도 살펴봅니다.

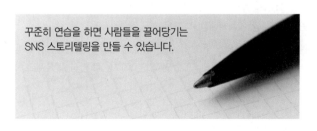

꾸준히 연습을 하면 사람들을 끌어당기는
SNS 스토리텔링을 만들 수 있습니다.

## ■1 누구나 아는 어휘들을 수집한다

어휘는 '낱말의 체계적인 집합'을 의미하며 '어휘력'은 낱말들을 자유자재로 이용할 수 있는 능력을 말합니다. 지휘자가 오케스트라를 구성하는 관악기, 타악기, 현악기 등을 조율해 감미로운 선율을 만들어내는 것과 같습니다. '어휘'와 '어휘 관련어'를 알아두면 문장을 풍성하게 만들고 재미있게 표현할 수 있습니다.

사람의 머리와 관련된 어휘와 짝을 이뤄 사용할 수 있는 관계어를 찾아봅니다. 스토리에 변화적 묘미를 제공하며 입체감을 살리는 '시간성'과 '공간성'에 관한 어휘도 수집해 봅니다.

### 머리에 관한 단어

뇌, 대뇌, 소뇌, 전두엽, 후두엽, 대뇌피질, 가르마, 머리카락, 대머리, 생머리, 귀밑머리, 쑥대머리, 검은 머리, 단발머리, 레게머리, 더벅머리, 뒤통수, 이마 등

**관계어**: 모자, 가발, 벙거지, 밀짚모자, 야구모자, 안전모, 헬멧, 고깔모자, 중절모, 머리띠, 샴푸, 린스, 헤어젤, 이발소, 미용실, 헤어 디자이너, 커트, 염색, 헤어드라이어, 고데기, 머리끈 등

### 얼굴에 관한 단어

주름살, 미간, 주근깨, 볼, 점, 모공, 보조개, 광대뼈, 사각 턱, 턱수염, 구레나룻, 여드름, 사마귀, 뾰루지, 각질, 잡티 등

**관계어**: 비누, 미백크림, 선크림, 스킨, 로션, 면도기, 면도날, 마스크 팩, 가면, 수건 등

### 눈에 관한 단어

눈썹, 다래끼, 동공, 각막, 홍채, 눈꺼풀, 시신경, 흰자위, 쌍꺼풀, 속눈썹, 눈살, 눈치, 눈썰미, 왕눈이, 백내장, 색맹 등

**관계어**: 안경, 선글라스, 돋보기, 인공 눈물, 눈가리개, 물안경, 아이크림, 라식, 라섹, 명암, 마스카라, 안과, 안약, 안과의사, 3D 안경, 볼록 렌즈, 식염수 등

## 귀에 관한 단어

귀청, 귓구멍, 달팽이관, 청신경, 귓밥, 귀밑샘, 귓속말, 귓가, 고막, 중이염 등

**관계어:** 귀고리, 귀마개, 음파, 이어폰, 보청기, 면봉, 함성, 확성기, 소라껍데기, 스
피커, 사이렌, 수화기, 소리 등

## 코에 관한 단어

매부리코, 예쁜 코, 돼지 코, 코끝, 코뼈, 비강, 비골, 콧구멍, 납작코, 딸기코, 콧대,
주먹코, 코피, 코뼈 등

**관계어:** 이비인후과, 코 성형, 비염, 실리콘, 코 팩, 매연, 코감기 등

## 입에 관한 단어

입술, 윗입술, 아랫입술, 입김, 물집, 염증, 하품, 한숨, 소리, 비명, 기합, 노래, 혀,
돌출 입, 사랑니, 어금니, 송곳니, 충치, 치주염, 앞니, 덧니, 아랫니, 헛기침, 입덧,
목구멍, 목젖 등

**관계어:** 잇몸 성형, 짠맛, 신맛, 단맛, 매운맛, 쓴맛, 감칠맛, 구수한 맛, 진한 맛,
탄 맛, 떫은맛, 뽀뽀, 키스, 마스크, 립스틱, 미백, 보철, 임플란트, 라미네
이트, 빨대, 호루라기, 담배, 껌, 칫솔, 치약, 치과, 치아교정, 보철, 스케일
링, 이쑤시개, 숟가락, 젓가락, 포크, 관악기, 마우스피스, 마이크 등

## 시간성 단어

그제, 어제, 지금, 오늘, 내일, 모레, 글피, 일주일 후, 보름 전, 보름 후, 한달 전,
한 달 후, 1년 전, 1년 후, 아침, 점심, 저녁, 새벽, 동지, 입동, 봄, 여름, 가을, 겨울,
설날, 추적, 명절, 밸런타인데이, 화이트데이, 블랙데이, 크리스마스, 유아기, 유년
기, 청소년기, 청년기, 장년기, 노년기, 고생대, 신생대, 중생대 등

## 공간성 단어

백화점, 빌딩, 거실, 안방, 미술관, 박물관, 한옥, 초상집, 휴게실, 주차장, 주방, 사
막, 지구, 우주, 은하계, 연못, 강, 호수, 남해안, 동해안, 서해안, 땅, 하늘, 성당, 터
미널, 대기실, 식당, 도서관, 학교, 국회의사당, 백두산, 태백산, 청와대, 원두막, 과
수원 등

## ② 어휘력을 높이는 훈련 꿀팁

끝말잇기와 삼행시 짓기는 긴장감과 흥미를 높여 어휘력을 상승시킬 수 있는 좋은 방법입니다.

### ■ 끝말잇기

끝말잇기를 잘하기 위해서는 어휘력이 뛰어나야 합니다. 세 명 이상이 모여 끝말잇기를 하면 긴장된 상황이 연출됩니다. 이때 특유의 순발력과 집중력으로 다양한 어휘들을 생각해 보세요. 어휘력이 부족하다면 일정 시간 동안 끝말잇기 연습을 통해 높일 수 있습니다.

> 시간 → 간소화 → 화장대 → 대장 → 장소 → 소원 → 원장 → 장인 → 인물 → 물리학 → 학문 →
> 문인 → 인문학 → 학장 → 장기 → 기술 → 술고래

### ■ 삼행시 짓기

삼행시는 단어를 새로운 방향으로 전개해 긴장감과 흥미를 느낄 수 있습니다. 일상생활에서 쉽게 접할 수 있는 친숙한 소재들을 활용해 오행시, 칠행시 등으로 창작하다 보면 어휘력과 문장력, 표현력이 길러집니다.

**소나기**
[소]소한 일상 생활 속에서
[나]태해져 가는 나를 보며
[기]운을 힘껏 차려봅니다.

**메리 크리스마스**
[메]마른 도시의 아스팔트 사이로
[리]듬감 있게 울려 퍼지는 소리는
[크]림 같은 하얀 거품으로 물들어 갑니다.
[리]셋 버튼을 누르고 싶은 오늘! 오롯이
[스]며드는 공감의 전야제
[마]법의 오로라가 펼쳐지니
[스]스럼 없이 누구나 동화됩니다.

### 3 사물의 속성 표현하기

속성은 '사물의 성질이나 특징'을 의미합니다. 쉽게 지나치는 사소한 사물이라도 다양한 관점에서 속성을 파악하면 폭 넓은 어휘력을 확보할 수 있습니다.

사물을 보고 연상되는 느낌, 생각, 감성, 경험 등을 적다 보면 매력적인 문장을 만들 수 있습니다.

**불의 속성**

| | |
|---|---|
| 열정적이다 | 뜨겁다 |
| 환하다 | 태우다 |
| 따뜻하다 | 데이다 |
| 아름답다 | 무섭다 |
| 물에 약하다 | 지옥 같다 |

**바람의 속성**

| | |
|---|---|
| 시원하다 | 보이지 않는다 |
| 구름을 몰고 온다 | 나뭇잎을 흔든다 |
| 땀을 식힌다 | 자유롭다 |
| 거처가 없다 | 머리카락이 흩날린다 |

**모래의 속성**

| | |
|---|---|
| 물 묻은 발에는 잘 붙는다 | 바위보다 나이가 많다 |
| 쉽게 뜨거워지고 쉽게 식는다 | 꺼끌거리다 |
| 걸으면 발자국이 생긴다 | 씹으면 저걱저걱 하다 |
| 시멘트와 물에 혼합되면 단단해진다 | 시각적으로 부드러운 느낌을 준다 |
| 사막의 원소에 해당한다 | 태산의 시작이다 |

**물의 속성**

| | |
|---|---|
| 위에서 아래로 흐른다 | 목마름을 해소한다 |
| 시원하다 | 불을 끈다 |
| 씻어준다 | |

## 4 사물에 감정 불어넣기

감정이입은 '특정 대상에 개인의 감정이나 사고를 동화시켜 경험하는 것'으로 사물 자체에서 느껴지는 감정을 말합니다. 또한 사물에 생명력을 부여해 서로 공감하고 동화하는 심리 상태를 의미합니다. 감정이입은 관찰 방법 중 가장 강력한 표현 기법으로 매력적인 문장을 만들 수 있습니다. 특정 사물을 선정해 감정이입을 적용해 보겠습니다.

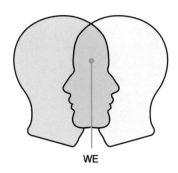

**자동차**: 먼 거리를 자유롭게 이동할 수 있는 네 발 달린 애마
**안경**: 아침마다 새로운 세상을 볼 수 있게 도와주는 친구
**스마트폰**: 원하는 정보를 무엇이든 찾아주는 비서
**나무**: 계절이 변해도 그 자리에서 말없이 바라봐 주는 키다리 아저씨

**술 취한 아저씨**: 변비 걸린 악어처럼 이곳저곳 왔다 갔다 행동하는 사람
**애인**: 내 가슴에 활력을 불어넣어 주는 깨끗한 산소 같은 존재
**감기**: 온몸에 마비의 쓰나미가 밀려들어 정신을 혼미하게 만드는 불청객
**친구**: 언제나 변함없이 등대가 되어주는 매혹적인 주인공

**청소부**: 이 세상에서 없어서는 안 될 산소 같은 존재
**성냥**: 어둡고 답답한 방을 밝혀주는 양초의 절친한 사이
**바다**: 언제나 찾고 싶은 엄마와 같은 마음을 느낄 수 있는 곳
**컴퓨터**: 좀 더 빠르게 앞으로 갈 수 있도록 작업을 해주는 천재

## 5 선택과 집중으로 공감 끌어올리기

관계(Rapport)는 '마음의 유대'로, 상대와 신뢰 관계를 형성하면 관계 개선 속도가 빨라지고 공감의 깊이가 극대화됩니다. 부모와 자식, 연인, 작가와 독자 등 다양한 관계에 적용할 수 있습니다. 작가와 독자 사이에 관계가 형성되면 공감하고 소통할 수 있는 연결망이 만들어져 보다 쉽게 정보를 전달할 수 있습니다.

스토리에 관계를 적용하는 방법에 대해 알아보겠습니다. 먼저 상대방의 이해와 탐구에서 시작해 무엇을 원하는지, 무엇을 알고 싶은지 파악하면 눈높이에 맞는 정보를 제공할 수 있습니다.

▲ 관계(Rapport)

마케팅 전략 수립에서는 대상을 좁히고 구체적으로 접근하기 위해 시장을 세분합니다. 전방위적으로 목표에 접근하면 효과가 떨어지고 메시지 전달이 어렵기 때문에 시장을 나누어 차별화해 접근합니다. 대상을 선택해 세분하면 집중 마케팅을 적용해 고객의 가치를 높일 수 있고, 비용 대비 효과를 극대화할 수 있습니다. 세분화 분석은 '지리적(국가, 지역, 도시, 인구밀도)', '인구통계학적(나이, 생애, 성별, 소득, 사회계층)', '심리적(생활 방식, 성격)', '행동적(구매 혹은 사용, 추구하는 편익, 사용 경험, 사용률, 충성도, 제품에 대한 태도)'으로 이루어집니다. 세분화는 고객의 필요와 욕구를 정밀하게 파악하여 기업이 찾고자 하는 핵심 타깃을 찾는 과정입니다. 또한, 기업의 온라인 마케팅 성공률을 높이고 밀접한 유대 관계를 창출하는 원동력이 됩니다.

SNS 스토리를 만들 때 관계 창출을 위해 친구(방문자)들의 나이, 지역, 취미 등을 파악하면 주목성과 흥미성을 높일 수 있습니다. 스토리 대상이 구체화되면 문장 흐름이나 단어 선택이 달라지고 내용의 깊이와 폭도 달라져 효과적으로 전달할 수 있어 스토리를 만들기 전 육하원칙을 이용해 대상을 공략하면 한층 더 공감을 끌어올릴 수 있습니다. 다음은 블로그 포스팅하기 전 육하원칙(5W1H: who, when, where, what, how, why)으로 적용한 예입니다.

---

**국내 가족 여행 블로그 포스팅**

**누가**: 30대 부부와 자녀
**언제**: 주말을 활용한 1박 2일 여행
**어디서**: 서해안 갯벌 체험
**왜**: 자녀의 체험 학습
**무엇을**: 갯벌 체험, 숙박, 축제 등 주변 관광지 둘러보기
**어떻게**: 기차와 렌터카 이용

---

## 6 반응 촉발 단어가 감각적으로 끌리게 만든다

반응 촉발 단어[7]는 '행동을 유발하는 단어'이며 설득성과 공감성을 한 차원 높이는 촉매제 역할을 합니다. 포털 사이트에서 정보 탐색으로 커피 전문점을 찾을 때 주로 분위기 좋은 공간, 조용한 곳, 커피 맛이 좋은 곳을 찾습니다. 음식점이라면 입소문 난 곳, 맛있는 곳, 근처에 가볼 만한 곳을 먼저 찾습니다. 이를 SNS 스토리에 적절히 적용하면 감각적인 표현을 구성할 수 있습니다.

---

분위기 좋은 연인 카페
입맛 없을 때 가볼 만한 음식점
합정역 근처에서 3분 거리에 위치한 곱창집
신사역의 조용한 카페 추천
치료를 잘하는 이대역 근처 피부과
남자 볼륨매직 잘하는 곳
5대째 변함없이 얼큰한 맛을 느낄 수 있는 해물탕집
홍대입구역 미용실 54,900원에 아름다운 웨이브 파마 추천

---

7 반응 촉발 단어는 검색 사용자가 추구하는 '욕구'를 파악하면 쉽게 찾을 수 있습니다.

# 마음을 움직이는 스토리 작성법

시선을 붙잡아 궁금증을 유발하고 호기심을 자극하는 스토리는 오랫동안 감흥을 줍니다.
사람의 마음을 움직이게 하는 기술에 대해서 알아보겠습니다.
#색다른스토리 #스토리작성

화제를 불러일으키는 스토리텔링을 완성하기 위해 스토리의 도화선이 되는 작성
요령을 살펴보겠습니다.

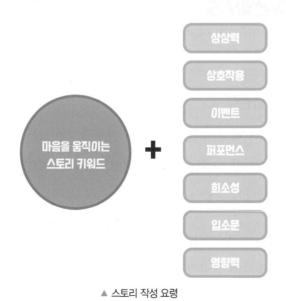

▲ 스토리 작성 요령

## 1 기발한 상상력이 답이다

독특하고 기발하게 영화를 홍보한 알프레드 히치콕(Alfred Joseph Hitchcock) 감독은 불멸의 영화를 탄생시킨 거장입니다. 영화를 좋아한다면 한 번쯤 들어봤을 이 감독의 시체가 영국 템즈 강에 떴다면 어떨까요? 각종 매체에서 앞다투어 취재하려 했던 이 사건은 히치콕 감독이 영화 〈프렌지〉(Frenzy, 1972)'를 홍보하기 위해 진행한 도발적인 연출로 당시에는 대단한 이슈였습니다. 이처럼 스토리텔링에 깜짝 놀랄 만한 도발적인 요소를 추가해 화제를 불러일으켜 새로운 기회를 만드는 것은 어떨까요?

▲ 히치콕 감독의 이슈화된 〈프렌지〉 영화 홍보

## 2 특이하고 흥미로운 이벤트

절대 평범하지 않고 도저히 시도할 수 없으며 한계를 뛰어넘는 이벤트를 진행하면 세상의 이목을 집중시킬 수 있습니다. 이러한 이벤트는 자발적인 홍보를 유도해 강력한 바이럴 마케팅이 만들어집니다.

알랭 로베르(Alain Robert)라는 산악인은 '스파이더맨'이라는 별명으로 안전장비 없이 맨손으로 초고층 빌딩에 올라가는 담력 왕입니다. 여러 국가의 랜드마크에 성공적으로 오르면서 세계적인 유명인사가 되었습니다. 이처럼 상상을 뛰어넘는 이벤트로 이슈화할 수도 있습니다.

## 3 감각적으로 대중과 소통한다

집 근처에 '범죄자 수배 전단'이 붙어있다면 어떨까요? 무섭고 두려운 마음에 긴장감을 갖고 확인할 것입니다. 오른쪽 그림은 1인칭 액션 어드벤처 게임인 〈GTA(Grand Theft Auto)〉의 캐릭터 '니코 벨릭(NIKO BELLIC)'을 범죄 전단에 포함한 사례입니다. 게임 속 캐릭터를 현실 세계로 옮겨와 충격적인 홍보를 진행했습니다. 또한, 1인칭 액션 어드벤처 프리러닝 게임인 〈미러스 엣지(Mirrors Edge)〉의 캐릭터 '페이스(Faith)'를 범죄자 수배에 포함시켰습니다. 전단에 강렬하고 감각적인 요소가 반영되어 대중과의 상호작용을 높였고, 화제성 있는 이벤트로 확실하게 각인시켜 게임에 대한 관심을 갖게 만든 사례입니다.

▲ 〈GTA〉 게임 속 캐릭터 니코벨릭의
　 홍보용 수배 전단

▲ 〈미러스 엣지〉의 캐릭터 페이스의
　 홍보용 수배 전단

## 4 눈에 띄는 퍼포먼스로 접근한다

거리에서 홍보물을 나눠줄 때 아무도 받지 않는다면 어떨까요? 아이디어와 감각을 결합해 시선을 사로잡는 홍보 퍼포먼스를 진행한 사례를 소개합니다. 아르헨티나 적십자에서 '몸도 녹아내려요.'라는 카피 문구로 진행한 지구 온난화 캠페인입니다. 사람의 몸이 녹아내린 것처럼 이색적으로 메시지를 전달해서 세계적으로 화제가 되었습니다. 사람들의 시선을 사로잡아 성공적인 이색 퍼포먼스로 발전시킨 사례입니다.

또한, 이색 캠페인으로 티저(Teaser) 광고가 있습니다. 이 광고는 상품이나 서비스를 사전에 소개하지 않고 고객의 궁금증과 호기심을 자극해 흥미를 유발하는 짓궂은 기법입니다. 지적 호기심을 불러일으켜 상품명을 효과적으로 각인시킬 수 있습니다.

## 5 남다른 희소성으로 승부한다

일상적으로 구매하는 상품과 보고 싶은 영화에 희소성이 반영되면 어떤 현상이 일어날까요? 주의와 흥미를 유도하는 강력한 요소가 형성됩니다. 〈블레어 위치(The Blair Witch Project)〉(1999)는 1인칭 카메라 시점으로 정황과 음향 효과만을 이용해 만든 페이크 다큐멘터리(Fake Documentary)[8] 영화입니다. 제작비 6만 달러로 1억 5,000만 달러라는 거대한 흥행 수익을 올린 보기 드문 역작입니다. 치밀하고 계산된 스토리로 제작된 저예산 영화지만, 관객들에게 새로운 공포감을 불러일으켰습니다.

이 영화가 성공할 수 있었던 이유는 '너무 무섭고 재미있다.'라는 입소문이 퍼졌기 때문입니다. 또 다른 성공요소는 개봉 극장을 한정해 일부 극장에서만 볼 수 있다는 희소성이 적용되었습니다. 이것은 영화에 대한 궁금증을 증폭시켰고, 극장에 찾아가 관람하고 싶은 욕구를 샘솟게 했습니다.

왜 희소성이 반영되면 고객의 구매 욕구를 자극하는 것일까요? 여러 연구를 통해 밝혀진 결과로 "사람이 접할 수 있는 기회에 제한을 두면 '차별성'과 '독특성'이 발현되어 더욱 가치 있고, 갖고 싶은 욕망이 솟아오른다."[9]라고 합니다. 이것은 곧 '희소성이 상품 구매도를 높이는 징검다리 역할을 한다'는 것을 알 수 있습니다.

온·오프라인 쇼핑몰에서도 상품에 희소성을 적용하는 한정 판매 전략을 적용할 수 있습니다. 대표적으로 많이 이용하는 방법으로는 '수량', '기간', '구매 조건', '판매 장소'의 제한이 있습니다. 상품에 희소성이 적용되면 고객은 기존 상품보다 더 비싸 보이고, 더 좋은 품질이라는 생각을 가집니다. 상품에 희소성이 적용된 한정 판매 사례에 대해서 살펴보겠습니다.

---

8 가짜라는 의미를 가진 '페이크(Fake)'와 '다큐멘터리(Documentary)'를 합성해 만든 단어로, 허구의 사건을 실제 상황처럼 보여주는 영화입니다.
9 대표적인 희소성 이론인 S−E−D(Scarcity−assumed Expensiveness−Desirability)는 휴리스틱 단서 이론을 말합니다.

■ 수량 한정

상품 판매 수량에 희소성을 두어 고객의 구매 욕구를 자극하고 압박해 구매 의사를 높일 수 있습니다.

▲ 우체국쇼핑 한정판매

▲ ASH 한정판매

■ 기간 한정

상품을 구매할 수 있는 기간에 희소성을 적용해 고객에게 행동을 촉구하는 심리적 압박감과 조급함을 극대화할 수 있습니다. 한정된 기간 안에 구매하지 못하면 손해를 볼 수 있다는 소비 심리를 적용한 것입니다.

▲ 새마을식당 기간 한정

▲ 버거킹 기간 한정

■ 구매 조건 한정

고객에게 구매 결정을 촉구하기 위해 조건을 내세우는 방법입니다. '오늘만 1
+3', '구매하면 하나 더 드립니다.', '대박 쇼핑 기회, 하나 더 사면 추가 증정', '수
능생만 이 조건에', '일주일 동안 10년 전 가격으로' 등의 선전 문구로 구매 촉진
효과를 볼 수 있습니다.

▲ 버거킹 구조 조건 한정

▲ 수험생 수험표 한정

■ 판매 장소 한정

장소의 희소성은 경쟁사와의 격차를 확대하는 차
별화 방법입니다. 상품 판매의 우위 확보가 가능하
고 구매 증폭 기재[10]를 일으켜 매출 신장 효과를 얻
을 수 있습니다. 카피 문구를 예로 들면 '단독 입점',
'단독 론칭', '단독 특가전', '단독 파격 할인', '다른
쇼핑몰에서 볼 수 없는 가격', '온라인 단독 할인 혜
택' 등이 있습니다.

▲ 교보문고 판매 장소 한정

---

10 구매 행동에 강력하게 영향을 주는 심리 요소를 말합니다.

## ⑥ 입소문으로 고객을 부른다

강력하게 입소문을 퍼뜨리는 스니저(Sneezer)들을 한 자리에 모을 수 있다면 저예산으로 최대의 홍보 효과를 창출할 수 있습니다. 최근에는 상품 기획 과정에 영향력 있는 고객을 참여시켜 함께 고민하고 다양한 의견들을 반영하고 있습니다. 기업은 최종 구매자인 고객의 성향과 욕구를 반영할 수 있어 상품의 완성도를 높일 수 있습니다.

다음의 영화 시사회 사례는 고객들의 숨겨진 필요를 파악해 활용한 사례입니다. 언론에 기사화되고 소셜 미디어를 통해 일거양득의 입소문 효과를 누렸습니다. 2010년에 개봉한 〈마음이2〉는 애완견을 소재로 다룬 영화입니다. 일반적으로 영화관은 애완견이 못 들어가는 공간이지만, 이러한 통념을 깨고 시사회를 통해 관객과 애완견이 함께 볼 수 있는 이벤트를 만들었습니다. '영화를 조용하게 보았을까?' 하는 궁금증이 들지만, 애견인들에게 큰 호응을 얻었습니다. 2013년에 개봉한 영화 〈베이트(BAIT)〉(2012)는 쓰나미로 아름다운 해변 도시가 휩쓸리고, 대형 할인점에 13명의 생존자가 갇혀 극한의 사투를 벌이는 재난 공포 영화입니다. 영화 속 주인공이 인명 구조원이라는 점을 활용해 대한적십자사 서울지사와 함께 이색 시사회를 열었습니다.

스니저는 자발적으로 입소문을 퍼뜨리는 SNS 큐레이터이므로 상품 시사회나 설명회에 초대하면 구전 효과를 통해 다양한 마케팅 효과를 얻을 수 있습니다.

▲ 재난 공포 영화 〈베이트〉

## 7 막강한 영향력을 행사하는 후기

완벽한 스토리가 만들어지기까지 보이지 않았던 배경이나 과정에 숨겨진 사건들을 사람들에게 보여 주면 긍정적인 효과를 얻을 수 있습니다. 사람들은 지적 호기심이 많고 숨겨진 스토리를 좋아하기 때문에 후기를 통해 기업 브랜드에 대한 정서적인 공감 형성과 돈독한 유대관계를 이어갈 수 있습니다. '한 편의 영화와 다큐멘터리가 만들어지기까지', '평범한 사람이 위대한 인물이 되기까지', '바쁜 일상의 컨설턴트가 쓴 SNS 마케팅 후기' 등과 같습니다.

2009년 대한민국 광고대상(한국광고단체연합회)을 수상한 웅진코웨이의 시후 다큐 캠페인[11](광고회사 제일기획)은 임신부터 출산, 백일까지 아이와의 감동적인 순간을 다큐멘터리 형식으로 촬영해 고객에게 잔잔한 감동을 선사했습니다. 다큐멘터리 캠페인 시리즈는 '코웨이 정수기 시후 임신편', '코웨이 정수기 시후 출산편', '코웨이 정수기 시후 백일 편', '코웨이 임신/출산편 메이킹 필름'으로 구성되었습니다. 특히 메이킹 필름 영상은 시후 다큐멘터리 시리즈가 어떻게 기획되고 제작되었는지의 전 과정을 담았습니다. 이 후기 영상은 시청자들에게 감동을 두 배로 확대시켰으며, 영상이 끝날 때 보이는 카피 문구는 웅진코웨이의 브랜드 이미지를 확실하게 각인시키는 계기가 되었습니다.

상품 후기를 동영상으로 제작하기 어려울 경우 다양한 방법을 이용할 수 있습니다. 정성 들여 쓴 손편지에 상품의 숨겨진 일화 또는 차별점을 적어 소비자에게 전달할 수 있으며, 더 나아가 블로그 및 웹 사이트에 상품의 라이프 사이클(기획, 생산, 유통, 배달 등)을 설명하고 QR 코드를 제작해 전달할 수 있습니다.

> 고객님께서 받으신 상품의 라이프 사이클을 살펴볼 수 있습니다.
> 보내드린 QR 코드를 살펴보시면 얼마나 정성 들여 만들었는지 확인하실 수 있습니다.
> 내용을 보고 후기를 올려주시면 적립금 1,000포인트를 드립니다.

---

11 웅진코웨이 카피 문구는 다음과 같습니다. "아기가 태어날 때, 몸 속에 수분 80%, 생명이 마십니다. 그래서 깐깐합니다. RO 멤브레인 필터로 0.0001미크론 크기까지 걸러냅니다. Coway"

# 핵심 SNS 글쓰기 노하우

SNS에 글쓰기는 하고 싶은데, 갑자기 쓰려고 하니 두려움을 느낀다면
글쓰기 방법들을 숙지하고 시작해보세요.
#SNS글쓰기연습 #효율적인글쓰기

SNS 스토리는 쉽고, 간단하며 흐름 중심이어서 연습을 통해 어렵지 않게 작성할
수 있습니다. 논설, 설명글, 소설 등과 같은 전문적인 글은 일정 시간과 노력이
필요하지만, SNS와 블로그는 몇 가지 글쓰기 방식을 학습하면 화려한 문체는 아
니어도 공감의 기회를 제공할 수 있습니다.

SNS는 단문 구성이므로 '오감', '시·공간적'인 정황을 통해 표현할 수 있으며,
블로그는 텍스트, 이미지, 동영상 등을 이용해 효과적으로 전달할 수 있습니다.
글재주가 없다면 이미지와 동영상을 통한 간략한 정황 설명으로 글쓰기가 가능합
니다. 여기서는 SNS에서 스토리를 매력적으로 전개할 수 있는 글쓰기 방법에 대
해 살펴보겠습니다.

## ① 술술 읽히게 만드는 묘사적 글쓰기

묘사적인 글쓰기는 정황을 자연스럽게 그림 그리듯이 표현할 수 있어 '자연적 글쓰기'라고 합니다. 사물의 세부적인 형태와 시·공간의 변화를 순서대로 전개하는 방식으로 쉽게 접근할 수 있습니다. 자연스런 흐름의 글 구성은 현장감을 느낄 수 있고 미묘한 변화를 통해 공감을 불러일으킵니다.

일부 유명 소설가들은 시시때때로 사진을 촬영합니다. 그 이유는 자연스런 전개를 위한 글감 확보와 탄탄한 스토리 구조를 만들기 위해서입니다. 일반인에게는 평범한 사진이지만 소설가에게는 아름답고, 몽환적이고, 신비로움이 살아 숨 쉬는 또 다른 세계입니다. 소설을 읽다 보면 글의 정황이 사진처럼 떠올라 몰입의 즐거움을 경험한 적이 있을 것입니다. 이것은 소설가가 스토리에 '사진의 정황을 섬세하게 표현하는 원근법(묘사적 글쓰기)'을 사용했기 때문입니다. 소설가의 예리하고 치밀한 원근법 적용은 독자에게 새로운 미학적 경험으로 이끌어주고 지적 호기심을 충족시켜 줍니다.

초보자도 간편하게 시작할 수 있는 묘사적 글쓰기에 대해 살펴보겠습니다. 사진을 봤을 때 '위에서 아래로', '왼쪽에서 오른쪽으로', '가운데에서 오른쪽으로'와 같이 주변 정황을 살펴보고 사물들을 단어로 적어봅니다. 세밀한 부분까지 적으면 탄탄한 스토리 전개를 위한 여러 글감을 확보할 수 있습니다. 예를 들어, 나무를 자세히 살펴봤을 때 나뭇잎, 나뭇가지, 부엉이, 풍뎅이, 나비 등 보이지 않았던 것들을 발견할 수 있습니다.

다음 사진에서 '위에서 아래로' 순서대로 내려가며 묘사적 글쓰기를 해 보겠습니다. 1차로 주변 상황에 어울리는 단어들을 확보하고, 2차로 1차에서 확보한 단어를 통해 간략한 문장을 만듭니다. 간략하게 정리된 문장을 바탕으로 SNS와 블로그에 올릴 문장을 만듭니다. 블로그는 1차로 확보된 글감을 다듬어 적용합니다. 여러 장의 사진일 경우에는 핵심적인 정황을 중심으로 문장을 만들어 나갑니다.

▶ 하늘 → 햇빛 → 산등성이 → 바람 → 숲 → 나무 → 소쩍새 → 새둥지 → 새끼 → 우는 소리 → 자동차 → 경적소리 → 도로 → 동강

▶ 맑은 하늘에서 내리쬐는 햇빛은 높게 치솟은 산등성이에 내리쬡니다.
무더운 여름철, 바람은 숲에 자리 잡은 나무 사이에 살며시 기웃거립니다.
소쩍새가 새끼들을 찾는지 우는 소리가 들려옵니다.
자동차도 경적소리를 내며 도로를 달립니다.
유유히 흘러가는 동강의 맑은 물이 마음을 시원하게 합니다.

## SNS 단문 만들기(140자)

맑은 하늘에서 내리쬐는 햇빛은 무더운 여름철임을 실감 나게 합니다. 울창한 숲 사이에서 소쩍새가 울어대고 자동차도 이에 질세라 경적소리를 내며 도로를 달립니다. 유유히 흐르는 동강이 마음을 시원하게 해 줍니다.

## 블로그 스토리 만들기

맑은 하늘에서 내리쬐는 햇빛은 높게 치솟은 산등성이에 내리쬡니다. 무더운 여름철에 시원한 바람이 불면 좋으련만, 바람은 숲에 자리 잡은 나무에만 살며시 기웃거립니다. 멀리서 소쩍새는 둥지에 새끼들을 찾으려는 듯 울어대고 이에 질세라 자동차도 경적소리를 내며 도로를 달립니다. 다리 밑으로 유유히 흘러가는 동강의 강물이 마음을 정화시켜 줍니다.

아래의 사진에서는 '왼쪽에서 오른쪽으로' 이동하면서 단어들을 선별해 봅니다. 사물이 여러 개일 경우에는 핵심 포인트를 우선으로 선정합니다.

▶ 헤이리 → 정적 → 숲 → 특이한 건물 → 구멍 → 기다란 나무통 → 야외 테라스
▶ 평일 오후에 헤이리를 찾았습니다.
  고요한 정적이 흐릅니다.
  울창한 숲에 둘러싸여 있습니다.
  특이한 건물이 시선을 사로잡습니다.
  왼쪽에 구멍이 뚫린 기다란 사각 나무통 모양입니다.
  앞쪽의 야외 테라스는 한적한 여유와 정취를 느끼게 합니다.

### SNS 단문 만들기(140자)

평일 오후에 헤이리를 찾았습니다. 울창한 숲에 둘러싸인 특이한 건물이 시선을 사로잡았습니다. 왼쪽은 구멍이 뚫렸고 기다란 사각형 나무통 모양입니다. 야외 테라스는 한적한 정취를 느끼게 합니다.

### 블로그 스토리 만들기

평일 오후에 헤이리를 찾았습니다. 고요한 정적이 흐르는 울창한 나무숲에 둘러싸여 있어서 그런지 마음이 평화로워집니다. 돌아다니다가 특이한 건물이 시선을 사로잡았습니다. 왼쪽에는 구멍이 뚫려 있고 기다란 사각 나무통 모양이었습니다. 앞쪽의 야외 테라스에는 한적한 여유와 정취를 느끼게 합니다.

스토리 흐름이 논리적이지 않지만, 읽는 이로 하여금 생생하게 현장감을 전달할 수 있습니다. 이처럼 묘사적 글쓰기는 어떤 대상에 대한 사실적인 경험('보고', '듣고', '맛보고', '냄새 맡고', '피부로 느끼는 듯한')을 자연스럽게 표현하는 기법입니다.

## ② 미리 결과를 보여주는 글쓰기

SNS에서 생산되는 다양한 스토리는 뉴스나 매거진보다 가독성과 주목성이 떨어집니다. 오랜 시간 디지털 기기의 모니터를 보면 피로감이 찾아오기 때문에 처음부터 끝까지 정독하면서 깊이 있게 읽기가 쉽지 않습니다. 이럴 경우 핵심적이고 중요한 내용을 위쪽에 배치해 스토리 전체의 이정표를 제공할 수 있습니다. 이와 같은 방식을 '역피라미드 글쓰기'라고 합니다. 결론을 맨 앞에 제공하고 원인을 순서대로 풀어나가 강렬한 인상을 주고 연속적으로 호기심을 자극할 수 있습니다. 역피라미드 글쓰기 순서는 다음과 같습니다.

> 가장 핵심적인 내용 → 중요한 보충 내용 → 흥미로운 세부 내용 → 정교한 세부 내용

가장 핵심적인 내용을 먼저 나타내고 그에 대한 중요한 보충 내용을 설명합니다. 그다음으로 흥미로운 세부 내용과 중요하지 않은 세부 내용 순서로 써내려 갑니다.

> 저녁에 친구와 가로수길의 P레스토랑에서 식사를 했습니다.
> 저녁 메뉴는 하우스 와인과 해물 파스타를 선택했습니다.
> 해물 파스타에는 싱싱한 꽃새우와 오징어, 크림소스가 듬뿍 들어가서 푸짐하게 즐길 수 있었습니다.
> 꽃새우의 등껍질 문양이 선명하게 살아 있어 싱싱해 보였고, 오징어는 씹을수록 고소하고 담백한 맛이 입 안 가득 퍼져 바다의 풍미를 제대로 느낄 수 있었습니다.

## ❸ 횡설수설 하지 않고 설득력 높이는 글쓰기

PREP 법칙은 개인의 의견을 논리적으로 표현하고 설득하는 기법입니다. 스피치와 프레젠테이션에서 자주 사용하는 법칙으로 'Point', 'Reason', 'Example', 'Point'로 구성됩니다. 야구 경기에서 타자가 출루해 홈베이스를 다시 밟는 것과 같으며, 짧은 시간 안에 상대방에게 핵심 메시지를 전달하거나 개인의 주장을 논리적으로 전달할 때 활용할 수 있습니다. 전문적인 SNS 글쓰기를 위해 익혀두길 바랍니다.

구체적으로 PREP 법칙에 대해 살펴보겠습니다. 첫 단계인 'Point(주장, 주제)'는 상대방에게 전달하고자 하는 중요한 요점 및 핵심을 말합니다. 주장하려는 결론을 먼저 밝혀 원하는 방향으로 시선을 집중시키고 이끌어 나갈 수 있습니다. 주로 '~이다.', '~입니다.'의 주장 형태를 갖춥니다.

두 번째 단계인 'Reason(이유)'은 상대방을 논리적으로 설득시키는 것으로, 주장 및 주제에 대한 근거, 이유, 배경을 간결하게 설명합니다. 주로 '~로 인해 이러하다.', '~때문에 그러하다.'의 형태입니다.

세 번째 단계인 'Example(구체적인 예)'은 주장과 주제를 뒷받침하는 전문가의 주장이나 견해, 객관적인 데이터 및 수치와 사례를 제시해 설득력을 높입니다. 주로 '~하고 있다.', '~의 경우가 그러하다.'의 형태입니다.

네 번째 단계인 'Point(주장 강조, 주제 강조)'는 앞서 제시한 'Point( 주장, 주제)'를 강조하기 위해 다시 한 번 반복합니다. 핵심을 재차 강조하기 때문에 쉽고 명확하게 이해시킬 수 있고 호소력과 설득력이 높아집니다. 주로 '~재차 거론하면 ~이다.', '~ 다시 한 번 언급하면 ~이다.', '~ 다시 말하면 ~이다.'의 형태입니다.

**예시 1**

**Point(주장):** 2022년 여름에는 제습기 판매가 증가할 것입니다.

**Reason(이유):** 여름철이 아닌데도 3월부터 고온다습한 날씨가 지속되기 때문입니다. 기상청에서는 "올여름은 북 태평양 고기압의 영향으로 기온이 높고, 무더운 날씨가 많을 것으로 전망된다."라고 밝혔습니다.

**Example(구체적인 예):** 대형 할인점의 3월~4월 제습기 판매 현황을 살펴보면 2021년보다 적게는 3배에서 많게는 7배 이상 판매량이 증가했습니다.

**Point(주장 강조):** 여름의 불청객인 장마로 인해 제습기가 불티나게 팔리고 품귀현상을 초래할 것입니다.

**예시 2**

**Point(주장):** 직장인에게 독서는 지식 정보화 사회에서 효과적으로 적응하고 성공하기 위해 반드시 필요합니다.

**Reason(이유):** 오늘날에는 예측할 수 없는 상황들이 다소 발생합니다. 상황에 따라 문제를 해결할 수 있는 심층적인 사고력과 원활하게 소통할 수 있는 능력이 요구됩니다. 특히 바쁜 일상을 보내는 직장인은 업무 처리, 인간 관계, 소통 등을 업그레이드해야 합니다. 이처럼 전문적인 스킬은 독서를 통해 얻을 수 있기 때문에 지속하는 것이 중요합니다.

**Example(구체적인 예):** 세계 최고 부자인 빌 게이츠는 다음과 같이 말했습니다. "오늘날의 나를 만든 것은 어릴 적 살던 마을의 도서관이었다." 세상에서 가장 영향력 있는 여성인 오프라 윈프리도 "독서가 내 인생을 바꿨다."라고 했습니다. 조선의 4대 임금이며 우리나라 역사에서 가장 많은 책을 읽은 지도자인 세종대왕은 훈민정음을 창제했습니다. 세종대왕은 독서를 생활화해 "경서는 100번씩 읽었고, 딱 한 가지 책만 30번을 읽었으며, 경서 외에 역사서와 기타 서적은 책들도 30번씩 읽었다."라고 했습니다.

**Point(주장 강조):** 독서는 급속하게 변화하는 지식 정보화 사회에서 살아남기 위해 습관처럼 실행해야 하는 필수 조건입니다.

## 4 스마트한 환경에 맞는 블로그 글쓰기

스토리텔링 기법에 어느 정도 익숙해지면 부담 없이 블로그 포스팅을 진행할 수 있습니다. 블로그 편집 창에 사진을 추가한 다음 막상 글을 쓰려고 할 때 어떻게 써야 할까 고민하면 시간만 소비합니다.

다음은 필자가 블로그 포스팅에서 사용하는 스토리 구조입니다. 우선 위쪽은 역피라미드 또는 PREP 법칙으로 전체적인 내용을 200~300자로 요약합니다. 그다음 사진이 담는 특성들을 살펴보고 중요한 요점 및 핵심을 논리적으로 전달할 때에는 'PREP 법칙 글쓰기'로 강렬한 인상을 줍니다. 연속적으로 호기심을 자극하고 싶을 때에는 '역피라미드 글쓰기'로 현장감을 느끼게 하고, 미묘한 변화의 흐름으로 섬세하게 표현할 때에는 '묘사하면서 글쓰기'를 적용할 수 있습니다.

▲ 블로그 포스팅에서 사용하는 스토리 구조

# Part 3

# 인플루언서가
# 되고 싶다면
# 인스타그램을 하라

# 대표 SNS 플랫폼으로
# 급부상한 인스타그램

시청각 콘텐츠가 넘쳐나는 인스타그램은 마법의 판도라 상자와 같습니다.
인스타그램에서 풍성한 경험을 누릴 수 있을 것입니다.
#인스타그램이해하기

인간의 오감 중 가장 큰 비중을 차지하는 것은 바로 '시각'입니다. 시각은 외부 정보를 받아들이는 동시에 가장 예민한 부분이며, 구매 의사 결정 과정에서 막대한 영향을 줍니다. 이러한 시각 효과를 극대화해 성공한 대표적인 소셜 미디어가 이미지 SNS입니다. 글보다 이미지는 신선하고 흥미로운 재미와 호기심을 유발합니다. 세계적으로 유명한 할리우드 배우 및 유명 인사들의 희소성 있고 매력적인 사진들을 만나게 되면 몰입감이 한층 높아지게 됩니다. 이런 풍성한 경험을 제공해 주는 대표적인 이미지 SNS 플랫폼이 인스타그램(Instagram)[1]입니다. 현재 이미지 및 동영상 공유 기능뿐만 아니라 쇼핑몰로 활용할 수 있도록 다양한 비즈니스 서비스를 제공하고 있습니다.

---

1 인스타그램은 '즉석'이라는 뜻을 가진 '인스턴트(Instant)'와 '보낸다'는 뜻의 '텔레그램(Telegram)'을 합친 의미입니다.

국내 가입자가 늘어나는 추세이며, 2012년 4월 페이스북에 10억 달러(한화 1조 원)에 인수된 후 지속적인 성장세를 보이고 있습니다. '세상의 순간들을 포착하고 공유한다(Capturing and sharing the world's moments)'는 구호 아래 2014년 3월 사용자 수가 2억 명을 돌파했습니다. 페이스북이 2억 명의 사용자를 확보하는 데 걸린 시간이 5년 이상, 엑스는 6년 이상이라는 점을 고려하면 놀라운 증가세입니다. 2021년 10월 기준으로 인스타그램의 월간 활성 사용자 수(MAU)가 20억 명을 넘어섰습니다. 2021년 정보통신정책연구원(KISDI)의 〈연령대별 SNS 이용행태에 따른 잠재 프로파일 유형에 관한 연구〉 보고서에 의하면 20대와 30대가 인스타그램을 선호하고 가장 많이 이용하는 것으로 발표했습니다. 광고 플랫폼 전문기업인 DMC미디어에서 발간한 〈2021 소셜 미디어 시장 및 현황 분석 보고서〉에 의하면 2021년 4월 기준으로 인스타그램의 순 방문자 수(UV·Unique Visitors)가 1,885만 명으로 나왔습니다. 사회 관계망 서비스(SNS)의 각축전이 한창인 가운데 주류 플랫폼으로 확고히 자리매김할 것으로 보입니다.

인스타그램은 모바일 전용 앱으로 스마트폰에서 사진을 업로드할 수 있습니다. 폴라로이드 필름 특유의 감성적인 색감 연출이 가능하고 필터 기능과 메시지 기능으로 소통을 할 수 있습니다. 다양한 플랫폼으로 연동하여 공유도 가능합니다. 이미지 공유 SNS 플랫폼은 끊임없이 움직이고 변화하는 찰나의 순간을 기록할 수 있습니다. 또한, 삶을 정확히 표현하는 예술 분야인 동시에 소통의 수단으로 정보 전달이 가능합니다. 새로운 시·지각 매체로서 강렬한 호소력을 지닌 이미지 공유 SNS 플랫폼은 참여와 공유라는 시대의 아이콘으로 뜨거운 관심을 모으고 있습니다.

▲ 인스타그램의 아이콘

# 1 사람들이 흥미와 재미를 나눌 수 있는 이미지 공유 SNS 플랫폼의 강점

## ■ 짧은 시간 소통 가능

대표적인 주류 SNS에 스토리를 올리게 되면 페이스북은 "무슨 생각을 하고 계신가요?", 엑스는 "무슨 일이 일어나고 있나요?"라는 질문을 하고, 유튜브는 촬영 각도 조절과 감흥을 불러일으키는 스토리로 동영상 제작과 편집이라는 노력이 필요합니다. 반면에 인스타그램은 사진과 함께 해시태그(#)를 넣으면 됩니다. 긴 문장 필요 없이 해시태그(#)에 메시지가 담겨있어서 짧은 시간 소통이 가능합니다.

## ■ 손쉽게 스토리 생성

스마트폰에 찍어놓은 사진 또는 동영상이 있다면 '필터' 효과로 보정하고 곧바로 업로드할 수 있습니다. '스토리' 메뉴에서 다양한 디지털 효과를 적용할 수 있고, 짧게 촬영이 가능한 '릴스'와 '라이브 방송'으로 동적인 스토리 만들기가 가능합니다.

## ■ 시각적 유희 효과

인스타그램에 접속하면 팔로워들의 여행, 맛집, 일상 사진들을 만나볼 수 있습니다. 한 마디로 풍성하고 다채로운 볼거리가 많습니다. 지도 관련 정보와 블로그 내용도 함께 참고하지만, 인스타그램에 업로드되는 생생한 사진들이 보다 진솔하고 정감 있게 다가옵니다.

## ■ 탁월한 큐레이팅 플랫폼

인스타그램은 이미지와 동영상 중심으로 접근성이 간편해서 쉽게 가공하고 팔로워들에게 큐레이팅이 가능한 플랫폼입니다. 짧은 몇 단계 과정으로 사진 한 장에 모든 정보를 담을 수 있는 직관적인 기능은 큰 매력으로 다가옵니다. 이런 사용성과 편의성으로 국내 인스타그램 사용자는 꾸준히 증가하고 있으며 주류 SNS 플랫폼으로 인정받고 있습니다.

# 인스타그램 활성화하기

인스타그램에 게시물을 꾸준히 올리지만 왜 반응이 없을까요?
인스타그램에 대해서 좀 더 이해하는 것이 필요합니다.
#인스타그램활용 #인스타그램활성화

현재 인스타그램은 소상공인에서부터 대기업까지 필수적인 온라인 마케팅 도구로 활용되고 있습니다. 이렇게 이미지 SNS가 이렇게 많은 사랑을 받고 있는 이유로는 짧은 시간에 다양한 라이프 스타일 체험이 가능하고, 다채로운 볼거리를 제공하고 있기 때문입니다. 그럼 거침없이 펼쳐진 네트워크 공간에서 시각적 풍요로움이 넘쳐나고 있는 인스타그램 활성화 방법에 대해서 살펴보겠습니다.

■ 프로필 작성

첫 번째는 나를 소개하는 프로필 작성입니다. 프로필은 계정 방문자에게 "나는 누구이고, 어떤 일을 하며, 어떤 소재에 관심을 갖고 있다."라는 것을 소개하는 영역입니다. 프로필에는 간략한 소개, 해시태그(#), 카테고리, 웹사이트, 주소, 연락처 등을 추가할 수 있습니다. 나의 전문성을 제시하는 카테고리, 웹사이트, 연락처, 주소 추가는 프로페셔널 계정으로 변경해야 합니다.

저자는 프로필 소개 내용으로 감명 깊었던 명언 또는 짧은 글을 추가합니다. 방문자에게 공감대를 형성하고 첫인상에서 좋은 느낌을 줄 수 있기 때문입니다. 해시태그(#)는 현재 진행하고 있는 업무와 전문성을 제시할 수 있는 것으로 선택합니다. 포괄적이고 대중적인 해시태그보다 직접적으로 관계되고 어필(appeal)할 수 있는 것으로 선택하는 것이 좋습니다. 해시태그도 인스타그램을 소개하는 브랜드 영역에 포함되기에 전략적으로 추가할 필요가 있습니다.

카테고리, 웹사이트, 주소, 연락처 추가는 프로페셔널 계정으로 변경해야 합니다. '설정 > 계정'으로 이동하여 전환할 수 있으며, 프로페셔널 계정에는 크리에이터와 비즈니스가 있습니다. 크리에이터는 콘텐츠 제작자, 인플루언서에게 적합하며, 비즈니스는 판매점, 지역 비즈니스는 서비스 제공업체에 적합합니다. 다음으로 설정 페이지에서 '아이디어 얻기', '프로필 완성하기', '팬 늘리기', '콘텐츠 공유하여 인사이트 확인'의 4단계를 완료해야 합니다. '아이디어 얻기'는 인스타그램에서 활동하고 있는 인스타그래머(Instagrammer)들을 팔로우하면 됩니다. 개인적으로 관심 갖고 있는 분야 또는 다양한 전문가들을 찾을 수 있습니다.

▲ 카테고리, 웹사이트, 주소, 연락처 추가

'프로필 완성하기'는 사진 추가, 이름, 사용자 이름, 웹사이트, 소개 내용을 추가하면 됩니다. 사용자 이름은 인스타그램 URL 주소로 쉽고 간단하게 만드는 것이 좋습니다. '팬 늘리기'는 팔로워가 될 친구를 초대하는 것입니다. 계정 팔로워, 왓츠앱, SMS, 이메일 등으로 초대하면 됩니다. '콘텐츠 공유하여 인사이트 확인'은 사진 또는 동영상을 추가하는 것입니다. [게시물 만들기] 버튼을 클릭하여 게시물을 업로드하면 됩니다. 이 과정이 끝나면 비즈니스 계정으로 전환되어 정보를 추가할 수 있습니다.

▲ 프로필 완성하기

프로페셔널 계정 설정이 끝나면 인스타그램 계정 홈에 '프로필 편집' 메뉴를 터치하여 프로필 수정 페이지로 이동합니다. '프로필 정보(전체 공개 비즈니스 정보)'에서 '페이지', '카테고리', '연락처 옵션', '행동 유도 버튼', '프로필 표시' 내용을 추가합니다. '페이지'는 페이스북에 연동하여 페이지를 만들 수 있습니다. '카테고리'는 검색하여 적용하고, '연락처 옵션'은 이메일, 전화번호, 주소를 추가합니다. '행동 유도 버튼'은 내가 운영하는 비즈니스와 교류할 수 있는 버튼으로 '음식 주문하기', '지금 예약하기', '예약' 기능이 있습니다. '프로필 표시'는 '카테고리 레이블'과 '연락처'를 공개 또는 비밀 설정이 가능합니다.

▲ 프로필 수정

■ 친구 추가

  인스타그램 활성화에 있어 친구 추가는 중요한 과정입니다. 모든 SNS가 마찬가지겠지만 친구들과 꾸준하게 소통하는 기회가 많아지면 방문자가 늘어나게 됩니다. 시간이 날 때마다 팔로우를 맺은 친구들의 계정에 방문하여 스토리에 공감하고 반응하는 기회가 많아지면 내 계정 방문이 늘어납니다. 저자는 전문가 또는 배울 수 있는 인플루언서들을 팔로잉하여 지속적으로 소통하고 관계[2]를 맺고 있습니다.

■ 해시태그

  해시태그는 세상과 연결하는 강력한 기호 역할을 하면서 다양한 용도로 쓰이고 있습니다. 인스타그램의 대표적인 핵심 기능입니다. 본격적으로 인스타그램을 시작하기 전에 '어떤 해시태그를 활용할까?'에 대한 전략에 세워져야 합니다. 예를 들어 '여행'이라면 #국내여행 #가볼만한곳 #경기도여행지, #여행을떠나는이유 등으로, '맛집'이라면 #서울근교인기맛집 #강남역맛집추천 #강남역맛집발견, #맛집인정 등으로, '일상'이라면 #일상소통, #일상공유, #일상기록, #일상담기 등으로 접근해 볼 수 있습니다. 태그 검색 기능을 활용해 많이 사용하는 연관 태그를 정리하여 사용하면 내 계정으로 방문하는 기회를 확장시킬 수 있습니다.

■ 스토리 전략

  어떤 사진과 동영상을 올려 친구들에게 흥미를 유도할 수 있을까요? "정답이 이것이다."라고 결정하여 말씀드리는 것이 쉽지 않습니다. 저자의 경우 인스타그램에서 관심 갖고 공감하는 테마들이 있습니다. "어떻게 세상에 이런 일이!" 예상하지 않았던 상황을 포착한 장면, 삶의 체험 현장에서 체온이 느껴지는 감동의 순간, 쉽게 갈 수 없는 희소한 장소, 오직 그곳에 가야만 먹을 수 있는 음식, 미래와

---

2 SNS 환경에서 끈끈한 유대관계를 맺기 위해서는 좋아요, 댓글, DM으로 소통하는 것은 중요한 활동입니다.

관련된 전시회 등입니다. 내가 직접 경험하지 못했지만, 친구들의 몰입도 넘치는 스토리에 간접 경험하게 되면서 좋아요를 누르고 댓글을 게시하게 됩니다. 현재 인스타그램에서 인기 카테고리는 '맛집', '여행', '뷰티' 등입니다. 주목받는 관심 영역이 한정적이지만, 내가 평상시 관심 갖고 있는 취미 또는 테마들을 선정하여 지속적으로 공유하다 보면 팔로잉이 늘고 따뜻한 응원과 공감을 받게 될 것입니다.

## ■ 게시물 공유 기능

팔로워가 피드에 올린 게시물을 내 피드에 가져오는 것으로 페이스북의 '공유하기', 엑스의 '재게시', 블로그의 '스크랩'과 같은 기능입니다. 인스타그램 메뉴에는 게시물 공유 기능이 없어서 '리그램' 또는 '리포스트'라는 앱을 다운받아 사용해야 합니다. 주로 이벤트 및 프로모션으로 많이 활용되고 있으며, 현재 음식점, 미용, 뷰티 등의 서비스 업종에서 많이 사용하고 있습니다. 고객이 매장에서 좋은 경험을 하게 되면 셀카 또는 셀피(Selfie)[3] 사진을 찍어 인스타그램에 공유합니다. 수시로 업체에서 해시태그 또는 키워드 검색하여 고객의 사진을 찾았다면 리그램으로 고객의 사진을 공유해 올 수 있습니다. 특히 공유하기 전 사전에 댓글 또는 DM으로 허락받아야 합니다. 우리 매장을 찍어서 올렸더라도 엄연히 콘텐츠 저작권은 고객이 가지고 있기 때문입니다. 고객 승인을 받았다면 업체 계정 피드로 가져와 게시할 수 있습니다.

리그램 활용은 인스타그램 업체 계정을 알릴 수 있어 팔로우 확보에 유리하고 고객에게 알람을 보낼 수 있어서 지속적인 고객 관계 유지가 가능합니다. 또한, 고객이 올린 게시물을 그대로 복사해 내 계정으로 가져와서 콘텐츠 고민을 줄일 수 있고 희망하는 해시태그를 추가할 수 있습니다. 대부분 업체에서 SNS 플랫폼을 운영하는데 게시물을 꾸준히 올리는 것은 쉬운 일이 아닙니다. "오늘은 어떤

---

3 셀카는 '셀프 카메라(Self Camera)'의 준말로 내가 피사체가 되어 인물사진의 상반신 위주로 촬영한 사진을 말합니다. 영어권에서는 셀피 (Selfie)라고 부릅니다. 최근에는 인물 위주가 아닌 주변 배경이나 특정한 장소가 드러나도록 찍는 것이 유행으로 자리잡고 있습니다.

사진을 올릴까?"라는 생각은 항상 고민거리가 되지만, 고객의 콘텐츠를 적절히 활용하면 인스타그램 운영에 도움이 됩니다. 리그램 활용의 장점으로 게시물을 복사하여 올릴 때 업체에서 추가하고 싶은 해시태그를 다양하게 구성하여 넣을 수 있고 슬로건, 브랜드 등 짧고 간결하면서 상징적인 메시지를 줄 수 있는 해시 태그를 사용하여 게시물이 주는 정보 제공 확장이 가능합니다. 쉽게 설명하면, 고객의 해시태그와 업체의 해시태그 접근이 다르다는 것입니다. 고객 입장에서는 개인적인 취향과 생각에 맞추어 추가되지만, 업체의 경우에는 홍보와 마케팅 관점에서 추가하고 싶어집니다. 업체에서 리그램을 활용하면 짜임새 있게 해시태그를 구성하여 추가할 수 있습니다. 리그램은 인스타그램 운영에 있어 '콘텐츠 확장', '고객관리', '해시태그 활용'이라는 다양한 이점을 제공해 주고 있어 업체에서 적극적으로 활용하는 것이 필요합니다.

▲ 멀티 리그램(Regram)

▲ 인스타그램용 리포스터 앱

▲ 리그램 예시

# 매력적으로 게시물 올리기

인스타그램은 사진, 라이브 방송, 동영상, 릴스 등 다양하게 게시물을 업로드할 수 있습니다.
지금부터 일상의 다양한 순간들을 담아 공유해보면 어떨까요?
#일상공유하기 #인스타그램게시물

본격적으로 인스타그램에 사진 또는 동영상을 올려보겠습니다. 여러분들의 스마트폰에는 애정 어린 시선과 관심을 받으며 찍힌 추억들이 담겨 있을 것입니다. 여행, 맛집, 뷰티, 일상 등 자랑하고 싶은 순간들을 공유하여 팔로워들에게 특별한 경험을 제공할 수 있습니다. 인스타그램은 간편한 몇 단계 과정과 디지털 처리 과정으로 게시물 전시가 가능합니다. 게시물 노출 영역에는 이슈되는 순간을 노출할 수 있는 '스토리'와 사진과 동영상을 보여 주는 '홈 피드'가 있습니다.

'스토리 하이라이트'는 짧은 영상을 보여 주는 숏폼 동영상 플랫폼인 틱톡과 비슷합니다. 24시간 동안 노출이 되는 휘발성 콘텐츠로 자랑하고 싶은 에피소드를 사진 또는 동영상으로 보여 줄 수 있습니다. 공지, 이벤트, 신상품 등을 생동감 있게 표현할 수 있으며 다양한 효과 적용으로 재미있게 메시지 전달이 가능합니다.

'홈 피드'는 내가 올린 게시물을 보여 주는 곳입니다. 팔로워가 어떤 스토리를 올리고 있는지 관심사가 무엇인지 분명하고 뚜렷하게 살펴볼 수 있습니다. '홈 피드' 메뉴에는 스토리를 볼 수 있는 '게시물', 짧고 강렬한 영상을 공유할 수 있는 '릴스', 동영상을 살펴볼 수 있는 '시리즈', 장소 및 제품을 추천하는 '가이드', 내 계정이 태그된 게시물을 볼 수 있는 '태그'가 있습니다.

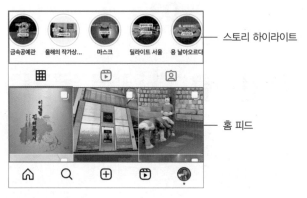

▲ 스토리 하이라이트

## 1 소식을 보다 생동감 있게, 스토리

'스토리 하이라이트'에 게시물을 올리는 방법으로 '스토리 하이라이트 영역'의 [새로 만들기] 버튼을 클릭하여 스토리를 선택하는 것과 오른쪽 상단 [만들기] 버튼의 '스토리' 메뉴를 클릭하면 됩니다. '스토리 하이라이트 영역'에서 [새로 만들기] 버튼을 클릭하여 게시물을 추가할 경우 등록할 게시물이 추가되어 있어야 합니다.

▲ 스토리 하이라이트

'스토리' 영역에 추가할 게시물을 선택하여 전시해 보겠습니다. 친구들에게 자랑하고 싶은 사진 또는 동영상을 스마트폰에서 선정합니다.

▲ 스토리에 게시물 추가하기

❶ 공유할 콘텐츠가 선택되면 오른쪽 상단 [+] 버튼을 터치하고 '스토리' 메뉴를 클릭합니다.

❷ 스마트폰에 저장되어 있는 항목 중 '비디오'에서 동영상을 추가하겠습니다. 게시할 동영상이 선택되면 디지털 효과를 적용할 수 있는 페이지로 이동합니다.

❸ 상단 메뉴에서 추가하고자 하는 효과를 적용해 봅니다. 여기에서는 글자, 태그, 배경화면 효과를 적용합니다. 효과 적용이 마무리되면 오른쪽 하단의 [→] 버튼을 클릭합니다.

❹ 공유하기 페이지로 이동하면 '내 스토리의 페이스북 페이지', '친한 친구', '메시지 보내기'를 할 수 있습니다. 여기에서는 '내 스토리의 페이스북 페이지'를 선택합니다.

▲ 공유하기 화면

▲ 공유하기 화면

▲ 기타 공유 대상 화면

▲ 새로운 하이라이트 화면

❺ '공유하기'가 완료되면 '기타 공유 대상' 페이지로 이동합니다. '하이라이트에 추가'와 '친구 추천' 기능이 있습니다. '하이라이트에 추가'를 클릭하면 '스토리 제목'을 추가할 수 있고, '추천'에서는 친구들에게 공유하고 싶을 때 [보내기] 버튼을 클릭하면 전송이 가능합니다.

❻ '하이라이트에 추가'를 클릭하여 게시물에 적합한 문구를 짧게 넣어주고 [추가] 버튼을 클릭합니다.

▲ '추천'에서는 친구들에게 공유하고 싶을 때 [보내기] 버튼을 클릭

❼ '추천'에서 게시물을 공유하고 싶은 친구가 있다면 전송하고 [완료] 버튼을 클릭합니다.

❽ 홈으로 이동하면 '스토리 하이라이트 영역'에 게시된 스토리를 확인할 수 있습니다.

이어서 '홈 피드'에 게시물을 올려 보겠습니다. 오른쪽 상단의 [만들기] 버튼을 클릭합니다. '게시물', '릴스', '스토리', '스토리 하이라이트', '라이브 방송', '회원님을 위해 생성된 릴스', '채널' 메뉴에 대해서 살펴보겠습니다.

## ❷ 일상 속 톡톡 튀는 앨범, 게시물

'게시물'은 사진 또는 동영상을 게시할 수 있는 메뉴로 1개부터 10개까지 추가할 수 있습니다. 차이점은 사진과 동영상을 게시할 때 메뉴가 조금 다릅니다.

■ 사진 게시물

▲ 새 게시물 추가 화면

▲ 필터 화면

▲ 수정 화면

❶ 하나의 콘텐츠를 올릴 경우에는 '다음' 버튼을 눌러 등록하면 되지만, 두 개 이상일 경우에는 오른쪽 중간에 위치한 '레이어' 아이콘(⬚)을 클릭합니다. 우선 사진 한 장을 게시해 보겠습니다. 게시물로 올릴 사진 한 장을 선택하고 '다음'을 클릭합니다.

❷ 다양한 디지털 효과를 적용할 수 있는 '필터'와 '수정' 메뉴가 나타납니다. 이 두 메뉴는 개인의 스타일에 맞게 바꿀 수 있고 효과 적용으로 독특한 느낌을 연출할 수 있습니다. '필터'에는 24가지 기능이 있으며 '수정'에는 13가지 보정 기능이 있습니다. 보정이 완료되면 다음 단계로 이동합니다. 추가적으로 상단 우측의 요술봉 아이콘을 클릭하면 이미지 보정 기능의 룩스(Lux)로 이동하고, 음표 아이콘을 클릭하면 음악(90초)을 적용할 수 있습니다.

▲ 새 게시물 추가하기

❸ 사진에 맞는 간략한 내용을 입력하고 해시태그를 추가합니다. 특정 친구를 선정하여 공유하고 싶다면 '사람 태그'에서 선택하여 추가합니다. '음악 추가'에서 다은 음악으로 수정이 가능하며, '채널 태그(대화방)'에 추가할 수 있습니다. '제품 상세 정보 추가'는 주문 요청을 보낼 수 있는 게시물 버튼을 추가할 수 있으며, '알림 추가'는 게시물 알림 설정이 가능합니다. '협찬 광고 레이블 추가'는 게시물의 협찬 광고 레이블을 표시할 수 있습니다. '위치 추가'는 게시물과 관련된 위치를 추가하고 '게시물 홍보'는 게시물 광고 진행이 가능합니다. '공유 Facebook'는 페이스북 계정에 연동하여 게시물을 공유할 수 있습니다. 전체적으로 이상이 없다면 하단의 [공유] 버튼을 터치하여 게시물을 올려 줍니다.

❹ 고급 설정은 '콘텐츠 예약', '좋아요 수 및 조회수', '댓글', 'Facebook에 공유', '접근성' 옵션을 수정할 수 있습니다.

❺ 게시물에 사진이 올라간 화면입니다.

■ 여러 장의 사진 게시물

❶ 다음으로 여러 장의 사진을 올려 보겠습니다. '새 게시물' 화면에서 오른쪽 중간에 위치한 '레이어' 아이콘(▣)을 클릭합니다. 아이콘이 활성화되면서 사진마다 작은 '원형' 아이콘(◉)이 추가됩니다. 게시하고 싶은 사진의 '원형' 아이콘(◉)을 터치하면 자동으로 숫자가 기재됩니다. 여기에서는 사진 9장을 추가해 봅니다. 선택이 완료되면 [다음] 버튼을 클릭합니다.

▲ 새 게시물 여러 장 추가하기

❷ 사진 한 장 올렸을 때와는 달리 '수정' 메뉴는 없고 '필터' 메뉴만 있습니다. 각 사진에 맞게 '필터'를 적용하고 [다음] 버튼을 클릭합니다.

❸ 사진 한 장 올렸을 경우와 같이 내용을 입력하고 옵션을 설정합니다. 새 게시물 입력이 완료되면 [공유] 버튼을 클릭하여 완료합니다.

❹ 게시물을 확인하면 오른쪽 상단에 1/9라는 숫자가 명시되어 있습니다. 한 장씩 넘기면서 사진들을 살펴볼 수 있습니다.

■ 동영상 게시물

▲ 동영상 게시물 선택 화면　　▲ 상단 우측 기본 메뉴　　▲ 동영상 수정 메뉴

❶ 동영상 게시물도 사진과 같은 방법으로 한 개부터 10개까지 연결해서 게시할 수 있습니다. 여기에서는 동영상 한 개를 올려 보겠습니다. 게시할 동영상을 선택하고 [다음] 버튼을 클릭합니다.

❷ '사진' 게시물을 올렸을 경우처럼 디지털 효과를 적용할 수 있는 '기본 메뉴'와 '동영상 수정 메뉴'가 나타납니다. '기본 메뉴'에서는 음악추가, 특수효과, 아이콘 추가, 텍스트 추가를 적용할 수 있습니다.

❸ '동영상 수정 메뉴'는 간단히 편집할 수 있는 기능들이 있습니다. '수정'은 속도 조절, 자르기가 가능하며, '클립 추가'는 이미지 또는 동영상을 추가할 수 있습니다. '오디오 추가'는 음악을 추가할 수 있고, '텍스트'는 내용 추가가 가능합니다. '클립 허브'는 다양한 GIF(움짤) 이미지를 넣을 수 있고, '스티커'는 이야기나 감정을 덧붙일 수 있어 흥미롭게 표현할 수 있습니다. '보이스오버'는 사용자들을 위해 콘텐츠를 들을 수 있도록 돕는 기능입니다. '볼륨'은 카메라 오디오와 음성 개선을 할 수 있습니다. '필터'는 색다른 색감을 적용하여 독특한 느낌을 연출할 수 있습니다. 효과 적용이 완료되면 [다음] 버튼을 클릭합니다.

▲ 내용 추가 화면　　　　　　　　▲ 동영상 업로드 화면

❹ 새 게시물을 살펴보면 사진을 올릴 때와 메뉴가 비슷하며 '주제 추가' 옵션에서
　세 가지를 선택할 수 있습니다. [공유] 버튼을 클릭하면 동영상 메뉴에 업로드되
　었습니다. 시리즈는 동영상을 갈무리하는 기능으로 카테고리를 만들어서 정리할
　수 있습니다.

❺ '홈 피드'와 '동영상' 메뉴에 추가된 화면입니다.

## ③ 인스타그램의 필터와 수정 메뉴

　인스타그램의 '필터'와 '수정' 메뉴에 대해서 살펴보겠습니다. '필터' 메뉴는 다
양한 효과 적용이 가능하며 사진의 '색감'이나 '분위기'를 감성 넘치게 연출할 수
있습니다. 사진 성향에 맞는 필터를 잘 고르면 느낌 있는 사진 공유가 가능합니다.
옵션에는 36개 기능이 있습니다. '수정' 메뉴는 사진 배경이 어둡거나 색상이 왜
곡되었을 경우 '밝기' 또는 '대비' 등의 보정이 가능합니다. 옵션에는 13개 보정 기
능이 있습니다. 사용자들이 이 두 메뉴를 효과적으로 사용하면 별 고민 없이 생
생한 현장의 순간을 표현하여 한 층 더 독특하고 감성 넘치는 사진으로 편집하고
공유할 수 있습니다.

■ 필터 메뉴

▲ 필터 메뉴 옵션

❶ **Normal**: 사진 그대로의 상태로 효과를 적용하지 않은 필터를 의미합니다.

❷ **Paris**: 붉은 빛과 옅은 색조로 파리와 같은 아늑한 분위기를 표현할 수 있는 필터입니다.

❸ **Los Angeles**: 사진에 따뜻한 색조와 화려한 느낌을 줄 수 있는 필터입니다.

❹ **Oslo**: 서늘한 분위기 연출로 이미지에 파스텔 톤을 더해주는 필터입니다. 풍경이나 건축물 이미지에 적합합니다.

❺ **Melourne**: 사진에 아름다운 색감과 조명을 부각하여 생동감 있게 만들어 주는 필터입니다. 여행이나 도시 풍경 사진에 잘 어울립니다.

❻ **Jakarta**: 사진의 색조와 조명을 변경할 수 있는 필터입니다.

❼ **Abu Dhabi**: 아부다비의 아름다운 건물이나 사막 풍경 같은 효과를 줄 수 있는 필터입니다. 아부다비를 여행 중인 듯한 느낌을 줄 수 있습니다.

❽ **Buenos Aires**: 아르헨티나의 수도인 부에노스 아이레스에서 영감을 받아 만들어진 필터입니다. 여행 또는 도시의 분위기를 강조하고 선명한 효과를 줄 수 있습니다.

❾ **New York**: 도시의 형광등과 같은 생생한 느낌을 줄 수 있는 필터입니다. 더 세련되게 분위기를 연출할 수 있습니다.

❿ **Jaipur**: 옅은 핑크와 보라색 계열의 따뜻한 톤을 부각시켜 부드럽고 분위기 있는 효과를 줄 수 있는 필터입니다. 풍경이나 음식 사진에 적용해 볼 수 있습니다.

⓫ **Cairo**: 사진에 따뜻한 분위기를 더해주고 색감을 부각시켜지는 필터입니다. 사진을 더 아름답게 만들 수 있습니다.

⓬ **Tokyo**: 도쿄의 독특한 분위기나 풍경을 연출할 수 있는 필터입니다. 여행이나 도시 풍경 사진을 강조할 수 있습니다.

⑬ **Rio De Janeiro:** 브라질의 리우 데 자네이로의 아름다운 풍경과 같은 열대적인 분위기를 연출할 수 있는 필터입니다. 사진의 색채를 강조하여 화려하게 만들 수 있습니다.

⑭ **Clarendon:** 사진의 밝은 부분은 밝게 하고 어두운 부분은 더 어둡게 하는 필터입니다.

⑮ **Gingham:** 따뜻한 느낌의 빛바랜 빈티지 효과를 줄 수 있는 필터입니다. 사진 전체적으로 하얗고 미묘한 느낌을 줄 수 있습니다.

⑯ **Moon:** 흑백 사진에 약간의 어둠을 더해 진하고 강한 느낌을 줄 수 있는 전문 필터입니다. 아날로그 감성의 사진, 인물 초상화에 사용하면 좋습니다.

⑰ **Lark:** 사진을 밝게 하고 푸른빛을 강조하고 싶을 때 사용하는 필터입니다. 자연, 풍경, 바다 사진에 적합합니다. 깨끗하고 밝고 자연스러운 느낌을 줄 수 있습니다.

⑱ **Reyes:** 낮은 채도와 약간 밝은 색감을 줄 수 있는 필터입니다. 따뜻한 느낌을 주고 싶을 때 사용하면 좋습니다. 고급스러운 분위기와 차분한 실내 공간 연출에 적합합니다.

⑲ **Juno:** 사진의 붉은빛과 노란빛 색감을 강조해서 밝고 맑은 느낌을 줄 수 있는 필터입니다.

⑳ **Slumber:** 상큼한 노란빛 색감이 더해져 오래된 듯한 분위기 연출이 가능한 필터입니다.

㉑ **Crema:** 낮은 채도와 붉은빛 색감이 강조되어 따뜻한 느낌을 줄 수 있는 필터입니다. 음식 사진, 동물 사진에 사용하면 좋습니다.

㉒ **Ludwig:** 루트비히 미스 판 데어 로에(Ludwig Mies van der Rohe)라는 건축가의 이름에서 따온 것으로 인물과 배경과 구별할 수 있게 만들어 주는 대비 효과를 주는 필터입니다. 인물 상반신, 건축 구조물에 적합합니다.

㉓ **Aden:** 사진의 채도를 낮추어서 복고풍의 감성과 파스텔톤 같은 효과를 줄 수 있는 필터입니다. 강한 햇빛 노출되었거나 뚜렷하지 않은 느낌을 주고 싶을 때 사용하면 좋습니다.

㉔ **Perpetua:** 초록빛과 노란빛 색감을 강조하는 파스텔톤 계열의 필터입니다. 필름 카메라 감성 느낌을 줄 수 있습니다.

㉕ **Amaro:** 어두운 환경에서 찍은 사진일 경우에 밝은 느낌을 줄 수 있는 필터입니다. 사진 중앙에 빛바랜 효과를 줄 수 있어 사진 가장자리가 선명해집니다.

㉖ **Mayfair:** 따뜻하고 부드러운 핑크톤으로 사진 가장자리를 어두운 효과를 줄 수 있는 필터입니다. 밝은 조명 아래에서 촬영했을 때 활용 가능합니다.

㉗ **Rise:** 사진에 부드럽고 온화한 느낌을 줄 수 있는 필터입니다. 따뜻한 감성 느낌의 연출이 가능하고, 얼굴에 있는 기미 잡티 · 주근깨 등을 가릴 수 있습니다.

㉘ **Hudson:** 사진 느낌을 차갑게 바꾸거나 그림자를 강조하고 싶을 경우에 사용하는 필터입니다. 주택 또는 건물에 세련되고 현대적인 감성의 느낌을 줄 수 있습니다.

㉙ **Valencia:** 따뜻한 주백색(내추럴화이트) 조명 아래 옅은 노란빛이 더해져서 전체적으로 아늑하고 미묘한 느낌을 줄 수 있는 필터입니다.

㉚ **X-Pro II:** 인스타그램에서 인기 있고 대비가 높은 필터 중 하나입니다. 높은 명암 대비로 독특한 색감을 만들 수 있습니다. 모서리 부분을 어둡게 만드는 극적인 효과를 주거나 가운데 위치한 인물에 시선 유도하고 싶을 때 사용하면 좋습니다.

㉛ **Sierra:** 푸른빛 색감이 더해져 부드럽고 고풍스러운 느낌을 줄 수 있는 필터입니다.

㉜ **Willow:** 미묘한 보라색 톤과 반투명한 효과를 줄 수 있는 필터입니다. 건축물 사진, 풍경 사진에 적용해 볼 수 있습니다.

㉝ **Lo-Fi:** 인스타그램에서 인기가 많은 필터입니다. 사진의 채도를 높여 전체적으로 색감을 강조하고, 그림자를 보다 진하게 만들어서 드라마틱한 효과 적용이 가능합니다. 음영이 강해 강렬하고 이국적으로 화장한 얼굴 사진 또는 맛깔나는 음식 사진에 맞습니다.

㉞ **Inkwell:** 컬러 사진을 분위기 있는 흑백 사진으로 바꿀 수 있는 필터입니다. 오래 전에 촬영한 듯한 느낌을 만들 수 있습니다.

㉟ **Hefe:** Lo-Fi 필터와 비슷한 효과로 빛의 노출이 상대적으로 적습니다. 사진에 전체적으로 따뜻한 느낌을 줄 수 있습니다.

㊱ **Nashville:** 푸른빛과 노란빛 색감이 적절히 조화되어 있어 사진을 파스텔톤으로 바꿀 수 있는 필터입니다. 친구 또는 연인 사진에 적용하면 좋습니다.

■ 수정 메뉴

▲ 수정 메뉴 옵션

❶ **조정**: 사진의 상하/좌우 시점 화면을 변경할 수 있으며 취소가 가능합니다.

❷ **밝기**: 사진이 어둡거나 밝을 때 좌/우로 슬라이드를 세부적으로 조절할 수 있습니다.

❸ **대비**: 수치가 커질수록 대비가 강해지고 수치가 작아질수록 색 대비가 약해집니다. 밝은 영역은 더 밝아지고, 어두운 영역은 더 어두워집니다.

❹ **구조**: 수치가 커질수록 사진의 선명도가 개선되고 이미지가 뚜렷해지게 표현할 수 있습니다.

❺ **온도**: 좌/우로 슬라이드를 조절하여 온도를 바꿀 수 있습니다. 수치가 커질수록 따뜻한 느낌의 주황톤으로, 수치가 작아질수록 차가운 느낌의 파란톤으로 바뀝니다.

❻ **채도**: 좌/우로 슬라이드를 조절하여 색상의 진함과 약함을 조절할 수 있습니다. 채도가 높아지면 짙고 선명해지며, 채도가 낮아지면 흐리게 보입니다.

❼ **색**: 사진의 '그림자' 또는 '하이라이트'에 색상(노랑, 주황, 빨강, 분홍, 보라, 파랑, 청록, 초록)을 선택하면 색감이 바뀝니다. 적용할 색상을 두 번 클릭하면 강도를 조절할 수 있습니다.

❽ **흐리게**: 슬라이드 조절로 사진이 바랜듯한 앤티크 효과를 줄 수 있습니다. 적절히 사용하면 고풍스러운 느낌을 줄 수 있습니다.

❾ **하이라이트**: 사진의 밝은 부분에서 좌/우로 슬라이드를 조절하여 밝은 부분은 더 밝게 하거나 어둡게 할 수 있습니다.

❿ **그림자**: 사진의 어두운 부분에서 좌/우로 슬라이드를 조절하여 사진의 어두운 부분을 더 밝게 하거나 어둡게 할 수 있습니다.

⓫ **배경 흐리게**: 슬라이드 조절로 사진 가장자리를 어둡게 만들 수 있습니다.

⓬ **미니어쳐 효과**: 사진의 포커싱(초점) 부분을 강조하는 것으로 방사형과 선형이 있습니다. 방사형은 가운데 원 모양을, 선형은 가운데 선 라인을 집중적으로 강조할 수 있습니다. 포커싱의 위치와 범위 영역을 동시에 효과 적용이 가능합니다.

⓭ **선명하게**: 사진이 흐리거나 탁할 경우 수치를 높이면 사진의 선명도가 높아집니다.

※ 각각의 수정 기능 하단에 '.' 표시가 되어 있으면 효과가 적용된 것입니다.

## ▣ 숏폼 영상으로 소통하다, 릴스

숏폼(짧은 영상 콘텐츠) 서비스는 디지털 생태계의 새로운 주류 플랫폼으로 확고히 자리를 잡았습니다. 중추적인 역할을 한 플랫폼은 다양한 촬영 기능과 영상을 간편하게 편집할 수 있는 '틱톡(TikTok)'

입니다. 짧은 시간 안에 사운드와 영상으로 즉각적인 소통이 가능하다는 장점이 MZ 세대들에게 크게 인기를 끌었습니다. 이에 인스타그램도 릴스(Reels) 메뉴를 추가하여 도전장을 내게 됩니다. 반응은 가히 폭발적이었습니다. 짧은 영상에 다양한 특수효과를 넣고 즐길 수 있는 소재들을 첨가할 수 있는 시청각 콘텐츠는 시대적 흐름이었기 때문입니다. 즉각적으로 짧은 영상을 만들어 의사소통이 자연스럽게 할 수 있는 릴스는 인스타그램의 핵심 콘텐츠로 사랑받고 있습니다. 인스타그램은 게시물, 스토리, 라이브에 이은 숏폼 영상 서비스 추가로 폭넓은 선택지가 가능한 소셜 네트워크 서비스가 되었습니다. 현재 '틱톡'과 인스타그램의 '릴스' 이외에도 페이스북의 '릴스', 유튜브의 '숏츠(Shorts)', 중국판 틱톡인 '더우인(douyin)', 넷플릭스의 '패스트 래프(Fast Laughs)[4]' 등이 많은 인기를 얻고 있습니다.

릴스 서비스가 사랑받을 수밖에 없는 이유로 첫 번째는 'B급 감성'의 콘텐츠를 적극적으로 수용하는 전략에 있습니다. 'B급 감성'은 '조금은 세련되지 않고 유치하며 촌스럽기도 한, 고급스럽지는 않지만 현대적인 감성과 특유의 유머 코드가 담긴 감성 혹은 문화'로 최근 젊은 세대 문화로 급속하게 인기를 끌고 있습니다. 정보 제공에 끝나지 않고 재미와 흥미를 추가적으로 제공하기 때문입니다. 짧은 영상 콘텐츠에 담긴 유쾌한 스토리는 누구에게나 흐뭇한 미소를 머금게 만들어 주고 있습니다. 릴스 서비스와 적절한 'B급 감성'의 융합은 사용자가 오랫동안 체류하면서 친근하게 즐길 수 있는 또 다른 감성 놀이터 공간으로 급부상하게 됩니다.

두 번째는 특별한 기능적 학습 없이 누구나 쉽게 영상 콘텐츠를 만들 수 있습니다. 릴스 메뉴를 클릭하면 기획, 편집 기술 등의 과정 없이 곧바로 영상 제작이 진행됩니다. 오디오(동영상에 배경 음악을 추가할 수 있는 기능), 효과(다양한 효과와 필터를 적용하여 창의적인 콘텐츠를 만들 수 있는 기능), 레이아웃(여러 장의

---

4 사용자 중심이 아닌 넷플릭스에서 제공하는 다양한 콘텐츠 중에서 일부분을 짧은 동영상 클립으로 볼 수 있도록 한 피드를 말합니다.

사진이나 동영상을 하나의 게시글로 결합하여 보여 주는 기능), 그린스크린(배경을 다른 이미지나 비디오로 바꿀 수 있는 기능), 직접 추가(동영상에 문구 캡션을 추가하여 시선을 집중하게 만드는 기능), 길이(15초, 30초, 60초, 90초), 듀얼(두 개의 동영상을 하나의 화면에 보여 줄 수 있게 해주는 기능), 재스처 컨트롤(손으로 제스처를 사용하여 동영상을 제어하는 기능) 설정으로 드라마틱한 영상을 제작할 수 있습니다. 끼와 재능을 가지고 있는 사용자라면 흥미로운 시청각 콘텐츠를 제공하는 인플루언서로 활동이 가능합니다.

세 번째는 짧은 시간 안에 공유하고 소비할 수 있습니다. 인스타그램 릴스의 또 다른 매력이라면 영상의 공유와 동시에 재생산할 수 있는 큐레이션 기능입니다. 영상 제작 완료 후 '홈 피드', '릴스 탭', '프로필 탭'에 공유가 가능하고 기존 릴스 영상을 불러와 '리믹스(사용자가 다른 사용자의 동영상을 선택 수정하여 게시글로 공유 가능)' 기능을 활용하면 쉽게 공유하고 친구들과 소통할 수 있습니다. 인스타그램 핵심 메뉴 영역에 릴스 영상의 노출은 친구들과의 소통할 수 있는 기회가 확장되는 것을 의미합니다. 이는 개개인의 존재감을 높여 주고 자기표현 욕구를 충족시켜 주고 있습니다. 인기 릴스 영상을 재가공하여 콘텐츠로 활용할 수 있는 기능은 자발적인 참여 유도로 바이럴 효과의 기회 창출이 가능합니다.

릴스는 개인에게 소소한 재미와 흥미를 제공하는 감성 놀이터 공간으로, 기업에게는 잠재고객 발굴과 홍보 채널로서 활용할 수 있는 비즈니스의 장이 될 것입니다. 누구나 손쉽게 영상 제작에 참여하고 빠르게 정보를 공유할 수 있는 숏폼 영상 서비스의 인기는 당분간 지속할 것으로 예상됩니다. 숏폼 영상이 주는 강력한 표현력과 메시지 전달은 상업적인 아이콘이 되면서 문화 코드로 확산되는 관문이 될 것입니다.

▲ 릴스 영상 제작 첫 화면　　　▲ 다양한 특수 효과 화면　　　▲ 특수 효과가 적용된 화면

## ⑤ 함께 보고, 함께 즐기고, 함께 공감하기

릴스 메뉴의 또 다른 매력있다면 '함께' 할 수 있는 공통분모가 있기 때문입니다. 일명 '배틀하기'로 기존 영상을 따라하는 챌린지라고 볼 수 있습니다. 현재 인스타그램 공간에서 다양한 챌린지 영상들이 올라오고 있습니다. '#방역왕챌린지', '#건강챌린지', '#극복챌린지', '#뷰티풀챌린지', '#약속챌린지', '#응원챌린지', '#댄스챌린지', '#한복챌린지', '#골든육아챌린지' 등 인플루언서 및 기업에서 이벤트 또는 행사 참여를 위해 진행하고 있습니다.

릴스 영상을 보다가 '나도 한 번 따라하고 싶다'라는 욕구가 생긴다면 참여해 볼 수 있습니다. 여러 명이 모여 지구를 지켜낸다는 '#지구방위대챌린지' 해시태그를 보고 참여해 봅니다. Lala and Lulu(@laluddu)님과 친구들이 함께 참여한 '바다는 우리가 지킨다'라는 영상입니다. 릴스 홈 화면에서 오른쪽 하단 위치한 더보기 (…)를 터치하면 팝업 메뉴가 표시됩니다. '리믹스'를 클릭하면 동영상 편집 화면

으로 이동합니다. 동영상 수정 및 추가가 끝나면 새
릴스 화면으로 이동하여 추가할 수 있습니다. 문구에
'#해시태그'를 추가하면 함께 보고 즐기고 공감할 기
회를 만들 수 있습니다.

▶ #지구방위대챌린지

▲ 바다는 우리가 지킨다 영상

▲ 릴스 리믹스 옵션

▲ 동영상 편집 화면

## ⑥ 실시간으로 소통을 즐기다, 라이브 방송

인스타그램에 라이브 방송 메뉴가 추가되면서 현장의 소식과 자랑하고 싶은 콘텐츠 영역이 확장되었습니다. 사진과 동영상은 시간차를 두고 친구들의 반응으로 관계가 이루어지지만, 실시간으로 진행되는 라이브 방송은 쌍방향 소통이 진행되면서 생생한 현장감을 그대로 전달할 수 있습니다. 한층 더 사실감 넘치는 정보 제공과 곧바로 반응을 확인할 수 있다는 장점은 라이브 방송이 주는 매력이 아닐까 합니다. 주류 SNS 채널에서 라이브 방송은 핵심 콘텐츠로 자리를 잡았고 쇼핑으로 비즈니스 기회가 확장되면서 지속적으로 투자하고 있습니다. 인스타그램 또한 쇼핑 기능을 확대하여 스토리에 제품 스티커를 도입하였고 홈 메뉴 탭에 'SHOP'이 추가되었습니다. 앞으로 라이브 방송이 새로운 소비 유통 트렌드인 커머스 연결로 시너지 효과가 나올 것입니다.

현재 촬영 편집된 동영상과 라이브 방송이 끝난 영상은 시리즈 메뉴에 추가됩니다. 시리즈에 다양한 카테고리를 만들어서 관리할 수 있습니다. 카테고리 명 변경은 시리즈 수정을 통해서 가능합니다.

■ 라이브 방송 홈 메뉴 구성

▲ 라이브 방송 홈

▲ 카메라 설정

❶ 오른쪽 상단의 '설정' 아이콘(◉)을 클릭하면 '카메라 설정' 화면으로 이동합니다. 라이브 방송에서 '특정 회원 숨김', '보관함 저장 옵션', 관리의 '전면 카메라를 기본으로 설정', 카메라 도구에서 화면 위치를 변경할 수 있는 '왼쪽', '오른쪽'을 확인할 수 있습니다.

❷ 라이브 방송 홈의 위를 살펴보면 현재 라이브 방송 진행 시 참여할 수 있는 팔로워들을 확인할 수 있습니다.

▲ 카메라 도구

▲ 상세 정보

❸ 오른쪽 중앙은 카메라 도구로 '상세 정보', '예약하기'가 있습니다.

❹ '상세 정보'에서 '제목 추가'와 '브랜드 파트너 추가'를 진행할 수 있습니다. '제목 추가'는 라이브 방송 주제와 관련된 내용으로 넣고, '브랜드 파트너 추가'는 승인받은 브랜드 파트너를 검색하여 추가합니다.

▲ 예약하기

❺ '예약하기'는 사전 예약 기능으로 시작 시간을 설정할 수 있습니다. 예약된 라이브 방송은 프로필에 표시가 노출됩니다.

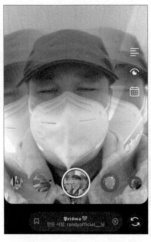

▲ 배경 효과　　　　　　　▲ 시리즈 홈

❻ 라이브 방송을 시작하기 전에 하단의 다양한 배경 효과를 적용할 수 있습니다. 은
은한 느낌 또는 차가운 분위기, 빈티지한 분위기, 반짝이는 별, 겨울에 내리는 눈,
반짝이는 은빛 물결, 몽환적인 느낌, 네온 사인 등 개성에 맞게 연출할 수 있습니다.
❼ 라이브 방송이 끝나면 시리즈 메뉴에 추가됩니다.

## 7 다시 릴스 영상을 만들다, 회원님을 위해 생성된 릴스

SNS 플랫폼에서 숏폼(short-form) 콘텐츠가 일상화되고 대세로 자리를 잡았
습니다. 여행, 음악, 댄스 챌린지 등의 짧은 길이의 영상 콘텐츠가 인기를 끌고
있습니다. 이용자 연령층은 다양해졌고 폭 넓은 주제의 콘텐츠들이 몇 초에서부
터 1분이 넘지 않는 숏폼 영상들이 꾸준히 올라오고 있습니다.

숏폼 콘텐츠가 지속적으로 사랑을 받고 이유는 언제 어디서나 모바일 기기로
접속해 시청할 수 있기 때문입니다. 또한 시청자가 깊게 주의력을 집중하지 않고
도 가볍게 즐길 수 있습니다.

현재 스마트폰 저장 공간에 보면 '재미있어 보일 때', '기억에 남기고 싶을 때',
'친구들에게 공유하고 싶을 때' 등등 다양한 동영상들이 있을 것입니다. '회원님을
위해 생성된 릴스' 메뉴는 릴스 동영상을 편집하여 공유할 수 있습니다.

▲ 회원님을 위해 생성된 릴스 화면

▲ 오디어 추가 화면

▲ 동영상 편집 화면

## 8 대화방에서 소통하다, 채널

인스타그램은 이미지 SNS로 2010년에 출시되어 릴스, 동영상 등을 올릴 수 있는 소셜 미디어 플랫폼으로 자리를 잡았습니다. 현재는 전 세계적으로 수백만 명의 사용자들이 활동하고 있습니다. 이번에 새롭게 대화방을 개설할 수 있는 '채널' 메뉴가 추가되었습니다. 기존에는 쪽지로 일대일 대화만을 진행할 수 있었는데, 이제는 대화방을 개설하여 다양한 친구들과 소통을 즐길 수 있습니다. 관심 주제에 맞는 대화방을 개설해 보세요.

▲ 채널 개설 화면

▲ 채널 소통 화면

▲ 문화생활 채널 노출 화면

# 강력한 마케팅 도구, 해시태그

해시태그(#)는 SNS 마케팅 도구로, 공유와 감정 표현 등 다양한 기능을 갖추고 있어
해시태그 전략을 잘 세워야 합니다.
#인스타그램잘하기 #해시태그

해시태그(Hash tag)는 SNS상의 특정 주제에 대한 일종의 '꼬리표'로 특정 단
어 또는 문구에 해시(#)를 붙이면 연관된 정보를 모아서 볼 수 있도록 도입된 기
능입니다. 현재 소소한 일상에서부터 특정 관심사를 쉽게 공유하고 검색의 편리
함을 제공하는 매개체 역할을 하고, 세상과 친구들을 가깝게 연결하는 명확하고
간편한 기호로 확고히 자리를 잡았습니다.

효과적으로 사회관계망서비스(SNS)를 사용하는 분이라면, 즉시성과 파급력이
얼마나 강력한지 알 수 있습니다. 짧은 시간 안에 원하는 정보를 습득할 수 있고
자발적으로 메시지가 전파되는 버즈 마케팅(buzz marketing)[5]의 실현이 가능합
니다. 개인은 소통 도구로, 기업은 상품 마케팅과 브랜딩으로 활용하면서 필수적인
도구가 되었습니다. 짧은 시간 안에 효과적이고 편리하게 정보들을 탐색하고 공

---

5 소비자들이 상품 구매 후 후기와 경험들을 말하는 것으로 수많은 꿀벌이 윙윙거리는(Buzz) 것과 같다는 의미를 가지고 있습니다. 기업이 최
저비용으로 홍보 효과를 극대화하기 위해 많이 활용하고 있는 방법입니다. 자발적인 입소문 발생 유도는 시간과 노력, 금전적 투자가 필요하
지만, 획기적인 아이디어와 창의적인 스토리가 반영되면 바이럴 효과를 높일 수 있습니다.

유가 가능하도록 도움을 주는 해시태그의 역할은 시간이 지날수록 복잡해지는 네트워크 환경 속에서 보다 중요해지고 있습니다. 또한 해시태그는 감정표현이라는 추가적인 정보를 제공합니다. 인스타그램은 사진과 동영상으로 게시물을 올리면서 내용은 길게 작성하지 않는 플랫폼입니다. 동영상은 시각, 청각 정보 제공으로 어느 정도 내용 파악이 가능하지만, 사진은 내용이 추가되지 않으면 완벽하게 전달하기 어렵습니다.

한 예로 맛집에서 사진을 찍어서 올리고 내용은 간단하게 '여기서 점심 식사합니다'를 입력합니다. 여기서 알 수 있는 내용은 사진에 찍힌 매장과 음식, 점심 식사 정도입니다. 여기에 감정이 반영된 해시태그를 넣으면 부족한 정보를 보충할 수 있습니다. '#손님이매장이가득', '#매콤한국물이최고', '#밑반찬이맛있어요', '#7080음악이매력' 등과 같은 해시태그가 들어가면 "분위기 있는 곳에서 맛있는 점심 식사를 했구나"라는 메시지 전달이 가능합니다.

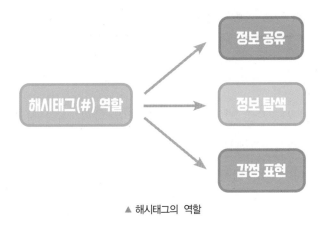

▲ 해시태그의 역할

게시물을 살펴보면 사진으로 콩나물국밥이라는 것과 내용에서 착한 가격이라는 정보를 알 수 있습니다. 해시태그로 가격정보, 위치, 식사시간, 음식에 대한 느낌을 추가적으로 제공하고 있습니다.

▲ 콩나물국밥 게시물 사례

▲ 칼국수 게시물 사례

게시물을 살펴보면 사진으로 칼국수라는 것과 추운 날씨, 저녁 식사라는 정보를 알 수 있습니다. 해시태그에서 국물에 대한 느낌, 위치, 감정 정보를 추가적으로 제공하고 있습니다. 댓글에서 핵심 태그 추가로 정보 검색과 공유의 기회를 확보할 수 있습니다.

인스타그램 교육 및 컨설팅을 진행해서 많은 질문을 받는 것이 "해시태그는 몇 개를 사용하면 좋을까요?"입니다. 영향력 있는 인플루언서들은 보통 10개에서 15개 정도 사용하고 있습니다. 이 숫자가 정답이라고는 할 수 없습니다. 인지도가 높고 고정 팬이 많은 사용자라면 적당히 수의 해시태그를 넣고, 일반적으로 활용하고 있는 사용자라면 되도록 해시태그를 많이 활용하는 것을 제안드립니다. 현재 인스타그램 해시태그는 30개까지 추가가 가능합니다. 게시물에 해시태그가 폭넓게 반영되면 그만큼 검색이 되고 공감을 받을 수 있습니다. 주제와 상황에 따라 해시태그를 관리하여 해시태그 전략을 잘 세우면 효과적으로 해시태그 마케팅을 실행할 수 있고 정보의 접근성과 확산성 확보로 손쉽게 친구들과 소통이 가능합니다. '해시태그 관리 앱'에서 추가적으로 설명하겠습니다.

## 1 해시태그 활용 백서

해시태그는 자신의 마음을 표현하고 다양한 관심사를 다른 사용자들과 공유하는 키워드입니다. 현재 주류 SNS 플랫폼에서 핵심 기능으로 사용되고 추가적인 정보 제공, 빠른 정보 탐색, 정보 축약, 감정 표현 등 활용 범위가 넓습니다. 적재적소에 맞는 해시태그를 사용하면 스토리 경쟁력을 높이고 잠재적인 고객 확보가 가능합니다. 대한민국 인스타그래머(인스타그램 사용자)들은 한 게시물에 해시태그를 전 세계 평균에 대비 약 2.9배 더 많이 사용하고 있습니다. 이는 해시태그가 주는 기대가치와 사용자들의 관심사 파악이 쉽다는 것을 짐작할 수 있습니다. 한발 앞설 수 있는 해시태그 활용에 대해서 살펴보겠습니다.

### ■ 홍보 이벤트

기업에서 쉽게 활용할 수 있는 해시태그 마케팅으로 해시태그 추가 이벤트를 진행할 수 있습니다. 신상품 론칭, 사용 후기, 인증샷 등 다양하게 고객 참여의 기회를 만들 수 있습니다.

> **예시**
>
> 제품 후기 이벤트 – 가구 사진 찍고 필수 해시태그와 함께 후기 게시물 올리기
> 독서 인증샷 이벤트 – 지금 읽은 책 인증샷을 해시태그와 함께 올리기
> 먹스타그램 인증샷 이벤트 – 먹방 사진을 찍은 후 해시태그 추가와 함께 올리기

## ■ 개인 vs 기업 브랜딩

인스타그램 인플루언서로 활동하거나 기업의 상표와 브랜드를 관리하는데 핵심 해시태그 활용은 중요합니다. 해시태그를 개인 브랜딩에 활용하여 강의 또는 컨설팅을 진행할 때 해시태그를 사용할 수 있습니다. 소상공인·중소기업도 기업 미션, 비전, 슬로건을 해시태그로 활용하여 브랜딩에 활용해 볼 수 있습니다.

> **예시**
>
> #고객감동끝까지, #자연의창영, #길을만드는대학, #안전은권리입니다, #더뱅크신한

## ■ 위기관리 대응

해시태그의 장점이자 강점은 짧은 시간 안에 정보 습득에 있습니다. 특정 위치에서 사고가 발생하거나 위기상황을 알리고 싶을 때 해시태그를 활용하면 빠르게 대응할 수 있습니다. 2016년에 개봉한 〈허드슨강의 기적〉이라는 영화를 보면 2009년 1월 15일, 뉴욕 허드슨강에 US 에어웨이즈 1549편 비행기가 불시착한 사고를 다룬 스토리로 승객과 승무원을 포함한 155명 전원의 목숨을 살렸습니다. 기장 체슬리 설런버거의 조종 실력과 빠른 판단이 있었기에 큰 사고로 연결되지 않았습니다. 당시 이 수상 착륙 소식은 미국의 케이블 뉴스 채널인 CNN 방송보다 트위터를 통해 더 빨리 알려졌습니다. 이로 인해 다양한 매체로 퍼져나갔고 기관에서 사고 수습을 빠르게 진행할 수 있었습니다.

국내의 대표 공공기관도 이를 적극적으로 활용하면 어떨까요? CCTV가 설치된 곳은 즉각적으로 관제센터에서 정보를 알 수 있지만, 설치되지 않은 곳은 누군가 알려주지 않으면 모릅니다. 서울교통공사, 한국도로공사, 산림청, 해양경찰청, 해양수산부 등에서 공식 해시태그를 만들어 활용하면 실시간으로 올라오는 사고 소식 등을 파악해 빠르게 대응할 수 있을 것입니다.

**예시**

#서해안고속도로교통사고, #광교산형제봉산악사고, #강원도산불발생

■ 커뮤니티 단체 활동

여러 명이 함께 여행을 가거나 단체 활동을 할 때 느낌과 분위기를 파악하고 싶을 때가 있습니다. 이럴 경우 해시태그를 만들어 게시물을 공유하면 현재의 생각과 감정들을 파악할 수 있습니다.

**예시**

#주말광교산등산정상, #부산해운대P기업연수, #호서대학교창업동아리

■ 따라 할 수 있는 챌린지

릴스에서 잠깐 언급을 한 챌린지는 주어진 미션을 확장하는 형태의 참여형 이벤트로 함께 참여하고 즐길 수 있는 따라 하기 행사입니다. "정말 재미있네!", "너무 흥미진진해!" 라는 생각이 들면 한 번쯤 참여하고 싶어집니다. 최근에는 좋은 취지와 의미가 있는 공익적 목적의 릴레이 챌린지가 많아지고 있습니다. 사회적 공감대 형성이 가능해서 참여도가 높습니다. 챌린지에 유쾌하고 유익한 의미, 공익적인 요소가 반영되면 시선이 집중될 것입니다.

**예시**

#노담(No담) – 금연 캠페인
#페트라테 – 페트병의 라벨을 떼고 버리자 캠페인
#고고챌린지 – 생활 속에서 플라스틱 사용을 줄이는 실천 운동 캠페인

## ❷ 해시태그 관리 앱

인스타그램 게시물에 적합한 해시태그와 인기 해시태그를 넣을 때 일일이 타이핑하여 추가하기가 쉽지 않아 "어떻게 하면 효과적으로 넣을 수 있을까?"하고 고민해 보았을 것입니다. 해시태그가 3개에서 5개 정도 추가될 경우 별문제 되지 않지만, 해시태그가 10개가 넘어가면 시간적으로 부담이 되어 다가오고 막상 추가하려고 해시태그를 생각해 보자면 쉽게 떠오르지도 않습니다. 이럴 경우에는 톡톡 튀는 아이디어와 실용성이 적용된 앱(App)들을 잘 활용하면 됩니다. 수많은 앱 중 재미와 흥미를 주는 것도 있지만, 일상생활과 업무에서 느끼는 불편함을 해결해 주는 도우미 앱들이 있습니다.

여기에서는 인스타그램 게시물에 여러 개의 해시태그를 넣을 수 있는 '해시태그 관리 앱'에 대해서 소개합니다. 사전에 제목과 맞는 해시태그들을 정리해 놓고 한 번에 복사해서 사용하면 해시태그를 추가하는 시간이 줄어듭니다. 이 앱을 잘 사용하면 해시태그들을 효과적으로 관리할 수 있고 게시물의 내용을 충실하게 올릴 수 있습니다. 안드로이드폰 또는 아이폰의 플레이(앱) 스토어에서 해시태그(hashtag)를 검색하면 다양한 앱들이 검색됩니다. 기능과 편의성을 고려하여 '해시태그 관리 앱'을 선택하고 '제목'과 '상황'에 맞는 해시태그들을 추가합니다. 아이폰은 'Hashtag Note', 안드로이드폰은 '태그야 놀자' 등이 있으며, 대부분 '해시태그 관리 앱'은 해시태그 추천, 추가, 복사, 저장, 수정 등의 기능이 있습니다.

■ 해시태그 노트 활용

▲ Hashtag Note

❶ 각각의 제목에 맞춰 해시태그가 추가된 화면

❷ 새로운 리스트의 제목을 추가합니다.

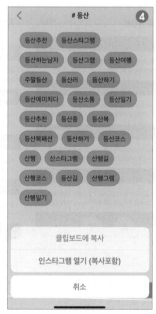

❸ '등산' 해시태그들을 복사하여 인스타그램 게시물에 추가합니다.

❹ 제목과 관련된 해시태그들을 추가합니다.

■ 태그북 활용

▲ 태그북

▲ 태그북 홈 화면

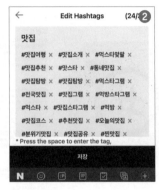

❶ 태그북 홈 화면에서 추가된 해시태그 목록을 살펴볼 수 있습니다.

❷ 주제에 추가된 해시태그 목록을 클릭하면 복사되며, 수정 및 추가가 가능합니다.

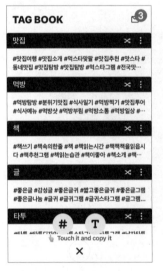

❸ #️⃣ 버튼을 클릭하면 인기 해시태그 추천해 주며, T️ 버튼을 클릭하면 해시태그를 추가할 수 있습니다.

❹ 주제 오른쪽에 있는 '✕' 아이콘을 클릭하면 해시태그 위치를 변경할 수 있습니다. 동일한 해시태그를 지속적으로 사용하면 스팸 게시물이 될 수 있어서 적절히 활용하면 됩니다.

## ❸ 해시태그 분석하여 활용하기

인사동에서 떡볶이 매장을 운영하는 사장님이라면 '내가 아침에 만든 떡볶이 사진에 '좋아요'와 '댓글'이 얼마나 달릴까?', '음. 언제쯤 인스타그램에 게시물[6]을 많이 보고 반응이 일어날까?'같은 의문이 들 것입니다. 또한 이 질문은 서비스 업종을 운영하는 분이라면 동일하게 고려할 사항입니다. 처음부터 지역 검색과 해시태그로 타깃팅하여 친구들을 추가할 수 있지만, 내가 올린 사진에 공감적인 반응을 기대하는 것은 쉽지 않습니다.

인스타그램 피드에는 매일같이 어마어마한 수량의 게시물[7]들이 올라오고 있습니다. 우리 매장의 충성 고객 또는 팬이라면 '좋아요' 정도의 러브마크(Lovemark)를 보내줄 것입니다. 그렇지만 사진의 감도와 흥미 있는 소재가 아니라면 일반적으로 건너뛰게 될 가능성이 높습니다. 어떻게 하면 게시물을 최적화(잠재 고객 타기팅(targeting)으로 게시물을 효과적으로 노출시키는 것)하여 효과를 기대[8]할 수 있을까요? 무의미하게 게시물을 올리는 것보다 '요일'과 '시간'에 맞춰 게시물을 올리게 되면 어느 정도 전략적으로 접근해 볼 수 있습니다.

효과적으로 해시태그를 분석하여 활용이 가능한 메디언스에서 운영하는 '해시태그 랩(https://tag.mediance.co.kr)' 서비스를 소개합니다. 데이터 기반으로 인스타그램 해시태그를 분석하고 연관 해시태그들을 발굴할 수 있습니다. 해시태그 분석 내용에는 해시태그 포스트 수, 해시태그 상위 비율, 해시태그의 반응 상위 비율, 인기 포스트 반응, 해시태그 경쟁 지수 추이, 해시태그 트리, 인기 포스트의 광고/비광고 추이, 인기 포스트의 유형별 비율 추이, 인기 포스트 업로드 주기, 해시태그 포스트 추이, 인기 포스트의 반응 추이 등이 있습니다.

---

6 인스타그램 피드에 노출되는 게시물의 경우에는 사람 관계 중심으로, 유튜브는 관심사에 맞춰 노출이 됩니다.

7 2022년 socialpilot(https://www.socialpilot.co)의 소셜미디어 보고서에 의하면 인스타그램에는 일일 평균 42억여 개의 게시물이 공유되고 있습니다.

8 소비자의 높은 충성도를 가진 브랜드로 꾸준하게 존경과 사랑을 받는 것을 의미합니다. 혁신적인 광고대행사 사치 앤 사치(Saatchi & Saatchi)의 CEO인 케빈 로버츠(Kevin Roberts)가 주창한 개념입니다.

◀ 태그 메디언스 홈의 해시태그 랩

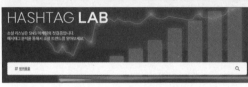

◀ '반려동물' 해시태그에 대한 분석 화면

'요약정보'에서 분석한 해시태그의 상위 비율과 반응 기준을 살펴볼 수 있습니다.

▲ 요약정보 화면

위의 요약정보 화면에서 보여주는 차트는 해시태그의 포스트 수, 상위 비율, 반응 평균과 반응을 나타냅니다. 분석한 해시태그의 상위 비율 정보와 해시태그가 포함된 인기포스트의 반응 평균과 반응 범위를 파악할 수 있습니다. 반응 분석 요소에는 '좋아요', '댓글', '점유시간'이 있습니다. '점유시간'은 한 게시물이 인기 게시물로 유지되는 평균 시간을 나타냅니다. 점유시간이 낮을수록 해당 해시태그가 있는 게시물이 자주 올라가는 것을 의미합니다.

영향력에서 해시태그 경쟁 현황, 해시태그 트리, 연관 태그 TOP 5 정보를 파악할 수 있습니다.

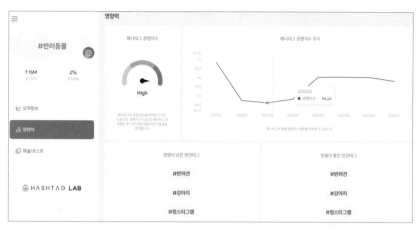

▲ 영향력 화면

'해시태그의 경쟁지수'는 경쟁 정도를 파악할 수 있습니다. 경쟁지수가 낮으면 해시태그가 포함된 포스트의 평균 점유 시간이 높다는 것을 의미합니다. '해시태그 경쟁지수 추이'에서 해시태그의 월별 경쟁지수 변화를 파악할 수 있습니다. '경쟁이 낮은 연관태그'와 '반응이 좋은 연관태그'에서 사용자들에게 노출 빈도가 높은 태그와 반응이 좋은 태그를 파악할 수 있습니다.

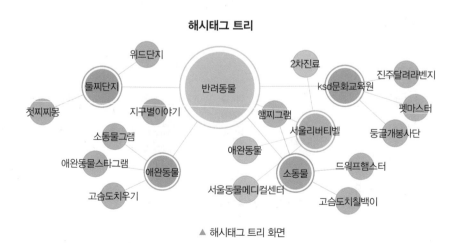

▲ 해시태그 트리 화면

인기 게시물의 해시태그 데이터를 분석하여 연관 해시태그들을 보여주는 차트입니다. 해시태그와 연관성의 정도에 따른 태그 구성을 파악할 수 있으며 핵심, 인기 해시태그 발굴이 가능합니다.

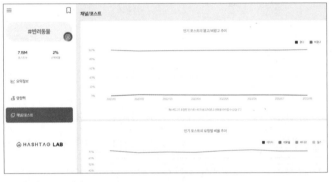

▲ 연관 태그 TOP 5 화면

가장 많이 사용된 해시태그 순위를 보여주며 포스트 수, 반응 평균값, 점유시간을 알 수 있습니다. 연관 태그를 클릭하면 분석 정보 페이지로 이동합니다.

▲ 채널/포스트 화면

'채널/포스트'에서 인기 포스트의 광고/비광고 추이, 유형별 비율 추이, 업로드 주기, 해시태그 포스트 추이, 인기 포스트의 반응 추이, 해시태그 상위 비율 추이를 파악할 수 있습니다.

'인기 포스트의 광고/비광고 추이'에서 해시태그가 포함된 인기 포스트의 광고/비광고 변화를 파악할 수 있습니다. '인기 포스트의 유형별 비율 추이'에서 해시

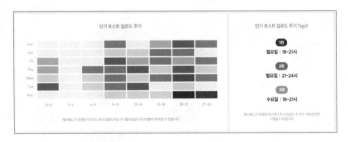

▲ 인기 포스트 업로드 주기 화면

태그가 포함된 인기 포스트의 유형별(이미지, 캐로셀[9], 비디오, 릴스) 변화를 파악할 수 있습니다.

'인기 포스트 업로드 주기'는 인기 게시물의 반응'에서 획득한 수치와 업로드된 시간대를 통계화한 차트입니다. 색상이 진할수록 반응이 높게 나타나는 것을 의미합니다. 좋아요, 댓글이 가장 많이 발생한 요일과 시간대를 비교해 볼 수 있습니다.

#반려동물 해시태그가 추가된 인기 포스트 반응이 높았던 요일은 월요일이고, 시간은 18시~21시, 21시~24시입니다. 해시태그가 포함된 인기포스트의 반

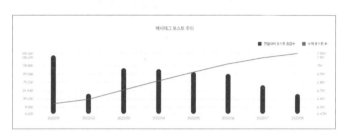

▲ 해시태그 포스트 추이 화면

응과 점유시간을 알 수 있다면 효과적으로 인스타그램 게시물을 올릴 수 있습니다.

전월대비 포스트 증감 수와 누적 포스트 수를 차트로 살펴볼 수 있습니다.

월별 인기 포스트의 반응 현황과 해시태그 상위 비율 변화를 파악할 수 있습니다.

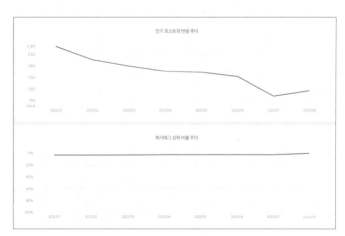

▲ 인기 포스트의 반응 추이와 해시태그 상위 비율 추이 화면

---

9 슬라이드 형태로 시선을 사로잡는 비주얼 광고 노출 방식입니다.

# 또 다른 경쟁 플랫폼, 핀터레스트

핀터레스트는 인스타그램의 대항마로 자리잡은 이미지 SNS입니다.
전문적으로 사용할 수 있고 홈페이지로도 활용이 가능합니다.
#앨범만들기 #핀터레스트

인스타그램의 대항마로 떠오르고 있는 핀터레스트(Pinterest)는 SNS 앨범이라는 차별화된 서비스로 또 다른 즐거움과 소소한 재미를 선사하며 사진 언어문화 시대를 시작했습니다. 인스타그램은 홈 피드에서 게시물을 확인하고 스토리 또는 리그램으로 게시물로 가져올 수 있고, 핀터레스트는 홈 피드에서 보드(앨범 만들기)에 스크랩하여 가져올 수 있습니다. 인스타그램은 재미와 흥미 중심의 스토리가 주류를 이루지만, 핀터레스트는 아름다운 예술 작품 또는 표현력과 분위기 있는 콘텐츠가 많이 올라옵니다.

코로나19 팬데믹 사태로 비대면 시대가 되었을 때, 하늘길이 막혀 해외여행을 떠나지 못하는 안타까움을 핀터레스트에서 해외여행 사진들을 보며 위안을 삼았습니다. 이름만으로도 아름다움이 묻어나는 '필리핀의 보라카이 섬', 수많은 삶의 이야기와 걷는 자를 위한 도시로 유명한 '프랑스의 파리', '인도양의 에메랄드'라는 별칭답게 다채로운 볼거리가 있는 '말레이시아의 페낭', 도시와 자연을 한눈에 바라볼 수 있고 동서남북 에메랄드빛 바다를 품고 있는 '미국령 휴양도시 괌' 등 세계 여러 나라의 잘 알려진 여행 대표 명소, 즐길 거리, 맛집들을 시간 가는 줄 모르고 즐길 수 있습니다.

핀터레스트는 체계적으로 보드(앨범)[10]를 만들어 사진 또는 동영상을 관리하거나 친구들과 소통하며 공유(핀)[11]해 배포할 수 있습니다. 글이나 말로 소통하는 것처럼 사진으로도 표현할 수 있는 문화가 만들어졌습니다. 핀터레스트는 SNS 열풍이 불었던 북미 지역을 중심으로 폭발적인 인기를 끌고 있습니다. 국내에서는 개인과 기업이 적극적으로 활용하고 있으며, 2014년부터 한국어 서비스를 시행하면서 핀터레스트에 대한 관심이 높아져 사용자가 꾸준히 늘고 있습니다.

핀터레스트 사용자의 대부분은 여성으로 음식, 패션, 여행 중심의 업데이트가 이어지고 있습니다. 주로 맛있는 음식 사진과 멋있는 유행을 좇는 패션 사진을 검색하기 위해 이용하며, 관심 있는 사진에는 핀을 꽂아 앨범에 스크랩하여 '나만의 멋진 SNS 앨범'을 가질 수 있습니다. SNS 환경에서 또 다른 즐거움과 소소한 재미를 선사해 줍니다.

왼쪽 상단에는 '바로가기', '만들기', '분석', '광고', '비즈니스' 메뉴가 있습니다. '바로가기'에는 핀터레스트의 지난 30일 동안 통계 정보를 확인할 수 있는 '비즈니스 허브'와 홈으로 이동할 수 있는 '홈피드'가 있습니다. '만들기'에는 광고를 실행할 수 있는 '유료 핀 만들기'와 '일반 핀 만들기' 메뉴가 있습니다. '분석'에는 '개요', '독자 인사이트', '전환 인사이트', '트렌드'가 있습니다. '개요'에서 전체 성과와 인기 핀을 확인할 수 있고, '독자 인사이트'에서는 카테고리 및 관심사, 나이, 성별 등을 살펴 볼 수 있습니다. '전환 인사이트'에서 수익 및 전환에 대한 광고 총 영향을 구체적으로 분석할 수 있고, '트렌드'에서는 최근 30일 동안 인기있는 핀과 경향 파악이 가능합니다. '광고'는 광고를 실행할 수 있는 메뉴로 캠페인 만

---

10 윈도우 OS의 폴더와 같은 의미로 '사진을 모아 붙이는 앨범'을 의미합니다.
11 핀터레스트에 사진을 업로드(보드에 꽂아 놓은 사진)하는 행위를 말합니다. '피닝(Pinning)'이라고도 부릅니다.

들기, 핀 홍보, 보고서 등을 확인할 수 있습니다. '비즈니스'에는 팀 설정 및 파트너 추가가 가능한 '비즈니스 관리자', 결제 설정이 가능한 '결제 정보', 전환 추적으로 타겟팅 할 수 있는 '전환수', 구독자를 만들어 특정 그룹과 소통할 수 있는 '독자'가 있습니다. 오른쪽 상단에는 검색, 업데이트 알림, 메시지, 참여도, 프로필 수정, 내 프로필, 계정 및 기타 옵션 메뉴가 있습니다. 영어 버전으로 표시된다면 '계정 및 기타 옵션 > 설정'의 '계정 관리'에서 언어를 변경하면 됩니다.

▲ 핀터레스트 대표 메뉴

핀터레스트는 기존 SNS와 차별화된 전략으로 시각 언어의 플랫폼을 시작했고 개인별 맞춤 큐레이션이 가능하도록 만들었습니다. 저작권 침해 논란에 관한 문제는 아직 해결되지 않았지만, 어떤 방향으로 진행할지 결과가 주목됩니다. 페이스북 또는 구글, 이메일로 가입할 수 있는 핀터레스트의 구성 요소에 대해 알아보겠습니다.

▲ 핀터레스트 홈

## ▣ 관심 있는 이미지를 수집한다

핀터레스트는 엑스와 같은 팔로우, 팔로잉 개념의 개방적인 소통으로 친
구들과 정보를 공유할 수 있습니다. 계정이 만들어지면 사용자의 개성이
나 취향에 따라 손쉽게 앨범을 공유하고 알릴 수 있습니다.

■ 핀 만들기

◀ 사진 또는 동영상을 올릴 수 있는 '핀 만들기'

핀터레스트에 핀을 꽂아 보겠습니다. 왼쪽 상단 '핀터레스트 > 만들기'의 '핀
만들기' 또는 '내 프로필 > 저장됨'으로 이동하여 '+' 아이콘을 클릭해 '핀 만들기'
를 클릭합니다. 이미지 또는 동영상 파일(Pinterest는 20MB 미만의 고화질 .jpg
파일 또는 200MB 미만의 .mp4 파일 사용 권장)을 추가합니다. 'URL에서 저장'
은 특정 웹사이트 주소를 검색하여 웹상에 저장된 이미지를 추가할 수 있는 옵션
입니다. 다음으로 '제목', '설명', '링크 추가(랜딩 페이지)'를 진행합니다. '링크'는
핀과 관련된 URL 주소를 추가할 수 있습니다. '보드(앨범)'는 선택 또는 '보드 만

들기'로 보드를 추가합니다. '태그된 주제'는 게시물과 관련된 태그를 추가할 수 있습니다. 태그 검색에서 추천하는 태그만 추가할 수 있습니다. '나중에 게시'는 일정과 시간을 선택하여 게시할 수 있으며, '추가 옵션'에서 댓글 달기와 상품 표시하기 설정이 가능합니다.

■ 핀터레스트 계정 설정

▲ 계정 설정 화면

핀터레스트 계정 설정에 대해서 살펴보겠습니다. '프로필 수정'은 사용자 계정의 기본 정보로 사진, 이름, 소개, 웹사이트 주소, 사용자 이름, 이메일 주소 등을 넣을 수 있습니다. '계정 관리'는 계정 유형 변경, 개인 정보, 계정 운영 목표, 계정 활성화 설정이 가능합니다. '프로필 공개 여부'는 핀터레스트에서 프로필 조회 여부를 관리할 수 있습니다. '홈 피드 조정'은 사용자가 최근에 본 이미지를 살펴볼 수 있는 '활동', 관심 사항을 관리할 수 있는 '관심사', 사용자가 만든 '보드', 내가 팔로우한 친구들의 '팔로잉'을 관리할 수 있습니다. '소유권이 표시된 계정'은 웹사이트에 사용자의 소유권을 표시할 수 있어 상품 노출 및 브랜딩을 효과적으로 높일 수 있습니다. '핀 일괄 만들기'는 RSS 피드를 연결하여 핀을 자동 게시하거나 '.csv 파일'을 사용하여 동영상과 이미지 핀을 일괄적으로 만들 수 있습니다. '소셜 권한'은 친구들과 상호작용하는 언급 허용 범위, 메시지, 댓글, 동영상 핀 다운로드, 동영상 자동 재생 권한을 설정할 수 있습니다. '알림'은 이메일, 푸시 알람 옵션이 있습니다. 특히 이메일은 팔로우가 많을 경우 스팸(spam) 메일이 될 수 있어 필요한 항목만 체크 표시하는 것을 추천합니다. '개인정보 및 데이터'는 광고 맞춤 설정, 데이터 및 계정 삭제, 데이터 요청하기 설정이 가능합니다. '보안'은 이중 인증, 로그인 옵션, 연결된 기기 목록 확인하기 등 보안 기능을 설정할 수 있습니다. '브랜드 콘텐츠'는 자격 기준, 수익을 창출 할 수 있는 정보를 파악할 수 있습니다.

## ② 나만의 앨범을 만들다, 보드와 핀

핀터레스트(www.pinterest.com)에는 시선을 사로잡는 다양한 콘텐츠들이 오감을 자극하며 클릭을 유도합니다. 보고 넘어가는 것이 아쉽다면 나만의 앨범으로 수집해 간직할 수 있습니다. '핀'  은 관심 있는 사진에 핀을 꽂아 내 앨범에 보관한다는 의미로, 사용자들의 공감 요소와 사이트 정보를 살펴볼 수 있으며 SNS로 공유할 수도 있습니다. 핀터레스트에 업데이트된 이미지를 수집하기 위해서는 '선택창'에서 보드 선택 또는 만들기를 한 후 저장 버튼을 클릭하면 됩니다. 이미지를 추가한 보드 선택이 잘못되어 변경하고 싶거나 내용을 추가하고 싶을 때 '연필' 아이콘(✏️)을 클릭하면 됩니다. 또한 SNS 및 친구들에게 핀 보내기와 숨기기, 다운로드, 신고를 할 수 있습니다.

▲ 보드 만들기 화면

▲ 핀 수정하기 화면

■ 핀터레스트를 활용해 얻을 수 있는 효과

- 체계적인 앨범 구성으로 이력 제공이 쉽다.
- 'Pin'이라는 공유 도구를 활용해 공감 지수를 파악할 수 있다.
- 다양한 소셜 미디어를 연동해 구전 효과를 얻을 수 있다.
- 스토리에 URL을 삽입해 추가 정보를 제공할 수 있다.
- 이미지 홈페이지 활용할 수 있다.
- 웹사이트 주소 및 동영상 주소를 수집해 자료 앨범을 만들 수 있다.

■ 국내·외의 큐레이션 이미지 플랫폼

- 공공누리(http://www.kogl.or.kr)
- 공유마당(https://gongu.copyright.or.kr)
- 픽사베이(https://pixabay.com/)

국내의 대표적인 큐레이션 이미지 플랫폼으로 '공공누리(http://www.kogl. or.kr)'와 '공유마당(https://gongu.copyright.or.kr)'이 있습니다. 이들은 국가, 지방자치단체, 공공기관이 4개의 공공누리 유형 마크로 개방한 공공저작물 정보를 통합하여 제공하는 서비스입니다. '공공누리'는 저작물별 적용된 유형별 이용조건에 따라 저작권 침해의 부담 없이 무료로 자유롭게 이용 가능하며, 이용허락 절차가 간소화되어 있어 무료로 자유롭게 이용할 수 있습니다.

'공유마당'은 한국저작권위원회에서 운영하는 서비스로 이미지, 영상, 음악, 무료 폰트 등을 저작물이용허락표시(CCL) 조건에 따라 사용할 수 있습니다.

'픽사베이(https://pixabay.com/)'는 저작권이 없는 다양한 사진과 이미지, 일러스트, 벡터이미지, 음원 등을 공유하는 창작자 커뮤니티 사이트입니다. 모든 콘텐츠는 픽사베이 라이선스로 출시되며 다운받은 콘텐츠들은 상업적으로 사용 가능하고 저작권이 해결되어 사진 출처를 남기지 않아도 됩니다.

유니클로(http://www.pinterest.com/uniqlo)는 일본 중저가 캐주얼 의류 브랜드로 전 세계에서 인기를 얻고 있습니다. 특히 소셜 미디어를 효과적으로 활용해 창의적이고 독창적인 프로모션을 진행하는 기업으로 유명합니다. 핀터레스트를 활용한 프로모션 중 웹 사용자 경험(UX) 특성의 활용 사례를 살펴보겠습니다.

일반적으로 웹 서핑을 하다가 긴 이미지가 나오면 사용자는 스크롤하게 됩니다. 유니클로 핀터레스트는 이러한 사용자 행동을 접목해 주목도를 높여 이미지를 폭풍우가 내리듯이 길게 나타내어 시선을 유도했습니다. 사용자는 결과에 대한 호기심과 궁금증으로 스크롤 바를 움직여 핀터레스트가 이미지 중심의 레이아웃이라는 장점을 최대한 살린 사례로 평가받고 있습니다.

▲ 유니클로 핀터레스트 계정

경향신문(http://www.pinterest.com/kyunghyang)은 다양한 섹션을 세분해 앨범으로 만들었습니다. 매일 새로운 콘텐츠를 만드는 매체이므로 시선을 사로잡는 이미지가 클릭을 유도합니다. 특히 'Kyunghyang face' 앨범은 신문 전면을 이미지화해 핵심적인 헤드라인으로 소개하고 있습니다. 이미지 한 장으로 간략화한 1면을 살펴보면 또 다른 시각적 재미를 느낄 수 있습니다.

▲ 경향신문 핀터레스트 계정

영등포구 포토소셜역사관 '시간여행'(https://www.pinterest.co.kr/ydpoff
ice)은 영등포구의 변천사를 살펴볼 수 있는 역사관입니다. 구한말 이후부터 영등
포구가 어떻게 변화하고 발전하였는지 시대적 배경과 사건을 살펴볼 수 있습니다.
영등포구에 사는 MZ 세대들에게는 SNS 앨범을 보면서 느껴보지 못한 과거의 기
록을 되새길 기회가 될 것입니다.

▲ 영등포구 포토소셜역사관 핀터레스트 계정

Part

4

# 비대면 시대, 음성으로 소통하는 클럽하우스

# 귀를 사로잡은
# 4세대 음성 기반 SNS

주류 SNS 플랫폼 틈새에서 새롭게 뜨고 있는 음성 SNS!
상상의 세계로 인도해주는 클럽하우스를 즐겨보는 것은 어떨까요?
#클럽하우스이해하기

SNS 플랫폼은 IT 인프라와 스마트폰의 진화 속에 급속하게 진화하고 있습니다. 기술의 변화 속도에 맞추어 보다 다양한 서비스가 추가되고 고객 편의형 기능들이 추가되고 있는 상황입니다. "언제 이렇게 UI(User Interface, 사용자 인터페이스)가 바뀌었지?", "이런 기능이 추가되었지?" 하는 질문을 하게 만들 때가 있습니다. 어쩔 수 없이 적응하기 위해 기대 반 설렘 반으로 사용하게 됩니다. 새롭게 추가된 기능이 간편하고 재미있으면 일상의 스토리가 쌓이는 공간으로 자리를 잡지만, 기대 이상의 사용성과 체험 만족도가 낮으면 역사 속으로 사라지게 됩니다. 현재 SNS 플랫폼 시장은 상상하는 것 그 이상으로 거센 변화의 소용돌이 속에서 생존을 고민해야 하는 절체절명의 시점에 놓여 있습니다. 다양한 고객 라이프스타일에 맞는 부가가치를 제공하지 못하면 곧바로 외면받게 되기 때문입니다. 보다 간편하고, 재미있고, 흥미로운 서비스가 탄생하면 미련 없이 떠나게 되는 당연지사가 아닐까요?

엑스(X)는 단문 텍스트 SNS 플랫폼으로 알려졌지만, 라이브 음성 커뮤니티 기능인 스페이스, 큐레이션이 가능한 뉴스레터 제작 툴 '레뷰(Revue)'를 제공하고 있습니다. 페이스북(Facebook)은 메타 플랫폼스(Meta Platforms, Inc.)로 사명을 바꾸고 가상 융합 세계인 메타버스 환경을 구축하고 있습니다. 최근에는 인스타그램의 성공적으로 자리 잡은 짧은 비디오 서비스 '릴스(Reels)'를 추가하였습니다. 몰입성이 강한 숏폼 동영상 콘텐츠로 더 나은 고객 경험을 제공하여 오랫동안 체류하기 위한 전략입니다. 세계 최대 동영상 서비스인 유튜브(YouTube)는 글로벌 숏폼 모바일 비디오 플랫폼 틱톡(TikTok)과 경쟁하기 위해 숏폼 콘텐츠 플랫폼 '유튜브 쇼츠(YouTube Shorts)' 서비스를 출시했습니다. 원래 가로 영상이 유튜브에 최적화된 화면이지만, '유튜브 쇼츠' 영상은 세로 화면으로 낯설게 다가왔습니다. 젊은 MZ 세대 중심으로 영상이 만들어지고 참여가 많아지면서 세로로 보는 것도 또 다른 즐거움을 주고 있어 앞으로 틱톡의 대항마가 될 것으로 보고 있습니다.

▲ 페이스북의 Reels
(출처: about.facebook.com)

현재 엑스, 인스타그램, 페이스북, 유튜브 등은 주류 SNS 플랫폼으로 사랑받고 있습니다. 이에 과감히 도전장을 낸 플랫폼이 나왔습니다. 목소리로 소통이 가능한 음성 채팅 기반의 4세대 SNS 플랫폼으로 각광받고 있습니다.

그럼 SNS 변천사에서 살펴보겠습니다. 1세대는 단문 텍스트로 소통이 가능한 엑스, 페이스북이 대표 주자로 긴밀한 사회적 유대 관계를 형성하고 쌍방향 소통이 가능한 세상을 만들어 다른 사람과 소통하고 싶은 욕구를 촉발하는 기회가 되었습니다.

2세대는 감정 공유기인 스마트폰 기술이 급발전하게 되면서 고해상도 사진을 공유할 수 있는 인스타그램과 핀터레스트로 SNS 플랫폼이 새로운 대중적 소통 미디어로 다가왔습니다. 백문이 불여일견, 천 마디 말보다 다양한 의미들을 압축한 사진 한 장으로 소통 가능하게 만들고, 이미지로 직관적인 메시지를 전달하는 시대가 열린 것입니다.

3세대는 움직이는 영상으로 내러티브(서술)가 가능한 동영상입니다. 대표적인 SNS 플랫폼은 유튜브(YouTube)로 현재 나 자신을 적극적으로 표현하고 일상생활을 기록하는 대중적인 정보 전달 SNS 플랫폼으로 자리 잡았습니다. 또한 SNS 생태계에서 누구나 즐길 수 있고 더 많은 시간을 보내게 되는 계기가 되었습니다. 일상적인 소재부터 삶 속에서 필요한 유용한 정보까지 검색어를 검색하면 다양한 영상들이 시선을 사로잡아 요술 램프 지니가 살고 있는 듯한 착각이 들게 됩니다. 개성 넘치는 스토리와 역동적으로 감성을 마음껏 표현할 수 있는 영상의 르네상스 시대가 열리게 됩니다.

▲ SNS 변천사

이어서 귓속의 촉수를 자극하고 스토리텔러들에게 사랑받고 있는 4세대 쌍방향 음성 SNS 플랫폼 시대를 맞이하게 됩니다. 처음에 이 플랫폼이 나왔을 때 "목소리로만 가능할까?", "기존의 주류 SNS 플랫폼 틈새에서 살아남을까?" 하는 우려가 많았습니다. 다양한 서비스 기능과 몰입적인 경험을 제공하고 있는 대세 플랫폼과 경쟁하는 것은 쉽지 않기 때문입니다. 그렇지만, 2020년 4월 미국의 벤처

기업 알파익스플로레이션에서 출시한 클럽하우스는 우려와 달리 '인싸앱[1]'으로 고공 행진하고 있습니다. 출시 1년 만에 사용자가 600만 명이 가입하였고 가업 가치는 약 10억 달러(약 1조 3,000억 원) 이상으로 추정하고 있습니다.

그럼 상상의 세계를 무한대로 확장해 주는 라디오에 대해서 살펴보겠습니다. 음성 SNS 기술의 전 버전으로 할아버지 격인 라디오를 빼놓고 말할 수가 없습니다. 여러분들은 라디오가 언제 세상에 출현했는지 알고 있나요? 라디오가 지구상에 출현한 것은 120여 년 전입니다. 세계 최초로 라디오 방송이 시작된 것은 1906년 12월 24일로 캐나다 과학자 레지날드 페센덴(Reginald A Fessenden)이 미 북동부 뉴잉글랜드 바다를 항해 중이던 선박에 "하나둘 셋, 제 목소리 들립니까?"라는 음성이 나온 후 누가복음의 성경 구절과 헨델의 '라르고'를 들려준 것입니다. 이를 계기로 육성 방송[2]이 이루어졌지만, 사람들에게 낯선 환경의 적응은 쉽지 않았습니다. 시간이 지나 라디오의 진공관과 수신기 기술이 발전하게 되면서 수많은 사람이 동시에 들을 수 있게 되었고, 실시간으로 유용한 정보를 음성으로 청취 가능한 매스미디어로 거듭나게 됩니다.

풍부한 상상력과 호기심을 자극하는 공작소

▲ 라디오가 여전히 사랑받는 이유

---

1 인기 많고 사용자 수가 많은 앱을 말한다.
2 사람의 목소리를 전파로 내보는 것

라디오가 역사 속으로 사라지지 않고 시각 영상매체가 주류를 이루는 세상 속에서 여전히 사랑을 받는 이유는 무엇일까요? 다른 미디어와 달리 라디오는 상상력을 몇 배로 늘어나게 만드는 마법을 가지고 있기 때문입니다. 삼국지 드라마를 듣고 있으면 그 역사적인 사건이 떠오르고, 실오라기같은 배경과 인물이 그려져 더 웅장하고 실감 나게 다가옵니다. 잔잔한 음악 속에 고생했던 어머니의 사연을 보낸 딸의 편지를 듣게 되면 공감하며 가슴이 미어져 오는 감동이 전달되고, 90년대의 댄스 인기곡을 듣고 있으면 가수가 생각나 그때의 추억들이 되살아납니다. 기분이 좋아져 몇 마디 가사를 웅얼웅얼하고 몸이 들썩이며 옛 향수를 자극하게 만듭니다. 공간의 적적함을 달래주고 소리만 들려주는 라디오이지만 상상으로 확장해 주는 것은 참으로 신기합니다. 역사 속의 한 인물의 이름을 들으면 얼굴 생김새부터 성격까지 유추해 볼 수 있습니다. 더 오래 깊게 뇌리에 남게 하고 상상의 세계로 인도하는 것은 라디오의 매력이 아닐까 합니다. 클럽하우스 또한 라디오처럼 사람 얼굴 노출 없이 음성으로 정보를 전달하는 공통적인 특징을 가지고 있습니다. 다른 점이 있다면 라디오는 일방향으로 메시지를 전달하지만, 클럽하우스는 참여 소통이 가능해 채팅으로 의견을 남길 수 있고 함께 발언도 할 수 있어 즐거움이 배가됩니다. 앞으로 클럽하우스는 4세대 SNS로 라디오처럼 상상의 세계로 확장해 주는 '상상력의 보물 창고'로 성장해 나가지 않을까 기대해 봅니다.

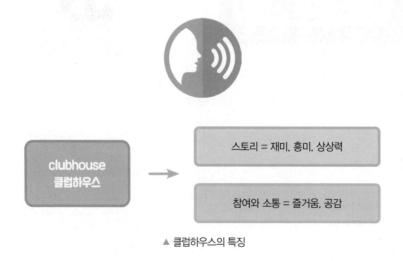

▲ 클럽하우스의 특징

## SNS
## 02

# 세계적으로 사랑받고 있는 클럽하우스

클럽하우스에 접속하면 다양한 주제들을 만나볼 수 있습니다.
관심 있는 주제를 선택해 참여해보세요.
#클럽하우스접속 #클럽하우스즐기기

주말 오전 10시! 남동쪽의 창문 틈으로 아침 햇살이 비집고 살짝 들어옵니다.  기지개를 활짝 켜고 스마트폰을 들고 Face ID로 로그인을 합니다. 분위기 좋은 재즈 음악을 듣고 싶어 클럽하우스에 접속합니다. 방 리스트를 살펴보던 중 '스윙 재즈(Swing Jazz)와 함께'라는 주제를 보고 리스너(listener)[3]로 참여합니다. 역동적인 경쾌한 리듬이 흘러나와 풍부한 거품이 생동감 있게 일어나는 사우나의 버블 온탕에 있는 듯 기분이 좋았습니다. 음악에 온몸을 내맡기니 목과 어깨가 절로 덩실덩실 움직였습니다. 훈훈한 여운을 남기고 음악이 끝나고 난 후 스피커(speaker)[4]가 재즈곡 설명을 해주어 스윙 재즈에 대해서 쉽게 이해하는 기회가 되었습니다. 오픈 채팅창에 "좋은 음악을 들을 수 있어서 즐거웠습니다."라는 짧

---

3 모든 대화방에 입장과 퇴장이 가능하고 스피커가 발언하는 이야기를 들을 수 있습니다. 발언 권한이 없기 때문에 청취만 가능합니다.
4 화면 하단에 위치한 손바닥 아이콘을 클릭하면 모더레이터의 결정으로 스피커가 될 수 있습니다. 발언 권한이 주어지게 되면 이야기를 할 수 있습니다.

은 감사의 문구를 남기고 'Leave quietly(조용히 나가기)'를 클릭하고 나갑니다.

피곤함이 몰려오는 주말 저녁 10시! 잠자기 전 클럽하우스에 접속해 마음을 편안하게 해줄 수 있는 음악을 찾다가 '자연의 숨소리 ASMR' 방 주제를 보고 참여합니다. 깊은 산속에서 들려오는 계곡 물소리와 새소리가 아름답게 들려와 기분을 차분하게 해주니 달콤한 솜사탕을 먹는 것 같았습니다. 음악이 끝난 후, 스피커가 말을 합니다. "자연은 마치 사람의 빈곳을 채워 주는 마술사 같습니다. 복잡하고 굴곡진 삶에 여백을 만들어 주고 답답함을 날려버릴 수 있는 자유를 만들어 줍니다. 자연의 숨소리에 잠시 빠져들면 깊이를 알 수 없는 아름다운 풍경이 그려집니다. 나 자신을 풍부하게…." 갑자기 이 소리를 어디서 녹음했는지 궁금했습니다. 이야기가 끝난 후 손바닥 아이콘(Raised Hands)을 클릭하여 스피커(모더레이터(Moderator)[5]의 승인)로 참여하였습니다. "이 소리 정말 아름답습니다. 어디서 녹음을 하였나요?" "네. 이 소리는 단풍잎이 무르익은 가을, 강원도 오대산에서 녹음하였습니다." "네! 정말 산속에 있는 듯한 느낌이 들었습니다. 옛날 조선 시대의 선비가 그렸을 한 폭의 수묵화 같은 풍경이 그려졌습니다. 감사합니다."

클럽하우스 앱에 접속하여 사용하는 과정을 설명해 보았습니다. 라디오 주파수를 맞추는 것처럼 다양한 주제와 관심사에 맞는 방송들을 청취할 수 있습니다. 클럽하우스에는 다양한 토픽들이 있습니다. 명상, 음악, 여행, 건강 등 다양한 주제들로 구성되어 있으며 누구나 대화방을 만들 수 있습니다. 다양한 주제 중 관심 있는 키워드들을 팔로우(Follow)하면 타임라인에 국적을 불문하고 각양각색의 방들이 노출됩니다. 참여하고 싶은 대화방을 클릭하면 리스너(listener)로 참여해 청취 가능합니다. 유명인 또는 관심이 갈만한 사람을 팔로우하면 그 사람이 팔로

---

5 특정 주제에 대한 대화방을 개설하고 대화 및 토론을 진행하는 사회자(방장)입니다. 스피커와 리스너를 관리하면서 연결해주는 역할을 맡습니다. 리스너를 스피커로 선정하고 내릴 수 있는 권한이 있습니다.

우한 친구들을 살펴볼 수 있고 활동하고 있는 클럽에도 가입 가능합니다. 몇몇 클럽들은 모바일 메신저인 카카오톡에 단톡방을 개설하여 친밀한 관계를 맺으며 소통하고 있습니다. 현재 한국어를 지원하나 대표적인 메뉴들은 영어로 표기되어 있습니다. 이국적인 디자인 분위기이지만, 온라인 커뮤니티 카페와 비슷한 메뉴여서 어렵지 않게 사용할 수 있습니다.

■ 클럽하우스의 기능

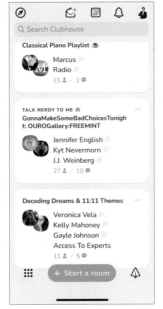

▲ 클럽하우스 홈 화면

▲ 개인 설정 화면

▲ 토픽 화면

❶ 클럽하우스 홈 화면

❷ 클럽하우스 개인 설정의 'Favorite Topics(관심 주제들)'에서 'View all(전체 보기)'을 클릭하면 관심 키워드를 선택할 수 있습니다.

❸ 'Topics(주제들)' 리스트에서 [Follow] 버튼을 클릭하면 타임라인에 관련 대화방이 노출되며, 검색하여 찾을 수도 있습니다.

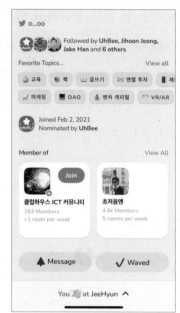

▲ 친구 추가 화면　　　　▲ 클럽 가입 화면

❹ 친구 추가를 위해 방문한 페이지에서 상단 팔로잉(Following) 오른쪽 '별' 아이콘
(⚡)을 클릭하면 팔로우한 친구들(People to follow)의 리스트가 표시됩니다. 관
심 주제가 같은 친구들을 추가할 수 있습니다.

❺ 하단으로 내려오면 가입한 클럽(Member of)들이 있습니다. 관심 있는 주제라면
가입하여 참여할 수 있습니다.

클럽하우스가 세계적으로 핫이슈가 된 계기는 음성 SNS라는 새로운 서비스에
대한 기대 심리가 한몫했지만, 무엇보다 유명인과 기업가들이 스피커로 직접 참
여하게 되면서 대중들의 폭발적인 관심을 끌어냈습니다. 전기 자동차와 에너지
솔루션을 개발하는 테슬라 CEO 일론 머스크가 직접 스피커로 참여해 미국의 주
식·암호화폐 거래 플랫폼인 로빈후드(Robinhood) CEO 블라디미르 테베브와 주
식에 대한 토론을 진행하면서 최대 인원(5,000명)을 채우며 큰 화제가 되었습니다.
빅 테크(거대 정보기술기업) 유명 인사들뿐만 아니라 넷플릭스 창업자 마크 랜돌프,

방송인 오프라 윈프리, 가수 드레이크, 영화배우 애시턴 커처 등 해외 유명인들이 클럽하우스 앱을 전천후로 사용하면서 인기몰이에 나서고 있습니다.

국내에서도 최태원 SK그룹 회장, 정용진 신세계그룹 부회장, 정태영 현대카드 회장, 박용만 대한상의 회장, 마켓컬리 김슬아 대표, 박영선 전 중소벤처기업부 장관, 정세균 전 국무총리, 장혜영 정의당 의원 등 정·재계 유명 인사들이 클럽하우스 앱을 이용해 대중과 적극적인 소통을 나서면서 관심이 더 높아지는 계기가 되었습니다. 최근에는 노홍철 MC, 박중훈 배우, 임수정 배우, 최현우 마술사, 우주인 이소연 박사 등 주요 연예인들과 유명 인사들도 대중과의 소통창구로 활용하고 있습니다.

왜 평소 SNS를 자주 하지 않는 기업가, 정치인, 유명인들이 클럽하우스에서 자유롭게 이야기하면서 의견을 표출하고 있을까요? 단문 문자 기반의 '엑스', 글로벌 동영상 플랫폼 '유튜브', 글로벌 인맥구축서비스(SNS)인 '페이스북(메타)'보다 표현이 자유로울 뿐만 아니라 얼굴을 드러내지 않고 목소리로만 소통하기 때문입니다. 또한, 화상채팅 '줌(Zoom)'같은 영상 플랫폼보다 노출 부담이 적어 적극적으로 의사표시를 할 수 있습니다. SNS 특성상 부주의한 발언과 잘못된 말실수를 하게 된다면 급속하게 퍼져나가서 사회적 이슈가 됩니다. 이와 반면에 클럽하우스는 내가 자유롭게 소신을 발언한 내용들이 기록으로 남지 않습니다. 이런 심적 부담감을 줄일 수 있다는 매력이 유명 인사들을 클럽하우스로 이끌고 있습니다. 앞으로 미디어 매체를 통해서 만날 수 있었던 유명인들과 격의 없는 대화를 하고 생생한 목소리를 들을 수 있는 기회가 많아질 것입니다.

**S N S**

**03**

# 클럽하우스 활용 백서

클럽하우스 사용하기 전 메뉴들을 살펴보면 제대로 음성을 들으며 즐길 수 있습니다.
#클럽하우스사용법 #클럽하우스전망

## 1 메뉴 설명

본격적으로 흥미진진한 이야기로 여백을 채우고 귀를 즐겁게 해주는 음성 SNS 클럽하우스 앱의 메뉴에 대해서 살펴보겠습니다. 메뉴들은 직관적인 아이콘 이미지로 디자인이 되어 있어 어떤 기능인지 어림잡아 이해할 수 있습니다.

❶ **알림창**: 친구 관계 및 친구가 예약한 이벤트 항목들을 살펴볼 수 있습니다.

❷ **프로필 설정**: 자기소개, SNS, 관심 주제 등의 설정이 가능하며 대화방 개설을 할 수 있습니다. '톱니바퀴(settings)' 아이콘을 클릭하면 개인 정보, 언어 변경, 화면 모드 설정 등이 가능합니다. 'Pause notifications'는 공지 알림 수신 주기를 설정하고, 'Notification Settins'는 팔로우한 친구가 어떤 대화방을 만들었는지, 메시지, 공지사항, 이벤트 등의 알림을 설정할 수 있습니다.

❸ **소통**: '당신은 무슨 생각을 하고 있나요? 친구들과 소통을 시작해 보세요.'

❹ **홈**: 클럽하우스 메인으로 이동할 수 있는 메뉴입니다.

▲ 클럽하우스의 메뉴 설명

❺ **검색**: 주제에 맞는 친구 찾기 또는 채팅을 시작할 수 있습니다.

❻ **친구 맺기**: 흥미로운 친구를 추가하여 보다 즐거운 시간을 만들 수 있습니다.

❼ **매시지**: 친구들과 메시지를 주고 있습니다.

## ② 대화방 만들기

❶ 새롭게 대화를 진행하기 위해서는 Settings에서 'create a house'를 클릭하여 대화방을 만듭니다.

❷ 친구들과 대화 진행을 위해 주제를 추가합니다.

❸ 대화 주제가 선정되면 [create my house] 버튼을 클릭합니다.

❹ 대화방에 친구들을 추가하여 소통을 진행할 수 있습니다.

❺ 대화방 개설이 되면 추가적으로 대화방 내용, 사진, 친구 추가 등을 진행해야 합니다.

❻ 대화방 개설이 완료되면 친구들과 소통을 진행할 수 있습니다.

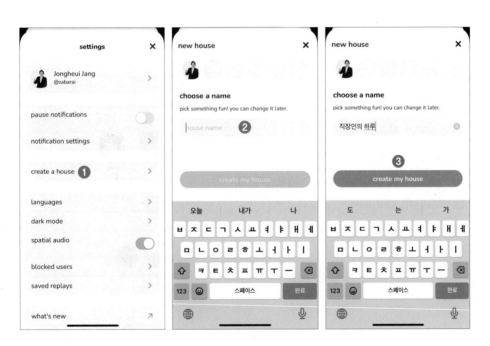

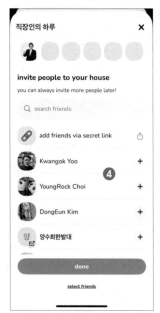

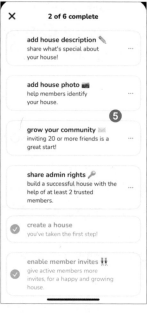

■ 대화방 참여하기

❶ 대화방 주제

❷ 대화에 참여하고 있는 모더레이터와 스피커

❸ 스피커가 팔로워 한 친구들

❹ 청취만 하고 있는 일반 참여자들

❺ 대화방 참여자들과 소통할 수 있는 채팅창

❻ SNS 공유, 링크 복사, 친구 초대 기능

❼ 대화방 참여자들과 소통할 수 있는 채팅창

❽ 대화방 나가기 버튼

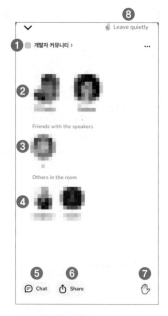

▲ 대화방 참여하기

■ 대화 내용 보기

상단 우측의 [⋯]을 클릭하면 'Show Captions' 기능이 표시됩니다. 활성화하면 스테이지(대화방)에 박스가 개설되며 스피커들이 대화하는 내용이 나옵니다. 스피커가 이야기할 때 타이핑이 되는데 발음과 주변 상황에 따라 차이가 있어서 정확도는 높지 않습니다.

▲ 대화 내용 보기 화면

■ 대화방 녹음 기능, 클립(Clips)

클립(Clips) 기능은 대화방에서 진행되는 대화를 30초 분량의 오디오 파일로 저장하고 공유할 수 있습니다. 하단 메뉴 바의 '가위' 아이콘(✂)을 클릭하면 저장하기가 실행됩니다. 이 오디오 파일은 수정 가능하며 페이스북, 인스타그램, 엑스 등의 사회관계망서비스(SNS) 및 채팅 메신저로 공유할 수 있습니다.

▲ 클립 화면

## ③ 클럽하우스의 전망

음성 기반 SNS 클럽하우스가 코로나19 팬데믹 속에서 비대면 소통이 가능하고 공통의 관심사를 가지고 있는 친구들과 네트워킹이 가능해지면서 폭발적인 인기를 끌었습니다. 그렇지만 얼마 지나지 않아 전 세계 검색 관심도가 하락하고 있으며 앱스토어 다운로드 수치가 줄어들고 있는 상황입니다. 미국의 경제전문지 《포브스(Forbes)》는 "음성 SNS는 시대착오적이다."라고 지적했으며, 업계에서는 "오디오 기반 SNS 시장은 거품이다."라는 논란이 거셉니다.

▲ 클럽하우스 화면          ▲ 음(mm) 소셜 오디오 플랫폼

앞으로 클럽하우스는 어떻게 될까요? '목소리 버전의 단톡방 같은 플랫폼'으로 새롭고 신선하게 다가왔지만, 주류 대형 SNS 플랫폼의 다변화와 거센 반격에 직면하고 있습니다. 엑스의 '스페이스'를 보면 카피캣(Copycat)[6]으로 고객층을 보다 두텁게 형성하고 있습니다. 또한, 대체 가능한 비대면 영상 소통 플랫폼 '줌

---

6 잘 나가는 플랫폼을 그대로 모방해 만드는 것을 의미합니다.

(Zoom)'이 있으며, 3차원의 가상세계인 메타버스(Metaverse) 공간에서도 음성 대화가 가능합니다. 플랫폼 탄생과 소멸의 주기가 짧아지고 있는 상황에서 클럽 하우스는 차별적인 멀티미디어 기능 추가와 고객 경험을 지속적으로 개선하는 것이 필요합니다. 카카오에서 출시한 소셜 오디오 플랫폼 '음(mm)'이 10개월 만에 서비스 중지한 것을 보면 알 수 있습니다. 점점 콘텐츠 호흡이 짧아지고 부담 없이 즐길 수 있는 숏폼 영상 플랫폼이 콘텐츠 소비 패턴으로 바뀌어 가고 있는 상황에서 효과적으로 응전해야 해야 할 것입니다. 4세대 SNS로 첫 발걸음을 시작한 지 몇 년 되지 않았지만, 또 다른 즐거움과 정보를 제공하는 네트워킹 공간으로 오랫동안 사랑을 받았으면 합니다.

▲ 오디오 SNS 스타트업 Spoon과 zoom

# 탁월한 스토리텔러로 활동하기

클럽하우스에 접속하여 참여를 해보았다면, 이제 스토리텔러로 활동을 해볼 수 있습니다.
내가 생각하고 있는 주제들을 라디오 DJ처럼 진행을 해보세요.
#스토리텔러되기 #클럽하우스운영

클럽하우스에서 대화방을 만들고 활성화시키기 위해서는 운영에 대한 기본 정책을 만들어 놓는 것이 좋습니다. 시선을 끄는 대화방 주제, 모더레이터와 스피커 운영, 시간 관리 등을 사전에 체크하고 진행하면 도움이 될 것입니다.

## 1 대화방 주제 정하기

일반적인 주제보다 희소성 있고 관심 있는 키워드를 추가하여 주제를 구성하면 시선을 유도할 수 있습니다. 직장인이라면 '일 잘하는 방법', '이직 잘하는 방법', '급여 올리는 비법' 등으로 여행이라면 '기억에 남는 여행지', '죽기 전에 가봐야 할 국내 여행지', '여행 경비 아끼는 방법', '효과적으로 24인치 캐리어 가방 담기' 등으로 만들어 볼 수 있습니다.

## 2 줄거리 기획하기

대화방 주제가 정해졌다면 어떤 줄거리로 진행할지 간략하게 정리해 보는 것이 좋습니다. 모든 줄거리에는 기승전결이 있듯이 대화방에서 흐름이 끊기지 않도록 마중물[7]을 넣어주어야 합니다. 1시간 정도 운영 예정이라면 주제와 관련된 키워드들을 선정해서 진행하면 됩니다. 다음은 예시입니다.

| 주제: 효과적으로 온라인마케팅 실행하기 | 주제: 3달 안에 10kg 빼는 다이어트 |
|---|---|
| 기: 온라인마케팅 트렌드, 이슈 | 기: 올바른 다이어트 방법 선택법 |
| 승: SNS 플랫폼 접근과 기획 | 승: 다이어트 돕는 식습관 6가지 |
| 전: SNS 플랫폼 실행 및 방법 | 전: 기초대사량 높이는 방법 다이어트 운동 팁 |
| 결: 운영에 대하 효과 측정 | 결: 다이어트하고 제일 하고 싶은 것 |

### 3 공동 관리자 뽑기

대화방 다양한 친구들이 참여해서 스피커로 채팅창으로 소통이 이루어지는 공간입니다. 폭넓게 토론하고 의견들을 나눌 수 있도록 모더레이터를 뽑아서 진행하는 것이 필요합니다. 참여 인원이 적을 경우에는 혼자서 관리 가능하지만, 효율적으로 운영하기 위해서는 협업하여 진행해야 힘들지 않습니다.

### 4 리스너 관리하기

오픈 대화방을 운영하다 보면 리스너가 들어왔다 나갔다 하는 모습을 보게 됩니다. 단독 스피커의 강연 또는 세미나가 아니라면, 새롭게 방문한 리스너들의 이름을 불러 관심을 갖게 하는 것이 필요합니다. 스피커로 발언하거나 클럽에 가입을 유도하여 친밀한 네트워킹을 할 수 있습니다.

### 5 시간 관리하기

대화방에서 활기차게 이야기를 진행하면 언제 끝날지 모릅니다. 1시간 예상하고 진행했지만, 2~3시간까지 흘러갈 수 있습니다. 모더레이터(관리자)가 시간 관리를 하면서 적절하게 마무리하는 것이 필요합니다. 간혹 다른 모더레이터를 지정하여 토론 및 대화하는 기회를 만들 수 있습니다.

---

7 상수도 시설이 갖추어져 있지 않았던 시절, 수동 펌프로 지하수를 끌어올려 사용하였습니다. 그런데 펌프 내부가 텅 비어 있으면 작동하지 않습니다. 먼저 어느 정도 물을 채워 넣어야 작동합니다. 물을 얻기 위해서는 마중물이 필요합니다.

Part 5

# 검색을 알면 노출이 보이는 네이버 블로그

# 파워블로거에 도전하기

블로그는 단순한 정보를 제공하고 브랜드를 홍보하는 채널 이상으로 성장하였습니다.
영향력 있는 파워 블로그가 되기 위해서 어떤 준비를 해야 할까요?
#파워블로그 #스토리공장

'오늘은 블로그에 몇 명이 방문했을까?'
'올린 글이 댓글 또는 공감을 얻었을까?'

직접 게시한 글에 일주일, 한 달 이상 아무런 반응이 없다면 허탈해집니다. 그래서 방문자의 공감 요소(바이럴 마케팅 반응)는 블로그를 운영하는데 든든한 힘이 됩니다. 파워블로거같은 영향력 있는 블로거가 되기 위해서는 게시물에 대한 반응을 수시로 확인해야 합니다. 또한, SNS 환경에서의 입지를 확보하기 위해 꾸준히 블로그를 가꾸고 스토리를 창조하는 시간과 전략에 관한 노력이 필요합니다. 그럼 여기서 블로그를 어떻게 전략적으로 운영하고 영향력 있는 블로그를 만들 수 있는지 살펴보겠습니다.

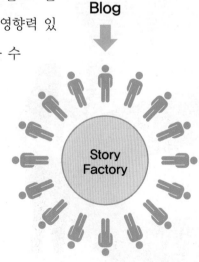

▲ 블로그 운용 목표는 스토리 공장

# 1 롤모델 선정으로 블로그 학습하기

SNS 환경에서 다수의 공감대를 형성하며 입소문을 퍼트리는 주인공은 파워 블로거들입니다. 이들이 존재하기 때문에 좀 더 편리하게 폭넓고 깊은 정보를 얻을수 있습니다. 파워 블로거는 SNS 환경에 거대한 발자국을 남긴 선행자이자 영향력자로 배울 점이 많습니다.

먼저 관심 분야의 파워 블로거를 찾아봅니다. 롤 모델(Role Model)[1] 선정 기준은 다음과 같습니다. '포털 사이트 검색 결과의 블로그 상위 검색', '블로그의 방문자 수', '이웃커넥터', '반응', '매력적인 스토리', '태그 구름' 등입니다. 블로그상위 검색은 검색 엔진 최적화를 통해 노출되는 것이므로 롤모델 선정의 첫 번째기준점이 됩니다. 블로그 방문자 수와 이웃커넥터는 운영자의 막강한 영향력을알 수 있으며, 반응(댓글, 공감)은 블로그 활성화 정도와 호감도를 파악할 수 있습니다. 소셜 스토리는 운영자의 지적 수준과 전문성을 살펴볼 수 있고, 태그 구름은어떤 스토리를 중심으로 포스팅하는지 파악이 가능합니다.

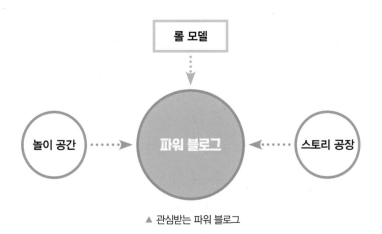

▲ 관심받는 파워 블로그

---

1 롤 모델(Role Model)은 어떤 한 사람을 정해 닮고 싶거나 표본으로 정하여 본보기로 삼는 것을 의미합니다. 여기서는 초보 블로그가 파워 블로그로 성장하기까지 대상으로 삼는 것을 말합니다.

20세기에 새로운 예술 조류로 커다란 전환점을 만든 입체파의 거장 피카소 (Pablo Picasso)는 "훌륭한 예술가는 모방하고 위대한 예술가는 훔친다."라고 했습니다. 초보 블로거도 SNS 환경에서 영향력 있는 파워 블로거들에게 꾸준히 배우고 장점을 흡수하게 되면 비로소 발전할 수 있습니다.

롤 모델로 삼을 파워 블로거가 선택되었다면 블로그 주소를 RSS 리더기에 등록해 정기적으로 업데이트된 제목과 단문을 살펴보고 방문해 봅니다.

## 2 블로그의 가치 제대로 파악하기

언제 어디서나 접속할 수 있는 디지털 웹 환경이 가져다준 혜택으로 인해 버튼 몇 번만 터치 또는 버튼 몇 번만 클릭하면 누구나 쉽게 블로그를 만들 수 있습니다. 블로그는 다수의 소통 도구로 확산되고 있으며, 미디어 매체로서 SNS 환경에서 큰 영향력을 가집니다. 또한, 스마트 기기의 보편화와 주도적인 자기표현 욕구의 증가로 사용자 참여 중심의 웹 환경을 만드는데 밑바탕이 되었습니다.

블로그 활용을 살펴보면 개인은 '자료 저장 공간' 또는 '개인 홍보 창고'로 접근하고, 기업은 '상품 홍보' 또는 '고객과의 소통 채널'로 활용합니다. 이외에도 블로그의 활용 범위는 매우 넓습니다. 여기서 중요한 것은 개인이나 기업 모두에게 '블로그는 놀이 공간'이라는 사실입니다.

개인의 취미 활동을 위한 블로그는 크게 문제없지만, 기업은 비즈니스적인 관점에서 바라보고 전략적으로 접근해야 합니다. 일방적인 상품 홍보 중심의 스토리 구성과 단기적인 블로그 운영은 기대한 효과를 획득하기 어렵기 때문입니다. 많은 기업이 SNS 환경에서 거대한 흐름을 만들고자 노력했지만, 성공한 사례들은 그리 많지 않습니다. 그 이유는 블로그가 '놀이 공간'이라는 것을 숙지하지 않고 접근했기 때문입니다. SNS 환경도 공감이라는 또 다른 무대의 연결 선상이듯 긴장감과 재미가 없다면 방문자들의 지속적인 관심을 끌지 못합니다.

한편 다른 관점으로도 생각할 수도 있습니다. 블로그를 '단순한 정보 제공과 홍보용'으로 접근할 수 있지만, SNS 환경에 작은 발자국을 남기는 것은 참여와 공감이라는 유기적인 소통의 시작을 의미합니다. 이것이 바로 설레는 재방문을 유도하고 거대한 SNS 환경을 이루는 원동력이 됩니다. 블로그에 유기적인 반응[2]들이 부족하면 어느 순간 방문자가 줄어들고 포털 사이트 검색에서 제외될 수 있습니다.

블로그를 '놀이 공간[3]'으로 탈바꿈시키기 위해서는 풍부한 '공감'과 '몰입'을 담아야 합니다. 공감은 오래전부터 인간이 추구하는 기본 욕구로 기쁨, 희망, 행복, 즐거움 등으로 이해할 수 있습니다. 몰입은 스토리를 통해서 압도적인 매력 창출과 주목적인 흥미를 제공하는 것을 의미합니다. 이 두 가지를 절묘하게 결합했을 때 블로그는 언제나 방문하고 싶은 스토리 공장으로 다가설 것입니다.

블로그는 다수가 참여할 수 있는 '놀이 공간'인 동시에 유기적인 반응이 지속적으로 창출하는 '스토리 공장'입니다. 이 두 가지가 블로그에 생명력을 부여하고 방문자를 유도하는 강력한 연결고리가 되어 줍니다. 블로그는 참여성, 공유성, 개방성, 경험성, 상호작용성을 강화한 플랫폼이라는 사실을 잊지 말아야 합니다.

---

2 유기적인 반응들은 스토리에 대한 방문자의 선호도와 호감도를 의미합니다. 예 블로그의 포스팅에 대한 댓글, 엮인글, 공감
3 블로그가 '놀이 공간'으로 거듭나기 위해서는 '인간이 추구하는 기본 욕구'와 '압도적인 매력과 흥미가 녹아든 주목적인 스토리'가 적용되어야 합니다.

# 블로그가 주는 혜택과 장점

블로그 운영으로 다양한 기대 효과들을 얻을 수 있습니다.
본격적으로 목표를 확실하게 세워 블로그를 운영해보겠습니다.
#블로그운영 #블로그효과

블로그는 제2의 SNS 공간이며 정보 제공과 소통이 가능한 채널로 다양한 기능을 갖추고 있는 매체입니다. 그래서 개인에서부터 대기업까지 블로그를 개설해 SNS 환경에 뛰어들고 있습니다. 이것은 블로그가 강력한 정보 확산 미디어로 자리매김했다는 것을 의미합니다. 온라인 마케팅의 기본이 되어버린 블로그를 운영하면 어떠한 혜택과 이익을 얻을 수 있는지 살펴보겠습니다.

## 1 고객의 기대가치 높이기

포털 사이트 정보 검색에서 블로그는 상품 정보를 추가로 습득하고 구매 의사를 결정할 때 매우 중요한 역할을 합니다. 특히, 상품과 서비스를 구매한 사례와 후기들은 구매자에게 신뢰감을 제공해 친밀 마케팅으로 확장할 수 있습니다. 이 때 블로그 포스트의 댓글과 공감도 구매에 영향을 줍니다.

잠재적인 구매자에게는 누구나 인지 부조화[4] 심리 현상이 일어납니다. 쇼핑몰에서 상품을 선택하고 구매하기 전 '가격 정보'와 '추가 혜택 제공' 등을 충분히 검색하고 최종적으로 결정합니다. 이 과정에서 '적정한 가격에, 더 좋은 품질의 상품을 선택했는지에 관한 심리적인 압박'을 경험하므로 화려한 상품 정보 페이지보다 깐깐하고 꼼꼼한 품평이 담긴 파워 블로거들을 찾습니다.

▲ 블로그가 주는 혜택과 이익

블로그에 포스팅된 구매 후기가 긍정적이고 만족도가 높으면 인지 부조화와 같은 심적 갈등이 줄어들어 호감을 불러일으키는 것을 '프레이밍 효과(Framing Effect)'라고 합니다. 블로그 후기의 상품평이 좋으면 구매를 망설이는 고객의 불안감을 줄이고 신뢰도와 사후 만족도를 높일 수 있습니다.

---

4 인지 부조화는 오류를 바로잡기보다는 생각을 바꾼다는 심리입니다.

이때 블로그에 업데이트된 스토리가 진정성 있는지 따져봐야 합니다. 기업에서 자체적으로 운영하는 블로그인지, 요청에 의해 파워 블로거가 작성한 내용인지 꼼꼼하게 살펴봐야 합니다. 특히, 기업에서 자체적으로 운영하는 블로그의 경우[5] 종종 상품 구매를 유도하기 위해 매혹적인 글로 화려하게 포장하는 경우가 있습니다. 이러한 내용은 블로그 방문자의 설득과 공감을 얻기 어렵습니다.

소셜 환경에서 거짓 정보로 이득을 얻으면 누리꾼들의 표적이 되어 거대한 후폭풍을 만들 수 있으므로 유의해야 합니다. 기업은 자사 블로그 운영을 통해 고객과의 친밀한 관계를 형성하는 동시에 블로그 구매 후기를 꾸준히 확인하고 관리해야 합니다.

## ② 차별화된 스토리텔링

블로그가 기업에게 마케팅 도구로 활용되는 이유는 스토리를 통해 희소성이라는 가치를 만들기 때문입니다. 일반적인 상품 설명으로는 잠재 고객을 강력하게 설득하는 것이 어렵지만, 공감이 가는 스토리로 상품 소개하면 구매 가능성이 높아집니다. 블로그에 다음과 같은 스토리를 올리면 어떨까요?

> **쇼핑몰의 경우**
> '상품을 어떻게 팔게 되었는지'
> '구매 후 어떤 효과가 있는지'
> '상품 사용 후의 만족도는 어떠한지'
> '구매자의 다양한 사용 후기'
> '구매하면 좋은 잠재 고객 소개'
> '상품 소개 동영상' 등

---

[5] 모든 기업 블로그는 아니지만 대체로 많은 관심과 공감을 이끌어내는 기업 블로그들은 상품 중심의 스토리가 아닌 소통 채널로 체온이 느껴지는 스토리 공장을 만들고 있습니다.

**여행 상품의 경우**

'여행 상품을 만들기까지의 과정'
'여행에서 얻을 수 있는 경험과 만족도'
'여행 계획에 따른 주요 명소 소개'
'잠재 고객에 따른 여행 상품 소개'
'여행지 동영상' 등

**금융 상품의 경우**

'금융 상품에 대한 비교 분석'
'잠재 고객 분석에 따른 금융 상품 소개'
'금융 상품을 통한 사후 혜택과 만족도'
'부가 서비스 정보'
'단순 금융 상품의 동영상' 등

위와 같은 내용으로 스토리를 구성하면 상품 가치를 한층 더 높일 수 있습니다. 블로그는 온·오프라인 기업이 경쟁사와의 차별화를 통해 우위를 차지할 수 있도록 하며, 상품의 구매 의사결정에서 정보 탐색의 욕구를 해결하는 핵심적인 역할을 담당합니다. 또한 치열한 경쟁 속에서 고객과 관계를 형성하고, 상품 브랜드 애호도를 높이는 미디어 매체 기능을 하고 있습니다.

### 3 상품 브랜드 이미지 구축

기업 브랜드를 구축하기 위해서는 많은 시간과 막대한 투자비용이 필요합니다. 한 해에도 다양한 상품이 쏟아져 나오지만 소비자의 기억 속에 남아 있는 브랜드는 그리 많지 않습니다. 수많은 브랜드가 소비자의 입에 오르내리지도 못한 채 자취를 감추는 가운데, 많은 기업이 브랜드에 투자하는 이유는 브랜드가 상품 구매를 위해 강한 설득력을 제시하고, 심리적인 만족감과 신뢰도를 높이기 때문입니다. 또한, 온라인 경쟁이 심화되고 시장이 커지는 상황에서 고객과의 소통 효과 제고에 큰 역할을 담당합니다.

창업한 지 얼마 안 되었거나 신상품을 개발해 브랜드를 홍보하려는 기업이라면 상품 이미지 구축에 심혈을 기울입니다. 투자비용을 생각하면 부담스러우므로 대부분 저비용을 투자해 브랜드를 구축하려 합니다. 이러한 요소들을 간편하게 충족시키는 플랫폼이 바로 '블로그'입니다. 블로그에서는 적극적으로 상품을 노출시킬 수 있으며 좀 더 구체적인 홍보 전략을 세울 수 있습니다.

국내 검색 포털 사이트에서 상품 키워드를 검색하면 대부분 키워드 검색광고 다음에 블로그가 노출됩니다. 상품과 연결된 키워드 검색 결과에 자사 블로그가 노출되면 상품을 효과적으로 노출할 수 있습니다. 앞으로 블로그는 방문자와의 직접적인 소통을 유도하고, 지속 가능한 상품 브랜드 이미지를 구축하는데 중요한 역할을 담당할 것입니다.

## ４ 개인 브랜드 구축하기

기업 입장에서 블로그가 브랜드 이미지 구축과 소통 채널로서 중요한 위치를 차지한다면, 개인 입장에서는 전문가로서의 위치를 확고히 구축해 줍니다. 여기서 설명하는 전문가는 파워 블로거로, 일반 블로거와 달리 수많은 방문자와 공감으로 많은 사랑을 받게 됩니다. 특히 이들이 만들어내는 블로그 스토리는 주관적인 시선에서 바라보고 다양한 관점을 통해 만들어져 차별화되고 몰입적인 즐거움을 제공합니다. 지금 이 시간에도 파워 블로거들은 다양한 영역에서 스토리를 만들며 거대한 발자국을 만들어 내고 있습니다.

블로그 운영으로 전문가로서의 입지를 확보하면 기업에게 상품 사용 후기, 배너 광고 추가, 공동 구매 등의 제안을 받을 수 있습니다. 최근에는 시사회, 전시장 등에서 신상품 홍보를 위해 파워 블로그의 초청이 중요해졌습니다.

# 블로그 마케팅도 최적화가 필수

내 블로그는 왜 검색이 되지 않을까? 이런 궁금증이 있다면
체크해야 할 기본적인 내용들이 있습니다.

#블로그알고리즘 #블로그체크항목

포털 검색 결과 상위에 블로그를 노출하기 위해서는 검색 최적화 전략(SEO) 및
블로그 지수를 이해해야 합니다.

## 1 블로그 검색 알고리즘과 상위 노출 전략

대부분 블로그 운영에서 가장 먼저 관심을 두는 부분은 검색 결과 첫 페이지에
노출되는가입니다. 블로그 마케팅 관점에서 노출은 중요한 위치로 효과를 검증하는
기준이 됩니다. 그래서 포털 사이트 검색 결과 첫 페이지에서의 노출은 '지속적인
방문자 확보'와 '공감'의 수단이므로 전략적으로 확인해야 합니다.

온라인 마케팅에서 사용하는 SEM(Search Engine Marketing)과 SEO(Search
Engine Optimization)에 대해서 살펴보겠습니다. SEM은 키워드 검색 시 검색광
고 상위에 노출되는 키워드 검색광고로 효과의 극대화 전략을 말합니다.

검색자의 의도가 담긴 키워드들을 구매해 검색광고를 실행할 수 있습니다. 실시간으로 전략을 수정(지역, 요일, 시간)할 수 있으며 광고 예산을 능동적으로 운용할 수도 있습니다. 쇼핑몰 사업자에서부터 대기업까지 광고 매체로 활용하며 대표적인 광고 상품으로는 네이버 키워드 검색광고의 '파워링크', 카카오 키워드 광고인

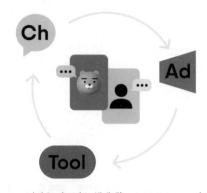

▲ 카카오 비즈니스 생태계(business.kakao.com)

'프리미엄링크', 해외 광고인 구글의 '애드워즈'가 있습니다.

SEO는 비광고 영역의 검색 노출 최적화 전략으로 SMO(Social Media Optimization)와 같습니다. 블로그 운영 중 한 번쯤 듣게 되는 단어로 어떻게 하면 노출 빈도와 블로그 순위를 높일 수 있는가에 관한 것입니다.

모든 포털 사이트는 각각의 검색 알고리즘을 가집니다. 구글의 경우 검색 페이지에 순위를 매기는 '페이지랭크(Google PageRank)' 알고리즘이 있습니다. 다양한 웹 사이트에서 블로그로 유입되는 링크 개수와 중요도를 점수로 환산한 것으로 학술 자료와 논문 등으로 공개되어 있습니다. 해당 블로그가 여러 웹 사이트에 링크(추천)되면 구글 검색 엔진은 해당 블로그를 좋은 콘텐츠로 평가해 페이지 순위를 높입니다. 이때 웹 사이트 신뢰도와 다양한 변수 등을 적용하기 때문에 여러 웹 사이트에 링크된다고 해서 반드시 좋은 것만은 아닙니다.

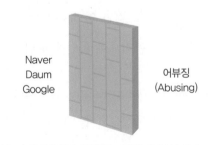

Naver
Daum
Google

어뷰징
(Abusing)

▲ 블로그 운영에 있어 어뷰징은 도움이 되지 않습니다.

국내의 대표적인 포털 사이트 네이버와 다음의 검색 엔진 최적화 알고리즘은 비공개입니다. 검색 전문가들의 의견으로는 어뷰징(Abusing)[6]하는 블로그 운영자에게 악용될 수 있기 때문이라고 합니다.

공개된 블로그 검색 최적화 전략에 대해 살펴보겠습니다. 'On page optimize'와 'Off page optimize' 전략은 블로그 포스팅 품질과 신뢰도가 높은 비중을 차지합니다. 블로그 포스팅 품질은 네이버 검색 엔진에 잘 포착되기 위한 스토리 구성을 말하며 신뢰도는 다수의 방문자에게 공감을 얻는 것을 의미합니다. 신뢰도를 확보한다는 것은 검색 결과 노출에서 매우 중요합니다.

'On page optimize' 전략은 블로그 포스팅, 즉 스토리 구성을 최적화하는 것입니다. 많은 시간과 노력이 소요되는 영역으로 제목에 어떤 키워드를 추가하는가? 스토리에서 제목에 관한 키워드가 몇 개인가? 몇 개의 이미지를 추가했는가? 태그를 추가했는가? 등이 포함됩니다. 'Off page optimize' 전략은 해당 블로그가 외부에서 어떻게 반응하는가를 의미합니다. 대표적으로 Link Building(검색 엔진이 해당 블로그의 인기도를 책정하는 기술), 댓글, 공감, 체류 시간, 클릭률, 운영 기간 등이 포함됩니다. 두 가지 전략은 블로그가 어떻게 노출되는지 이해하는 데 중요한 역할을 하는 마케팅과 같습니다. 모두 중요하지만 'On page optimize' 전략보다 'Off page optimize' 전략이 더욱 중요합니다.

블로그 검색 엔진 최적화 전략에서 높은 비중을 차지하는 것은 '방문자의 행동이 고려된 신뢰도'입니다. 네이버 블로그 카테고리에서 인기 키워드를 검색해 상위 블로그들을 살펴보면 구체적으로 확인할 수 있습니다. 손쉽게 파악할 수 있는 데이터는 '댓글', '공감' 등으로, '체류시간'은 블로그가 얼마나 재미있는가로 파악할 수 있습니다.

---

6 개인이 본인 계정 외의 부계정 등 여러 계정을 조작해 부당하게 이익을 취하는 행위를 일컫습니다.

▲ 블로그 검색 엔진 최적화

네이버는 블로그에 '리브라' 알고리즘(2012년 12월)을 적용했습니다. 리브라는 좋은 콘텐츠를 지속해서 생산하는 블로그와 그렇지 않은 블로그를 구별하기 위한 것으로, 사용자에게 높은 정확도의 검색 결과를 제공합니다. 정확도 높은 문서를 판단하기 위한 기준은 다음과 같은 지수의 영향을 받습니다.

▶ **블로그 활동성 지수**: 블로그 운영 기간, 포스트 수, 포스팅 빈도, 활동성 포함

포스트 업데이트와 빈도, 포스트 공개 여부, 직접 작성했는지 또는 스크랩한 포스트인지 구별해 반영합니다.

▶ **블로그 인기도 지수**: 블로그 방문자 수, 페이지뷰, 이웃 수, 스크랩 수 포함

같은 방문자가 몇 번 방문하는지, 한 번의 방문으로 포스트를 얼마나 확인하는지, 스크랩하는지를 반영합니다.

▶ **포스트 주목도 지수**: 포스트 내용의 충실도, 댓글과 공감, 주목도 영향 포함

작성한 포스트 자체의 다양한 항목과 가중치를 종합적으로 산정합니다. 포스트 내용의 정보성, 신뢰성, 인기도에 따른 공감 요소가 반영됩니다. 블로그 방문자가 포스트에 대한 행동(댓글과 공감)이 클수록 주목도 지수가 높아집니다.

▶ **포스트 인기도 지수**: 댓글, 공감, 조회, 스크랩 등 포스트 단위의 인기도 영향

포스트에 대한 반응을 반영하는 지수로 이웃인지, 새로운 방문자인지 구별해 적용합니다.

리브라 알고리즘은 45일 정도 성실하게 블로그를 운영하고 댓글, 스크랩 등의 효과가 높으면 '좋은글'로 인정되어 검색 결과 상위 노출이 가능했습니다. 이 알고리즘 도입은 양질의 글을 생산하는 블로그와 신뢰할 수 없는 저품질의 글로 생

산하는 블로그를 구별해 순위 로직[7]에 반영하기 위해 만들어졌습니다. 그렇지만, 로직이 단순하다 보니 기업 광고성 콘텐츠가 주를 이루어지게 됩니다. 정보성 콘텐츠를 찾고자 하는 이용자들에게는 네이버 검색 결과에 대한 만족도와 신뢰도가 떨어질 수밖에 없습니다. 이에 대한 대응책으로 C-RANK(2016년 6월)를 내놓게 됩니다. 양질의 블로그 글을 우선적으로 노출시키겠다는 정책으로 블로그의 신뢰도와 전문성을 평가하는 알고리즘입니다. 여러 카테고리에 대해 글을 작성하고 있는 블로거보다 특정 영역에 대해 전문적인 글을 오랫동안 작성한 블로그를 검색 결과에서 우선적으로 노출시키는 로직입니다. 글 쓰는 패턴·활동 패턴·글 활용 패턴 등을 고려해 전문성에 대한 가중치를 적용하고 있습니다. C-RANK에서 참고해야 할 항목들은 알고리즘 개선을 위해 계속 변경 적용됩니다.

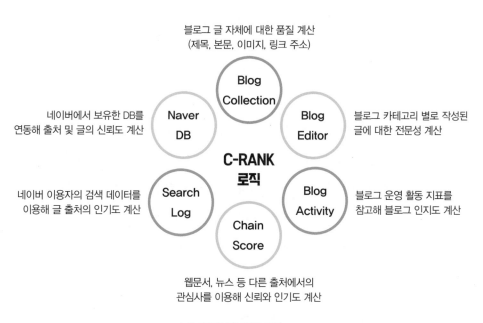

▲ C-RANK 알고리즘 로직

---

7 논리적으로 만들어진 구성(투입 → 조건 → 투입)으로 결과가 나오는 알고리즘을 의미합니다.

C-RANK 알고리즘은 해당 블로그가 주제별 관심도는 얼마나 되고(Context), 생산되는 정보의 품질은 어느 수준이며(Content), 콘텐츠는 어떤 반응을 보여서 소비되고 생산되는지(Chain)을 알아내고, 블로그가 얼마나 믿을 수 있으며 인기 있는지(Creator)를 계산합니다. C-RANK 알고리즘 핵심은 해당 블로그가 '특정 주제에 대해서 얼마나 깊이가 있고 좋은 콘텐츠를 생산해 내는가'에 있습니다.

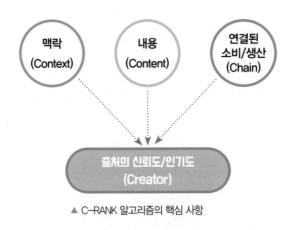

▲ C-RANK 알고리즘의 핵심 사항

C-RANK의 부족한 부분들을 보완하기 위해 D.I.A.(Deep Intent Analysis) 2018년 6월에 새롭게 검색 순위 알고리즘이 적용됩니다. 블로그 글이 어떤 의도를 가지고 작성되었는지를 예상하는 로직으로 양질의 글을 우선적으로 보여 준다는 취지입니다. C-RANK는 블로그 자체에 대한 점수치로 제품을 생산해 내는 공장으로 비유한다면, D.I.A.는 글 자체에 대한 점수치로 생산되는 제품들이 얼마나 완성도가 높은지를 판단하는 기준으로 이해하면 됩니다.

이 둘은 상호보완적인 관계로 C-RANK는 블로그 글의 출처를 판단하고 D.I.A.는 글을 판단하여 검색 결과에 반영하고 있습니다. 더 나은 양질의 글을 상위 순위에 반영하여 신뢰성 제고와 이용자의 만족도를 높이고 있습니다.

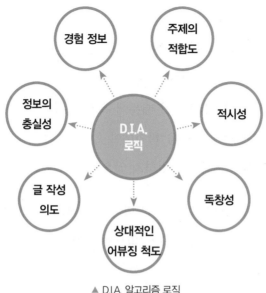

▲ D.I.A. 알고리즘 로직

## 2 블로그에 포스팅하기 전 체크 항목

특정 키워드 검색 시 검색 결과 화면 상위에 블로그를 노출하기 위해 확인해야 할 항목에 대해 살펴봅니다.

■ 활동지수

블로그 활동지수는 포털 사이트 블로그 카테고리 상위에 노출시키는 데 중요한 역할을 합니다. 블로그를 개설하고 운영하면서 가장 많은 관심을 두는 영역으로, '포스팅 개수'로 이해할 수 있습니다. 해당 블로그에 얼마 동안, 얼마만큼 포스팅했는가로 평가합니다. 뚜렷한 기간은 공개되지 않았지만, 지속적인 블로그 포스팅을 통해 활동지수를 쌓는 것이 중요합니다.

▲ 활동지수는 블로그 검색결과의 순위에 영향을 줍니다.

블로그 포스팅 시 자연스러운 제목과 본문 키워드 추가는 On page optimize 전략에서 첫 번째로 중요한 항목입니다. 포털 사이트 검색 창에서 블로그를 검색할 때 제목과 본문의 키워드를 살펴보기 때문에 특정 키워드 검색 시 검색 결과 상위에 노출하기 위해서는 먼저 제목을 확인해야 합니다. 아무리 매력적인 스토리로 구성하더라도 전략적인 제목을 설정하지 않으면 검색에서 제외됩니다.

본문의 스토리 구성도 중요하기 때문에 잘 만들어진 제목 키워드를 자연스럽게 본문에 추가합니다. 본문에 제목 키워드가 없으면 검색에서 제외되므로 스토리 구성에 신경 써야 합니다.

다음은 블로그 제목을 활용해 본문을 적용한 예시입니다.

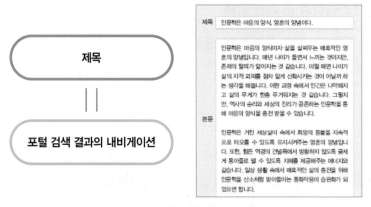

▲ 블로그 제목 적용 예시

블로그 검색 엔진 최적화 전략에서 주의할 점은 '왜곡'입니다. 내용이 왜곡[8]되면 이후 블로그 검색에서 제외(블라인드)될 수 있으므로 자제하는 것이 좋습니다.

---

8 블로그 본문에 같은 키워드를 연속으로 사용해 스토리 품질을 높이려는 행위를 말합니다.

■ 이미지, 동영상 추가

블로그 'On page optimize' 전략에서 이미지는 두 번째로 중요한 항목으로 스토리를 전개할 때 흥미를 이끌어낼 수 있습니다. 이미지 개수는 자율적으로 추가하며 이미지가 늘어나면 그만큼 시간과 노력이 필요하므로 알맞게 배치해야 합니다.

필자는 포스팅할 때 주로 이미지 10장을 기준으로 추가하여 작업합니다. 이미지 추가 시 주의할 점은 한 편의 글처럼 기승전결이 이루어져야 합니다. 이미지 순서가 맞지 않으면 블로그 방문자가 스토리를 자연스럽게 읽는데 힘들어 할 수 있습니다. 예시로 맛집에 방문하면 매장 입구 → 내부 전경 → 자리 → 메뉴판 → 주문 → 음식 → 느낌 → 위치 순서로 이미지를 추가합니다. 정적인 스토리에 동영상이 추가되면 공감각적(시각적, 청각적)으로 전개할 수 있습니다. 블로그 스토리에 텍스트와 이미지가 구성하고 있으므로 동영상은 짧게 촬영해서 업로드합니다.

▲ 블로그의 스토리 구성

■ 댓글과 공감

댓글과 공감은 'Off page optimize' 전략에서 반드시 확인해야 하는 항목입니다. 어떻게 하면 다수의 댓글과 공감을 얻을 수 있을까요? 블로그 포스팅을 통해 꾸준히 활동지수를 축적하는 것이 중요합니다.

특히, 전략적인 블로그 제목 선정과 본문의 자연스러운 키워드 반복은 방문자의 행동을 이끌어 내는 첫걸음입니다. 그다음은 본문 스토리 구성에서 몰입적인 소재, 이미지, 동영상 등을 활용해 코어 어트랙션(Core Attraction)을 만들어야 합니다. 코어 어트랙션[9]은 '핵심적인 매력 포인트'라는 의미로 자석처럼 방문자를 끌어들여

---

9 제3의 공간에서 매혹적인 요소로 사람들의 호기심을 자극하는 요소가 방문자의 긴장을 해소시키는 것을 말합니다.

호기심을 자극합니다. 스토리에 매력적인 키워드가 더해지면 기대 및 만족도가 높아져 능동적인 댓글과 공감을 얻을 수 있습니다.

▲ 블로그 스토리 구성에 매력 포인트 추가하기

## ③ 클릭을 유발하는 블로그 제목 선정

블로그 제목은 '키워드 가치'와 '방문자 의도'를 파악해 전략적으로 선정합니다. 키워드 가치는 월 조회수로 접근해 낮은 키워드보다 다수가 관심있는 키워드로 제목을 구성하면 포괄적으로 노출 범위를 넓힐 수 있습니다. 방문자 의도는 정보 탐색에 숨은 필요와 요구를 파악할 수 있으므로 SNS 마케팅에 적극적으로 활용할 수 있습니다.

- ▶ **지리**: 갈만한, 가볼 만한, 가까운, 근처
- ▶ **비용**: 저렴한, 착한, 살 만한, 싼
- ▶ **성별&대상**: 남성, 여성, 청소년, 10대, 20대, 30대, 40대
- ▶ **트렌드**: 미니멀리즘, 엔틱, 레트로, 에스닉, 힐링
- 예 40대가 좋아하는 미니멀리즘

  30대 여성이 가볼 만한 힐링 카페

  주부들이 좋아하는 엔틱 스타일 쇼핑몰

## ④ 블로그의 태그 입력 공략법

블로그를 포스팅할 때 아래에 태그(Tag)라는 기능을 더할 수 있습니다. 태그는 '블로그 스토리의 꼬리표'로, On page optimize 전략에 포함됩니다. 블로그 레이아웃을 살펴보면 보통 양쪽에 태그 모음(Tag Cloud)이 있습니다. 블로그 스토리 아래에 추가된 태그가 노출된 것으로 사용 및 인기도를 고려해 굵게 나타납니다. 태그는 2차적인 카테고리로 검색 및 선택을 도와줍니다. 태그 구름 살펴보면 블로그 운영자와 스토리 범위를 파악할 수 있습니다. 네이버 블로그는 30개까지 태그를 추가할 수 있으며 본문에 넣으면 자동적으로 태그가 추가됩니다.

파워 블로그에 방문해 태그 모음을 살펴보면 운영자가 어떤 스토리를 중심으로 업데이트하는지 살펴볼 수 있습니다. 제목을 설정하고 태그를 추가한 사례를 살펴보겠습니다.

▲ 제목과 일관성 있게 태그 입력하기

▶ **제목:** 서울 청담동 근처에 위치한 분위기 좋은 레스토랑
▶ **태그:** #청담동, #청담동레스토랑, #서울레스토랑, #분위기좋은레스토랑, #서울근교레스토랑, #청담동근처레스토랑
▶ **제목:** 서울 근교 5살 아이와 함께 갈만한 여행지 추천
▶ **태그:** #서울근교여행지, #서울여행지추천, #서울근교여행추천, #서울갈만한여행지추천, #5살아이와함께갈만한여행지

▶ **제목**: 경기도 가볼 만한 곳 추천 왕송호수 맛집 정보

▶ **태그**: #경기도가볼만한곳, #경기도왕송호수, #왕송호수, #경기도맛집, #경기도맛집정보, #가볼만한곳, #가볼만한곳추천, #왕송호수맛집

## 5 블로그 디자인에 필요한 모든 것

블로그는 오픈 플랫폼으로 웹 사이트 이상의 기능을 갖추고 있습니다. 어느 정도 활동지수가 축적되면 직접 개성 있는 디자인을 연출할 수 있습니다.

15~30개 정도의 콘텐츠가 포스팅되면 블로그 스킨이나 타이틀 디자인을 위한 프로토타입(Prototype)을 만들어 취향에 따라 구성할 수 있습니다. 쇼핑몰에 관한 블로그를 제작할 경우 스킨, 제목 디자인, 이벤트 배너, 쇼핑몰&상품 배너, 실시간 상담 위젯, SNS 위젯 등으로 홈 디자인을 구성할 수 있습니다.

<table>
<tr><td align="center">**요리 블로거**</td><td align="center">**여행 블로거**</td></tr>
<tr><td></td><td></td></tr>
<tr><td>▲ 문성실의 심플 레시피<br>blog.naver.com/shriya</td><td>▲ 배짱이의 여행스토리<br>blog.naver.com/1978mm</td></tr>
</table>

# 효과적인 키워드 공략과 키워드 내비게이션

키워드는 효과적으로 온라인 마케팅을 실행할 수 있는 디딤돌입니다.
키워드에 대해서 제대로 학습을 해보겠습니다.
#키워드이해 #키워드네비게이션

## ① 사업 성공의 첫걸음, 키워드

포털 검색사이트의 검색 창은 정보를 탐색하기 위한 시작점이자 삶의 영역을 확장하는 전광판과 같습니다. 특정 단어의 의미를 찾을 때, 주말에 갈 만한 곳을 찾을 때, 피자를 주문할 때, 미팅 장소 근처에 위치한 커피 전문점을 찾을 때, 기분 전환을 위한 영화를 추천받을 때, 해외여행을 떠나기 전에 확인해야 할 사항 등 '검색'을 통해 편리하게 원하는 정보를 얻을 수 있습니다. 무엇이든 물어보면 해결해 주는 요술램프와 같이 웹 서비스로 도움을 얻게 됩니다. 인터넷에서 정보를 검색할 때 다양하고 정확한 판단으로 기준을 설정할 수 있습니다.

그럼 전 세계적으로 얼마나 정보를 사용하고 있을까요? 과학전문 매체인 어스닷컴의 발표에 의하면 2021년에 한 사람이 하루 평균 4.8시간을 스마트폰에 할애했으며, 전 세계적으로 소비자들은 스마트폰에 총 3조 8,000억 시간을 소비했다고 했습니다. 세계이동통신사업자연합회(GSMA) 인텔리전스의 최근 발표 자료에 의하면 모바일 데이터 트래픽이 2배 이상 증가하였습니다. 코로나19의 주된 영향으로 집에 머무르는 시간이 늘어나면서 자연스럽게 정보 검색량이 증가한 것입니다.

국내에서 독보적인 검색률을 자랑하고 있는 네이버에 대해서 살펴보겠습니다. 네이버의 이용 고객 수는 5,400만 명(2021년)입니다. 매일 네이버에 방문하는 사용자는 3,000만 명이고 검색 수는 3억 건에 달합니다. 이러한 수치는 많은 사람이 인터넷 서비스에 집중하고 있다는 것을 알 수 있습니다. 네이버는 지속해서 사용자들의 검색 결과를 측정하고 감성적으로 변화하며 인기를 얻고 있습니다. 또한 더 나은 사용 경험을 위해 끊임없이 검색 결과에 풍성한 정서를 담고자 노력합니다. 현재 많은 사용자들이 네이버 검색을 통해 다양한 경험 혜택을 누리고 있습니다.

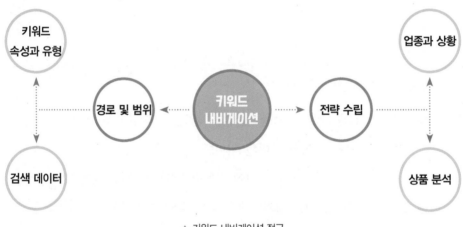

▲ 키워드 내비게이션 접근

정보 탐색자라면 포털 사이트에서 검색할 때 정보 탐색의 첫 관문으로 '사용자가 어떤 키워드로 검색할까?'를 충분히 생각해야 합니다. 키워드는 정보에서 충족되지 못한 욕구를 해결하는 내비게이터인 동시에 잠재 고객의 행동반경을 파악할 수 있는 렌즈 역할을 합니다. 네이버에서 특정 키워드 검색 시 검색 결과 상위에 직접 만든 스토리가 블로그 또는 실시간 검색(SNS)에 노출되면 핵심 대상층이 찾을 수 있는 가능성을 높일 수 있습니다. '내 키워드는 무엇인가?'에 대한 고찰을 통해 SNS 마케팅을 보다 전략적이며, 체계적으로 운영할 기회를 만들어야 합니다.

## ② 검색의 기준, 키워드 내비게이션

포털 사이트에서 키워드 검색은 사람과 사물을 자연스럽게 연결합니다. 소비자는 탐색을 통해 구매하려는 제품의 정보와 평가를 확인하고 최종 구매 결정을 합니다. 이 과정에서 어떤 키워드로 검색하고 구매하는지 알 수 있으면 온라인 비즈니스를 성공적으로 운영할 수 있습니다. 고객의 기호와 키워드 검색 범위를 정확하게 추적해 접근하기는 쉽지 않지만 '키워드 속성과 유형', '검색 데이터'를 활용해 경로 및 범위를 예측할 수 있습니다. 이것이 바로 '키워드 내비게이션'이며, 사용자가 포털 사이트에서 어떤 키워드로 검색하고 접근하는지 분석하는 흐름을 의미합니다.

'치킨 배달 주문'을 키워드로 포털 사이트에서 검색하면 먼저 지역이 포함된 키워드 중심으로 찾을 가능성이 높습니다. 청담동에 위치하면 '청담동 치킨', '청담동 치킨 배달', '청담 치킨' 등으로 검색합니다. 그 다음 어떤 치킨을 먹을 것인가를 검색합니다. 위에서 찾은 키워드인 지역명 키워드에 '불닭', '숯불양념닭', '양념치킨', '닭다리', '올리브 치킨', '치킨강정', '파닭' 등 원하는 제품을 추가 검색해 주문할 수 있습니다. 치킨 배달 주문의 키워드 내비게이션을 살펴보면 '지역 + 제품' 또는 '지역 + 세부 제품'입니다.

'원피스'는 포괄적인 의미가 담긴 대표 키워드입니다. 보통 정보를 탐색하거나 제품 트렌드를 파악하기 위해 검색하는 키워드입니다. 키워드 내비게이션을 살펴보면 '속성 + 제품'으로 나타납니다. 키워드는 '예쁜원피스', '미니원피스', '여름원피스' 등으로 사용자 의도가 포함됩니다. 구체적으로 접근하면 '대상 +속성+ 제품' 키워드로 '30대예쁜원피스', '20대미니원피스', '10대프릴원피스' 등이 있습니다.

대학생이 '노트북'을 구매하기 위해 정보를 탐색할 경우 대표 키워드인 '고급노트북', '브랜드 노트북'으로 검색합니다. 다양한 속성과 의도가 반영된 '얇고가벼운노트북', '성능좋은검은색노트북', '1kg정도의브랜드노트북' 등의 세부 키워드로도 연결할 수 있습니다.

최근에는 장문 검색으로 인해 키워드 범위를 추적하고 어떤 경로로 이동하는지 파악하기가 쉽지 않지만, '업종'과 '상황', '제품 분석'을 통해 키워드 내비게이션 전략을 세울 수 있습니다. 사업 영역이 온라인인지 오프라인인지, 고객이 직접 방문해야 하는지 배달해야 하는지, 구매하는 고객이 남성인지 여성인지, 젊은 층인지 중장년층인지 등의 내용을 파악해 키워드 내비게이션 전략을 세울 수 있습니다. '키워드 속성과 유형', '키워드 검색 데이터 활용'에 대해 살펴보겠습니다.

■ 키워드 속성

키워드 속성[10]은 '정보성', '상업성', '다의성'으로 나뉩니다. 정보성은 정보를 제공하는 것으로 정보 탐색 욕구가 포함되며, 결합 단어로는 '~하는방법', '~추천' 등이 있습니다. 상업성은 사용자의 합리적이고 이성적인 욕구가 포함된 비용적인 측면의 혜택이 제공되며, 결합 단어로는 '~싼곳', '~혜택', '저렴한~' 등이 있습니다. 다의성은 정보성과 상업성을 포괄하는 키워드로 다음과 같이 확인할 수 있습니다.

---

10 키워드 속성에 따라 스토리를 만들면 '호소력'과 '공감성'을 높이고 반응을 이끌어 낼 수 있습니다.

▶ **다의성 키워드 – 여성의류**

상업성 키워드 – 여성의류할인쇼핑몰

정보성 키워드 – 예쁜여성의류파는곳

▶ **다의성 키워드 – 맞춤의류**

상업성 키워드 – 맞춤의류싼곳

정보성 키워드 – 맞춤의류잘만드는곳

▶ **다의성 키워드 – 제주도여행**

상업성 키워드 – 제주도땡처리여행

정보성 키워드 – 제주도에서갈만한곳

키워드 속성을 파악하면 사용자 검색 의도를 파악하고 스토리 구성 전략에 적극적으로 활용할 수 있습니다. 상업성 키워드일 경우 제품의 혜택 중심으로 구성할 수 있으며, 정보성 키워드일 경우 제품 정보를 세부적으로 적용할 수 있습니다. 다의성 키워드는 정보성과 상업성 내용을 절충해 공감할 수 있는 스토리를 만듭니다.

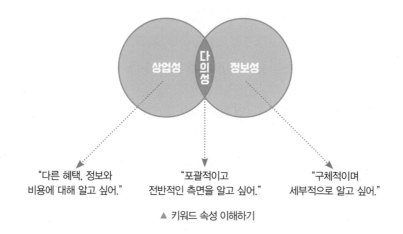

▲ 키워드 속성 이해하기

■ 키워드 유형

키워드 유형[11]은 업종과 상품 분석을 통해 접근할 수 있으며 키워드 포트폴리오 전략을 수립할 때 활용할 수 있습니다. 핵심을 분류하면 '대표 키워드(Head Keyword)', '연관 키워드(Relevant Keyword)', '시즌 키워드(Season Keyword)', '세부 키워드(Detail Keyword)' 등이 있습니다.

대표 키워드는 상품 이름 또는 상품군 전체를 가리키는 키워드로 높은 임프레션(노출 수)이 나오며, '주력 키워드'라고 합니다. 상품의 상위 카테고리로, '여성 의류', '건강식품', '가전제품', '도서', '치과' 등이 있습니다. 연관 키워드는 관련 있거나 비슷한 키워드를 의미합니다. '여행'과 관련된 연관 키워드로는 '주말에 놀러 갈 만한 곳', '서울 근교 나들이 코스', '전주에서 갈 만한 곳' 등이 있습니다. 시즌 키워드는 시기를 나타내는 키워드로 '봄', '여름', '가을', '겨울', '화이트데이', '밸런타인데이', '추석', '정월 대보름', '설날', '동지' 등이 있습니다. 검색 의도가 특정 기간에 높게 나타나므로 적절히 활용하면 브랜드 노출이나 매출 신장과 같은 높은 기대성과를 얻을 수 있습니다. 세부 키워드는 포괄적인 의미의 대표 키워드보다 검색자의 필요에 더욱 가깝게 타깃팅되어 세부적이고 구체적인 상품군을 가리킵니다. 곧바로 행동을 유발한다는 의미의 '반응 촉발 키워드'라고도 합니다. 검색 사용자 의도에 맞춤화된 키워드로 궁극적인 타깃 목표가 담겨 있습니다.

해외여행을 가기 위해 보편적으로 검색하는 키워드는 포괄적인 의미가 담긴 '해외여행', '해외여행지', '가족해외여행지'입니다. 이때 사용자의 필요와 의도에 맞게 타깃팅된 세부 키워드는 '가볼만한해외여행지', '죽기전에가봐야할해외여행지', '2박3일해외여행지', '저렴한해외여행명소', '한국에서가까운해외여행지' 등이 있습니다. 세부 키워드가 포털 사이트 검색 결과 상위에 노출되면 구매 의사 결정에 큰 영향을 줍니다. 최근 세부 키워드에 대한 관심이 높아지면서 키워드 내

---

11 키워드 유형은 검색 의도를 파악할 수 있는 근거를 제시하며 잠재 고객을 찾는 기회를 제공합니다.

비게이션 전략 수립에 중요하게 고려되고 있는 추세입니다.

키워드 속성과 유형을 활용해 '키워드 확장'에 대해서 살펴보겠습니다. 보다 구체적이며 세부적으로 접근해 파생하는 방법으로, 검색 사용자 의도가 담긴 키워드를 전략적으로 확장시킬 수 있습니다. 다음의 일곱 가지는 키워드 확장의 대표적인 예입니다.

---

**일반, 브랜드, 수식어, 지역, 시즌, 상품/용도, 오타**

---

'일반'은 대표(주력) 키워드이며, '브랜드'는 상품명 또는 기업명 키워드입니다. '수식어'는 동사와 사물의 성질이나 상태를 나타내는 형용사 키워드로, 세부 키워드 확장에 많이 적용하기 때문에 '다양한 수식어 체크리스트'를 만들어 두면 키워드 확장이 편리합니다. '지역'은 지표면의 일정 범위를 가리키는 위치 키워드, '시즌'은 계절과 명절 키워드, '상품/용도'는 상품 사용 목적과 의도가 적용된 키워드, '오타'는 영문 또는 잘못 표기한 키워드입니다. 그럼 일곱 가지 키워드를 이용해 검색어를 확장해 보겠습니다.

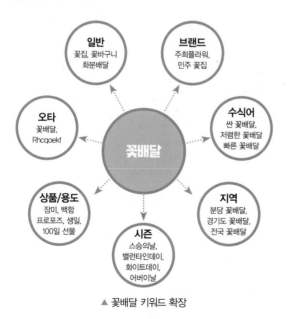

▲ 꽃배달 키워드 확장

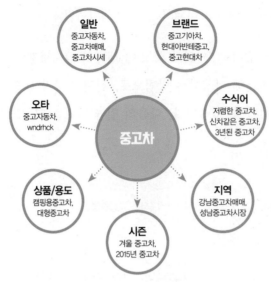

▲ 중고차 키워드 확장

▲ 초콜릿 키워드 확장

■ 수식어를 찾는 방법

업종별로 자주 찾는 키워드를 바탕으로 한 수식어 탐색에 대해 알아보겠습니다.

❶ 네이버 검색 시 상위에 노출된 광고(파워링크, 비즈사이트)를 살펴보면 시선을 사로잡는 45자의 광고 소재를 확인할 수 있습니다. 독창적인 수식어를 이용해 사용자의 욕구를 자극하는 동사와 형용사를 꾸준히 자료화하면 차별화된 키워드로 확장할 수 있습니다. 다음(Daum)의 카카오 키워드 검색 광고로는 '프리미엄 링크'가 있습니다.

❷ 지식iN 서비스의 질문들을 살펴봅니다. 질문 속에는 해답을 찾으려는 잠재적인 욕구가 담겨 있으므로 다양한 수식어들을 찾을 수 있습니다.

❸ 다양한 매거진의 표지나 광고를 살펴보면 감정을 움직이는 독창적이고 매력적인 문구 및 수식어를 발견할 수 있습니다. 광고 전문가들이 고객의 숨겨진 욕구를 채우기 위해 노력해서 만든 광고 문구들을 채집하여 활용해 보세요.

**의류 업종 수식어의 예**

| | | |
|---|---|---|
| 감각적인 | 스타일 좋은 | 스타일리시한 |
| 멋진 | 고급 | 소문난 |
| 예쁜 | 화사한 | 세련된 |
| 로맨틱한 | 남다른 | 귀여운 |
| 여성스러운 | 예뻐지는 | 잘나가는 |
| 트렌디한 | 독특한 | |

**건강 업종 수식어의 예**

| | | |
|---|---|---|
| 건강한 | 고객이 추천하는 | 믿을 수 있는 |
| 행복한 | 신뢰성 있는 | 건강에 좋은 |
| 저렴한 | 특별한 | 자연의 |
| 가족의 | 풍성한 | 품질 좋은 |
| 자연 친화적인 | 몸에 좋은 | 젊어지는 |
| 직접 재배한 | 여(남)성들을 위한 | |

**병원/의료 업종 수식어의 예**

| | | |
|---|---|---|
| 합리적인 | 분야별 | 다양한 |
| 잘하는 | 꼼꼼한 | 친절한 |
| 수술 없이 | 풍부한 | 차원이 다른 |
| 고품격 | 첨단의 | 티 안 나는 |
| 안전한 | 흉터 없는 | 특화된 |
| 재발 없는 | 효과 높은 | |

▲ 업종별 수식어 목록

키워드 검색 데이터를 활용하면 조회수를 통해 사용자 의도를 파악할 수 있습니다. 또한, 정보 탐색 영향을 확인할 수 있으며 신뢰성 있는 데이터를 추출할 수도 있습니다. 키워드 조회수를 확인할 수 있는 곳으로 네이버의 '키워드 검색광고'와 다음의 '카카오 키워드 광고'가 있습니다. 키워드 검색 데이터를 확인하기 위해서는 광고주 계정을 만들어야 합니다. 네이버 키워드 검색광고 가입 형식에는 '사업자 광고주'와 '개인 광고주'가 있고, 광고 게재를 실행하지 않더라도 가입할 수 있습니다.

네이버 키워드 검색광고에서 검색광고 관리 시스템의 '키워드 도구' 서비스에서는 '사이트 선택', '업종 선택', '키워드 검색', '시즌 선택'을 이용해 연관 키워드를 조회할 수 있습니다. 또한, 키워드에 대한 사용자 관심도인 월간 조회수(PC, 모바일), 월 노출 현황을 확인할 수 있으며, 키워드 검색광고를 시행하는 광고주들의 키워드 경쟁 현황을 확인할 수도 있습니다.

네이버 키워드 검색광고의 '키워드 도구' 서비스에 대해 살펴보겠습니다. 키워드 도구는 '검색광고 홈 > 광고관리시스템 > 키워드 도구'에서 확인할 수 있습니다.

▲ 네이버 검색광고_searchad.naver.com

▲ 네이버 키워드 검색광고의 키워드 도구

■ 키워드 도구

키워드 도구의 '키워드 조회'에서 키워드를 추가해 검색하면 연관 키워드를 효과적으로 찾을 수 있고, '입력 키워드 포함' 및 '검색 의도 유사 키워드'를 조회할 수 있습니다. 검색 의도 유사 키워드는 사용자가 키워드 검색으로 얻으려는 같은 결과의 키워드를 의미합니다. 예를 들어, '남성신발' 키워드 검색 결과로 '남성신발', '남자신발사이트추천', '남자구두추천', '남자 슬립온', '남성용수제화' 등이 조회됩니다. 키워드의 의미는 각각 다르지만, '남성신발'을 검색해 사용자가 키워드로 얻고자 하는 결과는 비슷합니다.

▲ 연관 키워드 조회

■ 웹사이트 선택

네이버 검색광고에 등록된 웹사이트 기준으로 클릭률이 높은 키워드들을 조회할 수 있고, 해당 사이트와 관련된 연관 키워드는 최대 1,000개까지 확인할 수 있습니다.

▲ 키워드 도구의 웹사이트 옵션

■ 업종 선택

'대분류명 > 중분류명 > 소분류명 > 세부분류명'으로 선택해 조회하면 해당 업종에서 클릭률이 높은 키워드들을 조회할 수 있습니다. 선택 업종의 광고주들이 즐겨 사용하는 인기 키워드를 확인할 수 있고, 업종 찾기의 상세 보기 기능을 통해 구체적으로 조회할 수도 있습니다.

▲ 키워드 도구의 업종 옵션

■ 시즌 월 & 시즌 테마 선택

특정 시즌별 급상승 키워드 및 이슈 키워드를 조회할 수 있습니다. '시즌'과 '관련 업종 카테고리'를 선택한 다음 조회하면 시즌과 연관된 인기 키워드들을 살펴볼 수 있습니다. 시즌 월은 1월부터 12월까지 조회가 가능하며, 시즌 테마는 '생활', '건강', '레저/스포츠', '시기', '교육/학교', '농업', '음식/요리', '패션/미용', '여행'과 관련하여 조회할 수 있습니다.

▲ 시즌 키워드는 계절이나 특정 기간에 조회수가 급상승하며 오른쪽에 'S' 표시가 나타납니다.

카카오 비즈니스 광고 메뉴에서 '키워드 광고'를 선택합니다. 광고계정 만들기에서 광고계정을 만듭니다. '캠페인 만들기 〉 그룹 만들기 〉 키워드 만들기'에서 '키워드 제안'에 키워드를 추가하고 검색하면 검색 데이터를 살펴볼 수 있습니다. 모바일과 PC 환경의 경쟁 현황 확인이 가능합니다.

▲ https://keywordad.kakao.com/

네이버 키워드 도구와 마찬가지로 카카오 키워드 광고의 '키워드 제안'을 이용해 연관성 높은 키워드를 다양하게 제안받을 수 있습니다. 특정 브랜드, 상호, 대표 상품 키워드를 검색하면 키워드의 효율성[12], 경쟁 현황 데이터를 확인할 수 있습니다.

▲ 카카오 비즈니스 키워드 광고의 키워드 제안

키워드 내비게이션 전략을 수립할 때 '키워드 속성과 유형', '키워드 검색 데이터'를 알아두어야 합니다. 사용자 검색의도를 쉽게 파악이 용이하고 찾고자 하는 대상층을 확보할 수 있습니다. SNS 스토리 전략 수립 및 구성에도 적용해 볼 수 있습니다.

# 고객을 잡기 위한
# 키워드 페이스메이커

키워드 전략 수립할 때 폭 넓게 접근해보는 것이 중요합니다.
각 업종별로 키워드 전략을 살펴보겠습니다.

#키워드전략 #페이스메이커

페이스메이커(Pacemaker)는 스포츠 경기에서 우승 후보의 기록 단축을 목적으로 다른 선수를 추월하기 위해 투입된 선수를 말합니다. 이 선수와 함께 달리면 우승 후보 선수의 우승 확률을 높일 수 있습니다. 키워드에도 페이스메이커가 있습니다. 키워드 유형 중 '대표 키워드'가 우승 후보라면 '연관 키워드', '시즌 키워드', '세부 키워드'가 바로 페이스메이커입니다. 이 선수들이 대표 키워드와 함께 뛰면 브랜드 노출 효과를 극대화하고 매출 신장을 이끌어낼 수 있습니다. 앞서 살펴본 키워드 내비게이션 전략으로 네이버 키워드 검색광고에서 키워드 도구를 활용해 다음과 같이 키워드 페이스메이커 유형을 구성해 보겠습니다.

# 1 강남역 레스토랑 키워드 전략

강남역 레스토랑의 대표 키워드는 업종과 지역 키워드로 노출 빈도가 높은 키워드를 선정합니다. 강남역은 20·30대 인구 이동이 많으므로 검색 의도가 반영된 '분위기', '행사', '상품' 키워드로 접근할 수 있습니다. '강남역맛집', '스테이크맛집' 키워드는 모바일 조회수가 높아 모바일 검색 노출에서 큰 효과를 얻을 수 있습니다. 시즌 키워드는 '겨울에갈만한곳', '겨울데이트코스'로 선정합니다. 1월은 추운 날씨로 '겨울'이라는 키워드와 연결된 키워드 검색이 높게 나옵니다. 세부 키워드는 위치 속성을 적용한 '강남역맛집주차'와 기념일이 합쳐진 '결혼기념일레스토랑' 키워드로 확장해 볼 수 있습니다.

| 키워드 유형 | 키워드 | 월간 조회수(PC) | 월간 조회수(모바일) |
|---|---|---|---|
| 대표키워드 | 레스토랑 | 2,960 | 20,300 |
| | 강남역맛집 | 24,000 | 145,000 |
| 연관 키워드 | 치킨스테이크 | 300 | 1,670 |
| | 생일데이트 | 420 | 2,290 |
| | 스테이크맛집 | 1,310 | 17,400 |
| 시즌 키워드 | 겨울에가볼만한곳 | 220 | 2,640 |
| | 겨울데이트코스 | 90 | 670 |
| 세부 키워드 | 강남역맛집주차 | 20 | 100 |
| | 결혼기념일레스토랑 | 80 | 330 |

▲ 네이버 검색광고 2024년 2월 조회수

# 2 사당역 곱창집 키워드 전략

사당역에 위치한 곱창집은 주로 매장에 직접 찾아가기 때문에 지역 키워드로 접근할 수 있습니다. 대표 키워드를 '소곱창', '사당역곱창'으로 선정했을 때 모바일 월간 조회수가 높은데, 스마트폰 모바일 검색을 통해 정보 탐색이 이루어졌다는 것을 확인할 수 있습니다. 연관 키워드는 제품과 지리적인 키워드를 선정했습니다. 또한, '술안주베스트'를 찾는 사용자들에게 제안해 연결 고리를 만들 수 있습니다. 시즌 키워드는 '겨울에가볼만한곳'로 선정했으며 '설날음식' 키워드는 돌아오는 명절 기간이어서 조회 수가 높았습니다. 세부 키워드는 지리적인 '~파는곳'이라는 연결 단어와 음식에서 검색 의도가 강한 '맛있는' 형용사를 연결해 접근할 수 있습니다.

| 키워드 유형 | 키워드 | 월간 조회수(PC) | 월간 조회수(모바일) |
|---|---|---|---|
| 대표 키워드 | 소곱창 | 3,380 | 34,200 |
| | 사당역곱창 | 390 | 2,110 |
| 연관 키워드 | 소곱창구이 | 170 | 1,740 |
| | 서울곱창맛집 | 590 | 3,890 |
| | 술안주베스트 | 1,110 | 8,780 |
| 시즌 키워드 | 겨울에가볼만한곳 | 220 | 2,640 |
| | 설날음식 | 2,950 | 21,600 |
| 세부 키워드 | 소곱창파는곳 | 10 | 120 |
| | 맛있는소곱창 | 30 | 400 |

▲ 네이버 검색광고 2024년 2월 조회수

## 3 빈티지 여성의류 쇼핑몰 키워드 전략

빈티지는 낡은, 오래된, 구제 특유의 자연스러움으로 편안함을 주는 패션을 말합니다. 최근 고유의 스타일을 살리는 디자인으로 여성들에게 인기를 얻고 있습니다. 대표 키워드로 의류 상위 카테고리인 '여자쇼핑몰', 빈티지를 포함하는 '빈티지쇼핑몰'을 키워드로 선정합니다.

연관 키워드는 마니아를 대상으로 한 전문 용어인 '에스닉스타일'과 관련 있는 '구제옷가게'로 선정할 수 있습니다. 패션의 시즌 키워드는 조회수가 높아 키워드 페이스메이커로 중요한 위치를 선점합니다. 모바일 월간 조회수가 높으므로 세부 키워드는 대상과 속성이 연결된 수식어를 적용한 '30대키작은여자쇼핑몰'과 핵심 대상층을 고려한 '여자빈티지쇼핑몰'로 선정할 수 있습니다.

| 키워드 유형 | 키워드 | 월간 조회수(PC) | 월간 조회수(모바일) |
|---|---|---|---|
| 대표 키워드 | 여자쇼핑몰 | 2,450 | 8,600 |
| | 빈티지쇼핑몰 | 2,900 | 23,500 |
| 연관 키워드 | 에스닉스타일 | 30 | 120 |
| | 구제옷가게 | 40 | 560 |
| | 중고의류 | 250 | 950 |
| 시즌 키워드 | 여자겨울코디 | 130 | 1,340 |
| | 겨울스커트 | 120 | 1,870 |
| 세부 키워드 | 30대키작은여자쇼핑몰 | 80 | 310 |
| | 여자빈티지쇼핑몰 | 60 | 250 |

▲ 네이버 검색광고 2024년 2월 조회수

### 4 남성 정장 쇼핑몰 키워드 전략

남성 정장을 전문으로 판매하는 쇼핑몰의 대표 키워드로 상위 카테고리인 '남성정장', '남자쇼핑몰'을 선정합니다. 연관 키워드는 정장을 구매하는 핵심 구매층이 직장인이 주로 30대이므로 '직장인옷', '30대남성의류', '남자옷쇼핑몰'로 선정할 수 있습니다. 남성 정장의 시즌 키워드 또한, 여성 의류와 마찬가지로 시즌에 맞춰 조회수가 높게 형성됩니다. 겨울 점퍼라는 의미의 패딩과 합쳐진 '남자패딩', '남자겨울코디'를 선정합니다. 세부 키워드는 크기 속성의 '빅사이즈남성정장'과 핵심 대상층을 고려한 '20대남자쇼핑몰'으로 선정할 수 있습니다.

| 키워드 유형 | 키워드 | 월간 조회수(PC) | 월간 조회수(모바일) |
|---|---|---|---|
| 대표 키워드 | 남성정장 | 2,430 | 9,130 |
| | 남자쇼핑몰 | 5,890 | 21,500 |
| 연관 키워드 | 직장인옷 | 120 | 480 |
| | 30대남성의류 | 80 | 250 |
| | 남자옷쇼핑몰 | 3,350 | 14,600 |
| 시즌 키워드 | 남자겨울아우터 | 1,690 | 11,000 |
| | 남자겨울코디 | 290 | 1,300 |
| 세부 키워드 | 빅사이즈남성정장 | 30 | 130 |
| | 20대남자쇼핑몰 | 740 | 1,630 |

▲ 네이버 검색광고 2024년 2월 조회수

## 5 건강식품 쇼핑몰 키워드 전략

건강은 연초에 가장 인기 있는 키워드입니다. 건강식품을 판매하는 쇼핑몰의 대표 키워드로 '건강식품'과 '영양제'를 선정합니다. 영양제는 성인의 40% 이상이 섭취할 정도로 중요한 성분이며 재구매율이 높은 품목입니다. 그래서 다양한 연령층에서 건강을 유지하고 영양 결핍을 예방하기 위해 복용합니다. 연관 키워드는 '상품명', '속성', '대상'을 반영한 '종합비타민', '피로회복', '10대건강식품'으로 선정합니다. 코로나19 영향으로 면역력을 키워주는 건강식품 중 '종합비타민' 키워드 조회수가 높게 나왔다는 것을 알 수 있습니다.

겨울과 관련된 시즌 키워드는 조회 수가 낮아 사용자 의도가 높지 않다는 것을 살펴볼 수 있습니다. 세부 키워드는 다양한 증상과 속성을 연결 및 확장해 '간에 좋은영양제', '면역력높이는영양제'로 선정할 수 있습니다.

| 키워드 유형 | 키워드 | 월간 조회수(PC) | 월간 조회수(모바일) |
|---|---|---|---|
| 대표 키워드 | 건강식품 | 2,480 | 5,020 |
| | 영양제 | 7,560 | 27,100 |
| 연관 키워드 | 종합비타민 | 10,300 | 70,700 |
| | 피로회복 | 810 | 2,550 |
| | 10대건강식품 | 90 | 580 |
| 시즌 키워드 | 겨울건강식품 | 10 | 10 |
| | 겨울영양제 | 10 | 10 |
| 세부 키워드 | 간에좋은영양제 | 700 | 16,400 |
| | 혈액순환개선제 | 2,650 | 23,500 |

▲ 네이버 검색광고 2024년 2월 조회수

## 6 국내여행 키워드 전략

여행 대표 키워드는 여행의 상위 카테고리인 '국내여행'과 '가볼만한곳'으로 선정합니다. 연관 키워드는 핵심 대상층을 고려한 '신혼여행', '국내여자혼자여행'으로, 더 나은 상품과 혜택을 찾고자 하는 경우에는 '국내여행패키지'로 선정할 수 있습니다. 시즌 키워드는 '겨울여행추천', '국내겨울여행지'로 선정했을 때 모바일 조회수가 월등히 높았습니다. 세부 키워드는 다양한 속성이 결합된 '경기도아이들과가볼만한곳'과 특정 지역을 고려한 '제주도가볼만한곳'을 선정할 수 있습니다.

2020년 코로나19 기간 동안 국내 여행업계는 큰 타격을 받았습니다. 해외 여행에 대한 수요가 줄어들면서 상품 판매가 대부분 중지되었기 때문입니다. 이에 국내 여행상품이 큰 인기를 얻었습니다.

2024년 국내 여행 관련 키워드 검색 현황을 살펴보면 조회수가 상승하였습니다. 지속적으로 국내 여행과 관련된 키워드를 파악해 고객 기대 가치를 찾아내는 게 중요합니다.

| 키워드 유형 | 키워드 | 월간 조회수(PC) | 월간 조회수(모바일) |
|---|---|---|---|
| 대표 키워드 | 국내여행 | 13,200 | 48,900 |
| | 가볼만한곳 | 3,700 | 54,300 |
| 연관 키워드 | 신혼여행 | 4,140 | 14,700 |
| | 국내여자혼자여행 | 720 | 4,740 |
| | 국내여행패키지 | 940 | 4,770 |
| 시즌 키워드 | 겨울철가볼만한곳 | 470 | 4,340 |
| | 국내겨울여행지 | 860 | 4,320 |
| 세부 키워드 | 경기도아이들과가볼만한곳 | 150 | 860 |
| | 제주도2박3일여행코스 | 8,730 | 53,200 |

▲ 네이버 검색광고 2024년 2월 조회수

위와 같이 몇 개의 업종을 선정해 대표 키워드에서부터 세부 키워드까지 클릭을 유도하는 페이스메이커 키워드를 찾아보았습니다. 키워드 전략을 수립할 때 적게는 수십 개에서 많게는 수백 개까지 확장시킬 수 있습니다. 여기서 중요한 것은 사용자 의도가 반영된 키워드의 가치를 이해하는 것입니다. 앞에서 제시한 '키워드 내비게이션' 전략을 활용해 구매자가 실질적인 최종 행동으로 연결될 수 있도록 페이스메이커 키워드를 최적화하는 기회를 만들었으면 합니다.

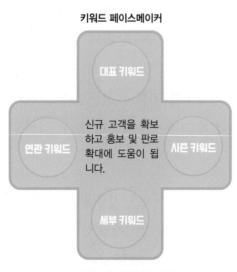

▲ 키워드 페이스메이커 전략

# 고객을 만드는 키워드, 고객을 버리는 키워드

오프라인 사업자에게 필요한 키워드 내비게이션 전략에 대해서 살펴보겠습니다.
#키워드내비게이션실행

사업 영역에서 '키워드 내비게이션 전략', '키워드 페이스메이커'는 중요한 위치를 차지합니다. 키워드는 잠재 고객을 연결하는 징검다리이면서 수많은 정보를 제공하는 가운데 고객을 유치하는 영업사원 역할을 합니다.

오프라인 매장을 운영 중이거나 창업 예정이라면 웹 검색을 통해 먼저 지역 키워드를 살펴보아야 합니다. 현재 포털 사이트 검색 결과에 운영 매장과 상품이 노출되지 않으면 소중한 고객을 놓치고 있는 것입니다. 우선적으로 검색해야 할 키워드 내비게이션은 '지역 + 매장'과 '지역 + 상품'입니다. 지역 키워드는 지리적으로 가까운 위치에 있는 잠재 고객이 목표이며, 좀 더 검색자 의도에 맞춤화된 키워드입니다.

매년 창업 인구가 급속하게 증가하고 있지만, 성공 확률은 매우 낮은 실정입니다. 2023년 12월 통계청에서 발표한 2022년 기업생멸 행정통계 결과에 의하면 신생 기업의 평균 생존율 창업 후 1년은 64.1%, 5년은 34.3%로 나타났습니다. (2021년 기준) 신생기업 3곳 중 1곳은 1년도 못 버티고 소멸하고 있다는 의미입니다. 특히 산업별 5년 후 평균 생존율을 살펴보면 '전기·가스·증기'는 75%, '보건·사회복지'는 56.6%로 상대적으로 높았지만, '숙박·음식점업'은 24.4%, '예술·스포츠·여가'는 23.1%, '광업'은 16.9%로 낮게 나타났습니다. '숙박·음식점업'의 생존율이 낮은 이유는 메뉴 선정의 실패, 잘못된 점포 입지 선정, 서비스 문제, 직원 관리 등 여러 가지 요인이 복합적으로 작용할 수 있습니다. 이 통계 결과는 코로나19가 국내에서 확산한 2022년 이전의 통계입니다.

창업 후 가장 먼저 고려해야 할 사항은 매장을 홍보하는 것과 매출 신장을 이끌어내는 것으로 사업자라면 누구나 공감할 것입니다. 이 장에서는 오프라인 매장을 홍보하고 매출을 만들어내는 지역 키워드 내비게이션 전략에 대해서 살펴보겠습니다. 지역 키워드는 '잠재고객의 요구에 보다 타깃팅된 키워드'로 기대한 결과를 만들어내는 중요한 매개체 역할을 하며, 사업자가 기대한 결과를 달성하기 위한 전략적 선택 사항입니다.

매장을 찾게 만드는 키워드 내비게이션 전략에 대해서 살펴보겠습니다. 오프라인 매장의 경우 '지역 키워드'는 먼저 키워드 내비게이션에 포함해야 하는 핵심으로 다음과 같이 확장할 수 있습니다. 먼저 지역 중심의 핵심 고객을 확보하기 위해 지역명과 키워드를 결합합니다. '~시', '~도', '~구', '~동', '~근처' 등의 지역 탐색어 중심으로 적용해 볼 수 있습니다.

| | | |
|---|---|---|
| 서초동레스토랑 | 대치동찌개전문점 | 사당동근처맛집 |
| 광화문회식장소 | 동대문맛집추천 | 경기도가볼만한맛집 |
| 부산시맛집 | 서울관악구맛집 | 강남배달맛집 |
| 구로디지털단지배달 | | |

주변에 아파트 또는 유명 건물이 있다면 이를 활용해 키워드 내비게이션 전략에 포함시킬 수 있습니다.

목동현대아파트식당      방배래미안아파트근처치킨집      인천차이나타운짜장면집
수원한일타운근처부페      서초래미안맛집      대치아이파크맛집

    지하철은 복잡한 시내를 이동하는 대중교통으로 접근성과 편리성이 뛰어납니다. 서울 지하철 1~4호선을 운영하는 서울메트로는 2014년 2월 26일 수송 인원 400억 명을 달성했다는 자료를 발표했습니다. 이것은 '우리나라 인구의 816배, 세계인구의 5.6배, 서울시민 1명당 4,000번 승차, 지구 둘레 1,000바퀴 거리, 지구에서 달까지 52회 왕복 거리'라고 합니다. 지하철은 이동수단으로써 중요한 역할을 담당하므로 지하철역 근처에 위치한 오프라인 매장이라면 지하철역 키워드를 활용해 잠재 고객을 놓치지 말아야 합니다.

합정역에서가까운맛집      녹사평역치킨집      합정역근처카페
신사역4번출구호프집      홍대입구역9번출구맛집      홍대입구역근처카페
사당역11번출구맛집      고속터미널역근처맛집      사당역근처싸고맛있는집
강남역싸고맛있는집

    비대면 일상 생활이 보편화되면서 모바일 조회수에서 '여행', '맛집'과 관련된 키워드 검색률이 상당히 높아졌습니다. 다음의 데이터는 네이버 키워드 검색광고에서 조회한 자료로, 맛집 관련 키워드에서 PC 조회수보다 모바일 조회수가 월등히 높은 것을 확인할 수 있습니다. 맛집 키워드는 주로 모바일 검색을 통해 정보를 탐색한다는 것을 알 수 있습니다. 모바일 검색 증가로 '모바일 상위 검색 결과 분석'을 통한 키워드 전략과 '모바일 웹페이지'를 개설해 활용할 수 있습니다.

| 연관키워드 ⑦ | 월간검색수 ⑦ | |
|---|---|---|
| | PC ⑦ | 모바일 ⑦ |
| 서울맛집 | 10,400 | 81,600 |
| 사당맛집 | 5,740 | 39,400 |
| 명동역맛집 | 1,300 | 13,400 |
| 신림동맛집 | 660 | 5,370 |

▲ 네이버 키워드 검색광고의 '키워드 도구' 화면

# 검색 데이터로
# 시장과 흐름을 읽어라

검색 데이터를 효과적으로 활용하면 사용자의 검색 패턴과
소비 트렌드를 분석할 수 있습니다.
#검색데이터 #트렌드분석

## 1️⃣ 네이버 데이터랩

네이버 데이터랩은 네이버에서 제공하는 빅데이터 플랫폼으로 검색량 변화 추세를 쉽고 빠르게 확인할 수 있는 '검색어 트렌드' 서비스입니다. 2016년 1월 14일 오픈을 시작으로 국내에서 일어나고 있는 여러 이슈들과 업종별 인기 지역 정보를 바로 확인할 수 있습니다. 단순한 정보제공에서 벗어나 시각적 효과를 강화한 차트와 그리드, 지도를 적용한 데이터 제공으로 최적화된 비주얼로 사용이 가능합니다. 또한, 기관에서 제공한 다양한 공공데이터 및 개별 사용자 데이터를 활용할 수 있습니다.

데이터랩 서비스는 창업을 계획하고 있거나, 상권 분석을 필요로 하는 소상공인들에게 도움이 될 것입니다. 검색어 트렌드를 통해 소비 트렌드를 분석해 볼 수 있고, 업종별 인기 지역과 관심 업종을 파악할 수 있어 비즈니스에 도움을 받을 수 있기 때문입니다. 데이터랩에서 제공하고 있는 서비스는 '검색어트렌드', '쇼핑인사이트', '지역통계'가 있습니다.

▲ 네이버 데이터랩 홈

■ 분야별 인기 검색어

이 서비스의 그래프 지표는 검색어별 네이버 통합 검색 빈도를 기반으로 한 것으로 주제별, 사용자별 검색어 순위를 확인할 수 있습니다. 대표 키워드만을 기준으로 집계해 보여 줍니다. 주 테마는 패션의류, 패션잡화, 화장품/미용, 디지털/가전, 가구/인테리어, 출산/육아, 식품, 스포츠/레저, 생활/건강, 여가/생활편의, 면세점, 도서 등이 있습니다.

기간(일간, 주간, 월간)을 선택하면 좀 더 정확한 인기 검색어 현황을 파악할 수 있으며, 검색어를 클릭하면 '검색어 통계' 서비스로 이동하여 좀 더 정확한 통계값을 얻을 수 있습니다. 그래프 선을 클릭하면 검색량 확인이 가능합니다. 본 데이터의 지표는 네이버 통합 검색 빈도를 기반으로 하였고, 기간 내에 검색량을 100으로 한 상대적 지표로 표기하는 방식입니다. 2017년 8월 이후부터 조회할 수 있습니다.

▲ 검색어 통계 화면　　　　　　　　　　　　　▲ 분야별 클릭량 추이

■ 검색어 트렌드

네이버 통합 검색에서 많은 이용자가 검색하는 검색어의 통계를 볼 수 있는 서비스입니다. 네이버 모바일 검색 및 PC 검색을 통해 검색된 검색어와 검색 횟수를 활용하여 이를 일간/주간/월간 단위 트렌드 그래프 차트로 나타낸 서비스입니다. 조회 기간 내 최대 검색량을 100으로 표현하여 절댓값이 아닌 상대적인 변화로 나타내며, 2016년 1월부터 조회가 가능합니다.

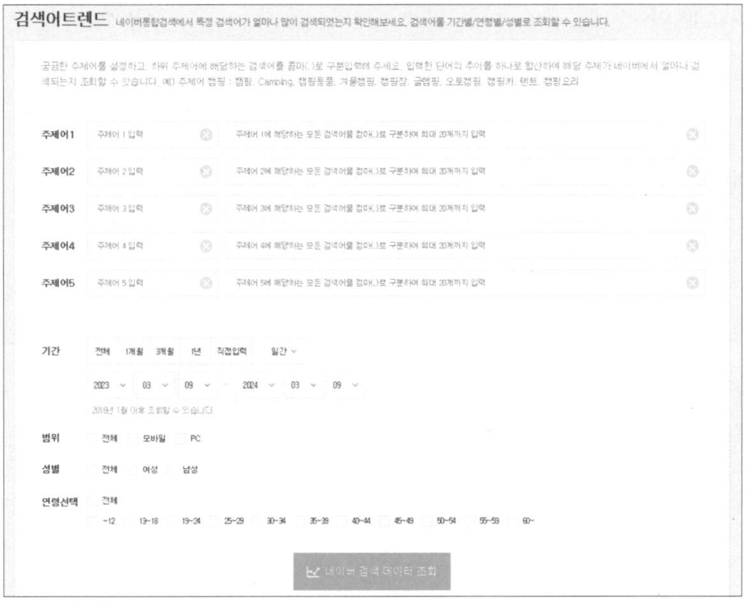

▲ 주제어와 검색어 입력하여 네이버에서 얼마나 검색되는지 관련 데이터를 얻을 수 있습니다.

■ 쇼핑인사이트

스마트스토어 운영 사업자라면 관심을 갖고 활용할 수 있는 서비스가 쇼핑인사이트입니다. 다양한 분야에서 클릭이 발생한 검색어들의 클릭량 추이, 기기별/성별/연령별 정보를 상세하게 조회할 수 있습니다. 추가적으로 제공하는 인기 검색어 TOP500 서비스는 검색어의 인기도를 파악할 수 있습니다. 상품의 매력도 파악이 가능하며 판매 및 사업 전략에 활용할 수 있습니다.

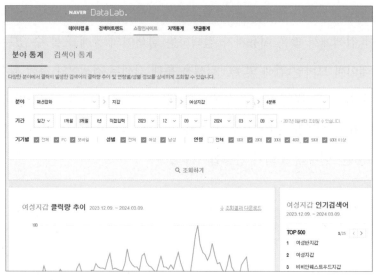

▲ 데이터랩 쇼핑인사이트

■ 쇼핑 분야 트렌드 비교

비교하고 싶은 분야를 3개까지 선택이 가능하고 분야별 클릭 횟수 트렌드를 확

인할 수 있습니다. 2017년 8월부터 조회가 가능합니다. 조회결과에서 상품 관심

도를 파악해 볼 수 있고 키워드 검색광고 전략 수립 시 활용해 볼 수 있습니다.

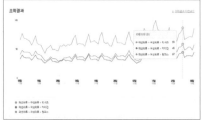

▲ 데이터랩 트렌드 비교

■ 지역별 관심도

네이버에서 매일 발생하는 수억 건의 검색어와 수백만 건의 지역 데이터를 기

초로, 지역의 지역별/업종별 관심도 정도를 확인할 수 있는 서비스입니다. 검색

관심도는 조회 기간 내 최대 관심도를 100으로 표현하여 상대적인 변화를 나타낸 지표이며, 데이터에 근거한 추정 지표이므로 참고 자료로만 사용하세요. 시/군/구 지역을 하나 선택하면, 해당 지역의 관심 업종 순위 및 업종별 인기 지역을 확인할 수 있습니다.

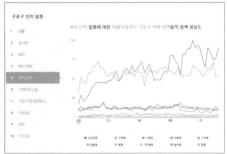

▲ 데이터랩 지역별 관심도

■ 카드 사용 통계

전국의 지역별, 업종별로 발생하는 카드 결제 규모를 확인할 수 있는 서비스입니다. 맞춤형 트렌드 분석 도구에서 성별, 연령별을 선택하여 조회할 수 있으며, 카드 소비 데이터는 BC카드에서 제공합니다.

▲ 데이터랩 카드 사용 통계

## ② 네이버 검색어

검색어 서비스는 사용자가 더욱 빨리, 좋은 정보를 찾을 수 있도록 지름길 같은 역할을 합니다. 이 서비스를 통해서 사용자의 검색 패턴과 함께 많이 찾는 검색어를 살펴볼 수 있습니다. 현재 '연관 검색어' 서비스를 제공하고 있습니다.

### ■ 연관 검색어

사용자의 검색 의도를 파악해 찾으려는 정보를 더욱 빠르고, 편리하게 탐색할 수 있도록 지원하는 서비스입니다. 모든 분야에서 다양한 검색어와 콘텐츠를 분석해 검색어를 추출하고 특정 검색어 이후 연이어 많이 검색한 검색어를 노출해 사용자 검색 패턴을 확인할 수 있습니다. 많이 찾은 검색어와 검색 결과는 사용자의 관심에 따라 꾸준히 변화하며 최신 이슈를 반영합니다.

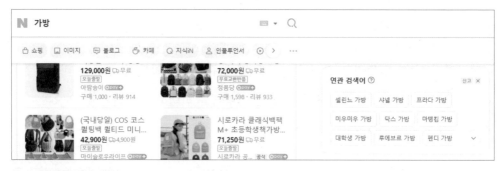

▲ 네이버 연관검색어 서비스

## ③ 네이버 검색어 차트

네이버 검색어 차트는 통합 검색 결과 화면 오른쪽에 검색 사용자들의 관심이 반영된 검색어를 차트화하여 제공하는 서비스입니다. 현재 '쇼핑 검색어' 서비스를 제공하고 있습니다. 순위 선정은 네이버 기준에 의한 알고리즘으로 자동 선정되며, 인위적인 조정이나 개입을 하지 않습니다.

■ 쇼핑 검색어

쇼핑 검색 의도가 높은 검색어(例 가방, 신발)에 대해 해당 검색어와 연관이 깊은 쇼핑 카테고리의 검색어, 브랜드, 인기상품 순위를 보여주는 서비스입니다. 쇼핑검색어에서 제공하는 순위 차트는 네이버쇼핑에서 많이 검색하고 상품을 많이 본 키워드 중 최근 급상승한 키워드를 뽑아 카테고리별로 제공됩니다.

쇼핑 검색어는 매일 업데이트하며 전일 하루 동안 사용자의 검색 빈도, 관련 상품 검색 빈도 등을 기반으로 순위를 선정합니다. 쇼핑 검색어 순위는 사용자들의 관심도를 나타내며 특정 평가를 의미하지 않습니다. 사용자가 원하는 쇼핑 패턴 정보를 얻을 수 있도록 검색 효율성 및 만족도를 높인 서비스로, 쇼핑몰을 운영하는 담당자와 사업자라면 전략적으로 살펴보아야 합니다.

▲ 쇼핑 검색어 서비스

## ④ 자동 완성 서비스

자동 완성 서비스는 사용자 검색 편의를 위한 서비스로 좀 더 정확하고 빠르게 검색할 수 있는 기능입니다. 검색 창에 검색하려는 단어의 앞글자만 입력해도 자동 완성 결과가 제공되어 편리하게 정보를 탐색할 수 있습니다. 2014년 2월, 네이버는 자동 완성 서비스 개편으로 '개체 연결(Entity Linking)'이라는 기술을 적용했습니다. 이 기술은 특정 단어와 함께 사용하는 주변 단어의 확률 분포를 분석해 어떤 의미로 사용되었는지 추론하는 검색 기술로 사용자 검색어에 최적화된 결과를 제공해 원하는 정보를 쉽게 찾을 수 있습니다. 자동 완성 서비스는 사용자가 정보 탐색의 지름길로 활용하기 때문에 모니터링을 통해 키워드 내비게이션 전략에 포함하는 것이 좋습니다.

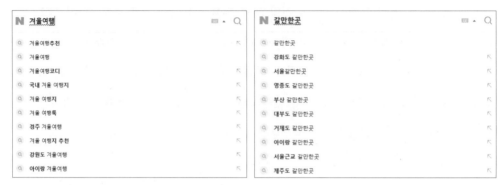

▲ 네이버 자동 완성 서비스

## 5 다음 검색어 서비스

네이버 외에 다음(네이트와 동시 노출), 구글 트렌드의 검색어 서비스도 사용자의 검색 의도를 파악하여 신속하게 검색어 차트를 제공하고 있습니다.

■ 서제스트(자동 완성 키워드) 서비스

네이버의 자동 완성 키워드와 같은 서비스로, 입력한 검색어가 앞 또는 중간 혹은 뒤에 포함된 키워드들을 추천해 줍니다. 서제스트는 입력한 검색어가 포함된 검색어들을 추천해서 검색어와 관련된 다양한 정보에 더욱 쉽게 접근할 수 있도록 도움을 줍니다. 실수로 오타를 입력한 경우 원래 검색하고자 했던 검색어로 바꿔 보여 줍니다.

▲ 서제스트(자동 완성 키워드) 서비스

■ 관련 검색어 추천 서비스

　다음에서 검색 창에 검색어를 입력할 때 바로 아래에 나타나는 검색어 서비스를 추천(Suggest)이라고 합니다. 이 기능은 네이버의 연관 검색어 서비스와 같은 기능으로 입력된 검색어와 관련된 검색어들을 제공해 정보에 더욱 편리하게 접근할 수 있도록 도와줍니다. 관련 검색어는 사용자의 관심사항에 의해 변화하며 시스템에 의해 자동으로 반영됩니다.

▲ 관련 검색어 서비스

■ 제안 검색어

검색창에 입력된 검색어 중 특정 주제와 관련 있는 검색어들을 제공하여 관련 정보에 더 편리하게 접근할 수 있도록 도와주는 서비스입니다. 제안 검색어 대상 키워드는 비즈니스 관련 분야에 한정하여 시스템에 의해 자동으로 선정되며, 이용자의 검색 의도를 파악하여 적합한 키워드를 노출해 줍니다.

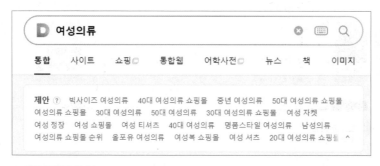

▲ 제안 검색어 서비스

■ 추천 검색어

검색 이용자가 검색 서비스를 이용할 때, 검색 이용도가 높은 검색어를 대상으로 한정하여 제공하는 서비스입니다. 현재 유사한 성격의 주제 중 12개의 검색어를 제공하고 있습니다.

▲ 추천 검색어 서비스

■ 분야별 검색어

입력한 검색어에 적절한 주제 분야를 찾아서 일정 기간 동안의 순위를 제공하는 서비스입니다. 드라마, 콘서트, 시사교양tv, 라디오방송, 뮤지컬, 공연, 연극, 음악, 영화 등 다양한 주제에 관련된 검색어 순위 정보를 살펴볼 수 있습니다. 현재 제공 중인 주제 분야는 약 30개 정도입니다.

| 분야별 검색어 | | 03. 10. 17:17 |
|---|---|---|
| 외국드라마 | 콘서트 | 연극 |
| 1 젠틀맨: 더 시리즈 | 6 | 혼상혼상니 : 너가 보고... |
| 2 쇼군 | 7 | 블랙 스노우 |
| 3 슈퍼섹스 | 8 | 삼체 : 문명의 경계 |
| 4 헤일로 시즌 2 | 9 | 어교기지홈사고인귀 : ... |
| 5 성한찬란 | 10 | 화교회사 |

▲ 분야별 검색어 서비스

## 6 구글 트렌드

구글은 세계에서 가장 큰 검색 서비스이자 인터넷 정보 수집을 상징하는 기업으로, 전 세계 다양한 정보를 체계화해 사용자가 편리하게 이용할 수 있도록 제공합니다. 국내에서 검색 점유율은 네이버에 밀려 낮은 상황이지만, 안드로이드 OS를 기반으로 국내 모바일 검색 시장을 빠른 속도로 장악하고 있습니다.

▲ 구글 트렌드 홈 https://trends.google.co.kr/trends/

구글 트렌드는 매일 전 세계 및 지역별로 급상승하는 최신 인기 검색어 순위를 제공하고, 사용자가 주로 검색하는 검색어에 대한 관심 동향을 쉽게 파악할 수 있도록 지원하는 서비스입니다. 구글 트렌드 국가 설정에 '대한민국'이 추가되면서 편리하게 최신 인기 검색어 순위를 확인할 수 있습니다. 구글 트렌드 홈은 '최근 인기 검색어', '올해의 검색어', '뉴스레터 신청' 등으로 구성되어 있습니다.

■ 탐색 서비스

탐색은 시간 흐름에 따른 검색어의 관심도 변화를 그래프로 확인할 수 있습니다. '특정 국가, 년도, 카테고리, 검색'을 설정하면 세부적으로 정보 확인이 가능합니다. 네이버 데이터랩의 검색어 트렌드와 비슷한 기능입니다.

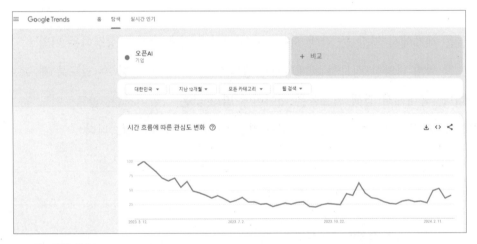

▲ 트렌드 탐색 서비스

■ 실시간 인기 검색어

실시간 인기 검색어에서는 구글 검색 알고리즘에 의해 선정된 일간 이슈 내용을 살펴볼 수 있습니다. '일별 인기 급상승 검색어'와 '실시간 인기 급상승 검색어'에서 인기 검색어를 쉽게 확인할 수 있습니다.

▲ 일별 인기 급상승 검색어

■ 올해의 검색어

올해의 검색어는 연도별, 각 나라별로 이슈화된 정보들을 살펴볼 수 있습니다. 구성 카테고리는 각 나라마다 다르게 보이며, 대한민국의 2023년 인기 검색어 카테고리는 '국내 뉴스', '해외 뉴스', '스포츠 뉴스', '영화', 'K-콘텐츠(TV)','K-POP뮤직', '게임', '레시피'입니다.

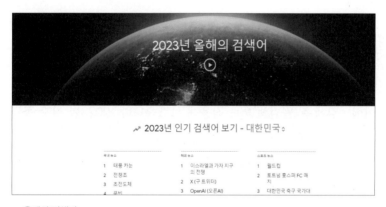

▲ 올해의 검색어

■ 시간 흐름에 따른 관심도 변화

구글 트렌드 탐색 서비스를 활용해 '시간 흐름에 따른 관심도 변화'를 살펴보겠습니다. 키워드는 5개까지 추가가 가능합니다. 국가는 '대한민국' 기간은 '2023년 1월 1일부터 2023년 12월 31일까지'(맞춤 설정 가능), 카테고리는 '여행', 검색은 '웹검색'으로 적용해 보겠습니다. 여행지로 '제주도여행', '태국여행', '유럽여행', '일본여행', '미국여행'을 추가하여 변화 추이를 살펴보면 관심도가 높은 여행지 키워드로 '일본여행'이 나왔습니다. 코로나19 이후 해외여행의 관문이 다시 열리고 엔화 약세의 영향으로 수요가 높게 나온 것을 알 수 있습니다.

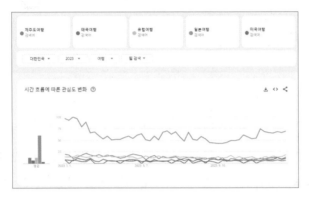

▲ 트렌드 탐색 서비스의 검색 결과

이번에는 제주도의 제주시 관광 지역을 선정하여 관심도 변화를 살펴보겠습니다. 지역 키워드는 '애월읍', '구좌읍', '조천읍', '한림읍', '대정읍'으로 선정하였습니다. 국가는 대한민국, 기간은 '2023년 1월 1일부터 2023년 12월 31일까지', 카테고리는 '여행', 검색은 '웹검색'으로 적용해 보겠습니다. 2023년 기간 동안 관심도 높은 관광지역은 '애월읍'과 '조천읍'이 나왔습니다.

▲ 트렌드 탐색 서비스의 제주도 지역 키워드 검색 결과

구글 트렌드 탐색 서비스를 활용하여 시간 흐름에 따른 관심도 변화를 살펴보았습니다. 현재 구글 검색 서비스는 국내 사용자 빈도가 높아지고 있지만, 트렌드 탐색의 정확도가 네이버 데이터랩 서비스보다 낮을 수 있습니다. 스마트폰 안드로이드OS에 자동으로 탑재되는 구글앱은 국내에서 검색 점유율을 꾸준히 확장해나가고 있으며, 탁월한 검색 서비스로 인정받고 있는 포털 검색 사이트입니다. 구글 트렌드 탐색 서비스는 국내보다 해외 지역 중심으로 키워드를 적용하면 보다 정확한 관심도 변화 추이를 살펴볼 수 있습니다.

■ 구글 순간 검색

구글 순간 검색(Google Instant)은 사용자가 검색 창에 검색어를 입력하는 동안 검색 결과를 찾아주는 정교한 검색 서비스입니다. 이 서비스는 검색창에 검색어를 입력하기 전에 자동으로 검색 결과가 나타나 〈검색〉 버튼을 클릭할 필요가 없습니다. 이 서비스는 네이버와 다음의 '자동완성 서비스'와 같은 기능입니다.

▲ 구글 순간 검색 서비스

# SNS

## 08

# 지속적으로 방문하는 블로그의 스토리 전략

방문객이 내 블로그에 지속적으로 방문하고 즐겨찾기를 유도하기 위해서는
스토리 전략을 잘 세워야 합니다.

#블로그스토리 #스토리전략

하나의 포스트가 업데이트되는 순간, 방문자 수가 늘고 댓글과 공감이 수십 개 이상 올라오는 인기 블로그는 SNS 환경에서 연예인과도 같습니다. 그래서 RSS 리더기에 영향력 있고 흥미 있는 스토리를 제공하는 블로그[13]들을 등록합니다. 해당 블로그에 수시로 방문하면 매체를 통해 얻는 정보보다 전문적인 내용을 습득할 수 있고, 다양한 관점에서 바라볼 수 있어 생각의 폭이 넓어집니다.

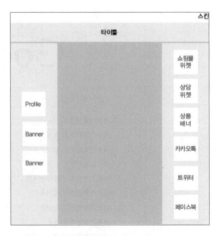

▲ 블로그의 레이아웃

---

13 블로그는 개인의 체험과 경험이 축적된 스토리 공장으로 다양한 위젯, 배너를 추가할 수 있습니다.

포털 사이트 서비스 중에서 블로그가 커다란 위치를 차지하고 오랫동안 좋은 콘텐츠로 자리매김할 수 있었던 이유는 무엇일까요?

블로그가 '개인의 체험과 경험'으로 축적된 스토리 공장이기 때문입니다. 체험에서 비롯된 공감할 수 있는 스토리와 익숙한 경험들은 블로그의 몰입도를 높입니다.

잘 알려진 파워 블로그는 일상적으로 친밀한 행위들을 다듬어 더욱 절묘하며, 진실하고, 구체적인 스토리들을 담습니다. 또한, '정보 탐색 욕구를 해결하는 역할'도 톡톡히 담당합니다.

지속해서 블로그에 방문해 정보 탐색 욕구를 해결하는 것은 마치 팀 버튼 감독의 영화 〈찰리와 초콜릿 공장(2005)〉의 비밀스러운 초콜릿 공장에 가고 싶어 하는 어린이들의 꿈과 같습니다. 블로그에 초콜릿 공장처럼 초콜릿 폭포나 설탕 보트와 같은 몰링(Malling)[14] 요소를 구현하기는 어렵지만, 잘 만들어진 스토리는 적극적인 참여와 호기심을 일으켜 쉽게 벗어나지 못하게 합니다. 찰리의 초콜릿 공장과 같이 블로그를 스토리 공장으로 만들기 위해서는 다음의 3가지를 고민해야 합니다.

### 1 스토리에 온기 불어넣기

블로그에서는 친밀감 속의 온기를 느낄 수 있습니다. 블로그 스토리에 '기쁨, 행복, 재미, 즐거움, 웃음' 등이 적용되면 쉽게 공감할 수 있는 연대감을 조성할 수 있습니다. 이러한 다섯 가지 감정은 인간의 내면을 여는 비밀 열쇠이자 세상을 보다 긴밀하게 연결하는 에너지입니다. 다음과 같은 상황을 소재로 스토리를 만든다면 블로그의 온기가 급상승하지 않을까요?

---

14 감각적인 체험을 즐기며 여가와 쇼핑을 위해 시간을 보내는 행위입니다.

오랜만에 떠나는 여행의 설렘 시리즈
첫 월급을 타서 부모님께 드리는 값진 선물
어린아이의 해맑은 웃음
우연히 방문한 레스토랑에서 맛본 맛있는 요리
내 인생을 바꾼 도서 33권

## ② 인간다움으로 접근하다

블로그에 상품 홍보를 위한 정보나 낯 뜨거운 광고만 수북이 쌓여있다면 방문자에게 깊은 동요를 불러일으킬 수 없습니다. 방문자가 실감 나는 경험 스토리에서 재미와 즐거움을 느낄 수 있어야 감성에 대한 호소력이 짙어집니다.

▲ 정적인 상품 정보 제공보다 흥미와 재미를 줄 수 있는 스토리가
매력적이고 풍성한 경험을 제공해 줍니다.

## ③ 블로그 스토리 소재 발굴과 구성 전략

언제든지 방문해 정보를 습득할 수 있고 흥미 있는 스토리가 넘치는 친숙한 블로그! 이러한 블로그라면 누구나 즐겨찾기에 추가하거나 이웃을 추가하고 RSS 리더기에 등록할 것입니다. 블로그가 스토리 공장으로 거듭날수록 '체온'과 '인간미'가 녹아든 소재를 발견해 자유롭게 소통할 수 있습니다.

블로그를 운영하며 미처 생각지 못한 부분에서 간혹 문제가 발생하기도 합니다. 바로 '스토리 소재 발굴과 구성 전략'입니다. 이 두 가지는 많은 시간 투자와 노력이 필요하므로 관심을 두고 꼼꼼히 살펴봐야 합니다.

'스토리 소재 발굴'은 쉽게 접근할 수 있는 취미생활 또는 관심사항으로 선정합니다. 처음부터 너무 광범위한 카테고리를 설정하여 여러 가지를 신경 쓰다 보면 쉽게 지치고 의욕이 떨어져 부담될 수 있습니다. 이때 명심해야 할 것은 스토리 소재가 고갈되지 않도록 하는 것입니다. 일주일에 몇 개의 스토리를 만들겠다는 목표를 세우고 꾸준히 업데이트하는 것이 중요합니다.

'스토리 구성 전략'은 블로그 운영자라면 누구나 공감하는 부분입니다. 스토리를 만드는 것은 '주관적인 의견'과 '준비한 소재'들을 각색하고 재해석해 표현하는 것이 쉽지 않습니다. 특히 스토리 구성, 이미지 배열, 동영상 추가 등은 스토리의 중요한 뼈대가 됩니다. 다음의 세 가지는 블로그 스토리를 구성할 때 항상 고민하고 확인해야 하는 항목입니다. '제목', '본문', '태그'로 포스팅 완료하고 발행하기 전 체크를 해봐야 합니다.

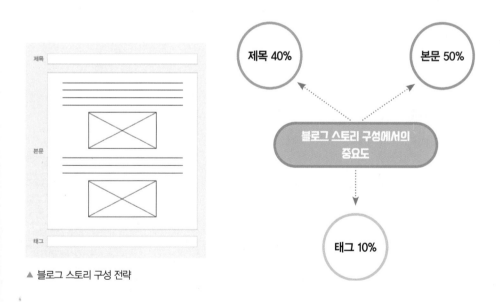

▲ 블로그 스토리 구성 전략

■ 어떻게 하면 재미있는 스토리를 만들까?

간혹 블로그 전문가 교육 과정에서 스토리 구성과 관련해 '이미지가 먼저인가? 스토리가 먼저인가?'와 같은 질문을 받습니다. 마치 '닭이 먼저냐? 달걀이 먼저냐?'와 같은 질문으로 이것은 블로그 운영자의 개성과 취향에 따라 달라집니다. 필자의 경우 주로 스토리를 간략히 요약한 다음 이미지를 추가하고 글을 쓰는 순서로 작업합니다.

■ 다양한 이미지를 어떻게 배열하고 구성할까?

스토리 구성에서 이미지가 30~50장 정도라면 작업 시간이 오래 걸립니다. 이때 블로그 사진 첨부 방식(콜라주, 슬라이드)의 이미지 묶음 기능으로 배열해서 작업 시간을 줄일 수 있습니다.

■ 동영상 재생 시간은 어느 정도로, 어떤 장면을 보여 줄까?

블로그 스토리 구성에서 정적인 문자와 이미지에 동영상을 추가하면 동적인 요소로 인해 시각적인 몰입도를 높일 수 있습니다. 또한, 설득력을 높이고 현실감을 증대시키는 조미료 역할을 합니다. 동영상은 블로그 운영자가 스토리 흐름이 끊기지 않도록 충분히 고려해 삽입합니다.

'스토리 소재 발굴과 구성 전략'은 블로그 운영자가 지속해서 관심을 둬야 하는 과제입니다. 귀찮고 힘들겠지만, 지속해서 탐구하고 도전하면 결과는 노력을 배신하지 않습니다.

오른쪽의 글감은 생활 속에서 손쉽게 찾을 수 있는 블로그 스토리의 범위입니다. 전문적인 카테고리로 구성하여 스토리를 구성하면 공감을 불러일으키는 것은 어렵습니다. 삶 속에서 친밀하게 느껴지는 체험과 경험 스토리 중심으로 접근해야 설득력을 높일 수 있습니다.

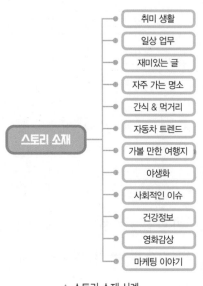

▲ 스토리 소재 사례

# 네이버 블로그도 관리가 필요하다

네이버 블로그를 잘 운영하기 위해서는 기본적인 관리 메뉴 이해와
시선을 사로잡을 수 있는 디자인이 적용되어야 합니다.
#블로그관리 #블로그디자인

국내에서 높은 검색률을 점유하는 네이버의 블로그 관리와 홈 디자인에 대해서
살펴보겠습니다.

## ① 네이버 블로그 운영의 첫걸음

네이버 블로그 '관리'에서 핵심적으로 확인해야 하는 기능을 살펴봅니다. 기본
적으로 4개의 '기본 설정', '꾸미기 설정', '메뉴·글·동영상 관리', '내 블로그 통
계'로 구성됩니다.

■ 기본 설정 > 기본 정보 관리 > 블로그 정보

'블로그 정보'는 운영자 프로필을 방문자에게 소개하는 부분으로, 독창적인 소개 글로 개성을 나타낼 수 있습니다. '블로그명'은 네이버 검색에 반영되므로 앞으로 작성할 주제의 핵심 키워드를 추가합니다. '소개글'은 블로그명에 언급된 키워드 관련해서 내용을 넣어 줍니다.

이미지는 '블로그 프로필 이미지'와 '모바일 앱 커버 이미지'가 있습니다. '블로그 프로필 이미지'는 블로그 프로필 영역에 노출되며, '모바일 앱 커버 이미지'는 네 이버 블로그 모바일 앱 홈 화면에 보이는 이미지입니다.

▲ 블로그 기본 설정의 블로그 정보

▲ 모바일 환경에서 접속한 홈 화면

■ 기본 설정 > 기본 정보 관리 > 기본 서체 설정

네이버 블로그에 글을 작성하면 기본 서체로 설정되어 있습니다. 제목과 본문의
서체를 변경하고 싶을 경우에는 기본 설정에서 '기본 서체 설정'에서 변경이 가능
합니다. '서체'는 블로그 글을 효과적으로 읽을 수 있도록 지원하는 기능입니다.
'서체 설정'으로 시각적 효과와 입체적인 볼거리를 제공할 수 있습니다. '기본 서체
설정'에서 서체 변경, 글자 크기, 색상, 행간, 정렬 항목을 설정할 수 있습니다.
서체와 정렬 항목은 제목에도 적용이 됩니다.

▲ 기본 설정의 기본 서체 설정 화면

■ 기본 설정 > 사생활 보호 > 콘텐츠 공유 설정

'CCL(Creative Commons License) 설정'은 블로그 운영자가 직접 만든 스토리의 복제, 배포, 전송과 관련해 이용 허락을 표시하는 규약입니다. 블로그에 포스팅된 문자와 이미지는 비공개가 아닌 이상 누구나 접근해 이용 및 복제할 수 있습니다. 운영자가 정성 들여 만든 스토리는 저작물이기 때문에 보호 기능으로서 반드시 CCL 설정을 해야 합니다.

▲ 기본 설정의 콘텐츠 공유 설정 화면

'자동 출처 사용 설정'이 '사용'으로 지정되어 있으면 방문자가 글을 복사해 붙여 넣는 경우 블로그 출처가 자동으로 추가됩니다. '마우스 오른쪽 버튼 금지 설정'은 복사를 방지하는 기능이며, '자동 재생 설정'은 음악 파일 자동 재생 기능입니다.

▲ 블로그 포스트 아래에 표시된 CCL

　많은 블로거들과 쉽게 공유할 수 있는 방법은 이웃맺기입니다. 이웃은 관심을 갖고 있는 블로그를 '즐겨찾기'하는 것으로 이해하면 됩니다. 이웃이 맺어지면 블로거에 업데이트되는 내용을 알림 받기가 가능하고 다양한 블로거들을 더 많이 만나볼 수 있습니다. 평소에 관심 갖고 있는 주제 내용 또는 인플루언서 블로거가 있다면 '이웃신청'을 할 수 있습니다. 이웃은 '즐겨찾기' 기능이므로 자유롭게 추가할 수 있으며, 서로이웃은 상대방이 서로이웃 신청에 동의를 해야만 맺어질 수 있습니다. 이웃 관계에 따라 글의 공개 범위를 설정할 수 있어서 가까운 사이의 블로거들끼리 서로이웃을 맺게 됩니다. 글의 발행에서 공개 설정 옵션을 보면 이웃 공개, 서로이웃 공개 체크를 할 수 있습니다.

　'내가 추가한 이웃'은 이웃의 활동을 추적하거나 게시물을 쉽게 살펴볼 수 있습니다. '나를 추가한 이웃'은 내가 올린 게시물을 이웃이 쉽게 받아볼 수 있습니다. '서로이웃 신청'은 서로이웃 신청한 메시지를 수락, 거절을 할 수 있습니다.

▲ 이웃관리 화면

▲ 서로이웃 신청 화면

▲ 이웃커넥터 화면

■ 꾸미기 설정 > 스킨 > 스킨 선택

'스킨'은 블로그를 개성 있게 꾸밀 수 있는 아이템입니다. 모든 스킨은 무료로 제공되고 있으며 전문 디자이너뿐만 아니라 일반 이용자도 스킨 제작 및 공유가 가능합니다. 선택한 스킨은 취향에 맞게 레이아웃과 세부 디자인을 수정할 수 있습니다. 개성 넘치는 디자인으로 다시 꾸밀 수 있습니다.

▲ 꾸미기 설정의 스킨 선택 화면

■ 꾸미기 설정 > 스킨 > 내 스킨 관리

현재 사용 중인 스킨을 확인하고 수정할 수 있습니다. 내 스킨 관리 메뉴 오른쪽에 위치한 '아이템 팩토리 바로가기'를 클릭하면 다양한 스킨들을 검색하여 적용할 수 있습니다. '아이템 팩토리 스킨'은 블로그 운영자들이 공유한 스킨입니다.

▲ 꾸미기 설정의 내 스킨 관리 화면

■ 꾸미기 설정 > 디자인 설정 > 레이아웃·위젯 설정

블로그의 뼈대인 레이아웃을 선택하고 다양한 위젯들을 설정할 수 있습니다. 보통 레이아웃은 1~3단으로 구성됩니다. 레이아웃마다 장·단점이 있지만 취향에 따라 적용할 수 있습니다.

디자인 설정 항목의 '세부 디자인 설정', '타이틀 꾸미기', '글·댓글 스타일' 메뉴는 네이버 블로그 리모콘 기능으로 연동됩니다.

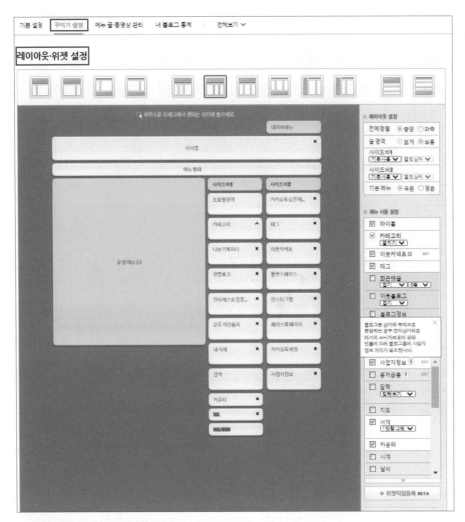

▲ 꾸미기 설정의 레이아웃·위젯 설정 화면

■ 꾸미기 설정 > 아이템 설정 > 퍼스나콘

'퍼스나콘'은 블로그 운영자의 아이콘으로 개성을 표출하는 기능입니다. 프로필 영역의 별명 왼쪽과 블로그 댓글에 노출됩니다. '무료 퍼스나콘 전체 보기'에서 다양한 퍼스나콘을 취향에 따라 적용할 수 있습니다.

▲ 이웃커넥트 위젯 설정 화면

▲ 네이버 블로그에 적용
된 이웃커넥트 위젯

■ 메뉴·글·동영상 관리 > 메뉴 관리 > 상단 메뉴 설정 > 상단 메뉴 지정

블로그 카테고리를 홈 위의 '블로그 메뉴'에 추가해 방문자가 쉽게 접근할 수 있도록 구성할 수 있으며, 최대 4개까지 추가할 수 있습니다.

▶ 메뉴 · 글 · 동영상 관리의 상단 메뉴
설정 화면

블로그 상단 메뉴에 추가된 카테고리를 살펴볼 수 있습니다. PC 방문자가 블로그 운영자의 대표적인 글에 쉽게 접근이 가능합니다.

▲ 블로그 타이틀

■ 메뉴·글·동영상 관리 > 메뉴 관리 > 블로그

'블로그'는 카테고리를 관리하거나 설정할 수 있는 기능입니다. 카테고리 추가는 [카테고리 추가] 버튼을 클릭한 다음 오른쪽에서 위치한 옵션 설정을 진행합니다. 카테고리명이 추가되면 '공개 설정'과 '주제 분류'를 설정합니다. '글보기'에는 '블로그형' 또는 '앨범형'이 있습니다. '블로그형'은 포스팅한 글 중심으로 보이며, '앨범형'은 이미지와 제목을 기준으로 노출됩니다. '섬네일 비율'은 정방향과 원본비율이 있으며 '목록 보기'는 '목록 닫기'와 '목록 열기(5줄~30줄)'가 있습니다. '목록열기' 지정이 많으면 스크롤바를 내려서 글을 볼 수 있기 때문에 적절하게 선택해줍니다. '카테고리 정렬'은 카테고리 위치를 쉽게 조정할 수 있습니다. '카테고리 접기'는 연관 있는 카테고리를 그룹(2단계 카테고리)으로 묶어서 구성할 때 '펼치기' 또는 '접기'로 설정할 수 있습니다.

▲ 메뉴·글·동영상 관리의 카테고리 관리 설정 화면

'프롤로그'는 블로그 홈 레이아웃에 보이는 스토리들을 풍성하게 표현할 수 있는 기능입니다. 프롤로그 보기 설정에는 '글 강조'와 '이미지 강조'가 있습니다. '글 강조'에서 '메인 목록(최대 6줄)'은 '이미지+제목+본문 상단 요약'으로 구성되고, '이미지 목록(최대 6줄)'은 업데이트된 이미지가 순서대로 노출이 됩니다. '글 목록(최대 3줄)'은 메인 목록과 같은 형태로 나타납니다. '이미지 강조'에서 '메인 이미지 목록'은 '이미지+제목' 중심으로, '글 목록'은 '이미지+제목+본문 상단 요약'으로 나타납니다(두 번째 글 목록은 최대 6줄, 세 번째 글 목록은 최대 3줄). 적극적으로 노출하고 싶은 카테고리가 있으면 '카테고리/메뉴선택'에서 추가하면 됩니다.

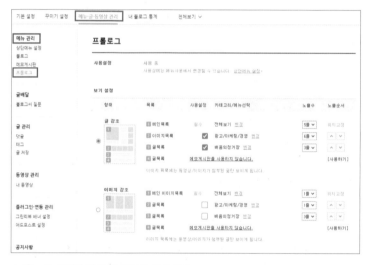

▲ 메뉴·글·동영상 관리의 프롤로그 관리 화면

▲ 포스트 강조 화면　　　▲ 이미지 강조 화면

■ 메뉴·글·동영상 관리 > 글 관리 > 댓글

'댓글'은 블로그에 포스팅된 스토리 반응을 살필 수 있는 기능입니다. 상업적인 스팸 메시지의 경우 차단해 삭제할 수 있습니다.

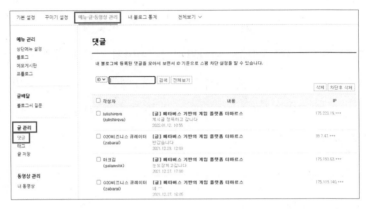

▲ 메뉴·글·동영상 관리의 댓글 화면

■ 메뉴·글·동영상 관리 > 글 관리 > 태그

'태그'는 블로그를 포스팅할 때 추가한 태그들을 살펴볼 수 있는 기능입니다. 최근순, 인기순, 가나다순으로 태그들을 나열할 수 있습니다.

▲ 메뉴·글·동영상 관리의 태그 화면

■ 메뉴·글·동영상 관리 > 글 관리 > 글 저장

'글 저장'은 블로그에 포스팅된 글을 PDF 파일로 변환해 다양하게 활용할 수 있습니다. 이때 직접 작성한 포스트만 사용할 수 있으며 첨부 파일, 스토리포토, 뮤직 등은 표시되지 않습니다. 하나의 PDF 파일 안에 100개의 포스트(500MB까지)를 추가하고, 최대 20개(3GB)까지 적용할 수 있습니다.

▲ 메뉴·글·동영상 관리의 글 저장 화면

■ 메뉴·글·동영상 관리 > 동영상 관리 > 내 동영상

'내 동영상'은 블로그 글에 추가한 동영상의 정보(제목, 정보, 태그)를 수정하고 통계를 살펴볼 수 있습니다.

▲ 메뉴·글·동영상 관리의 내 동영상 화면

'애드포스트'는 세계적인 검색 엔진인 구글에서 운영하는 '애드센스'와 같은 콘텐츠 매칭 광고[15]입니다. 블로그에 방문자가 유입되면 애드포스트에 가입해 승인받아 광고를 게재할 수 있습니다. 광고 게재를 통해 얻은 수익은 네이버페이 포인트, 정기 지급(현금) 등으로 지급 받을 수 있습니다. 네이버페이 포인트의 경우에는 '수입전환 신청하기'를 통해 신청 가능하며 익월 12일에 지급됩니다. 수입전환 가능 금액은 100원 이상일 경우에만 가능합니다.

'애드포스트 관리하기'로 이동하면 '보고서', '미디어 관리', '내정보' 등을 설정할 수 있습니다.

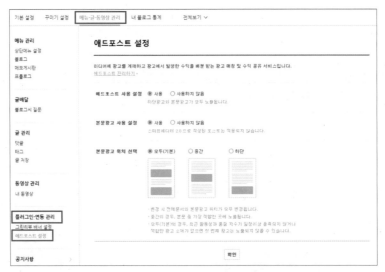

▲ 애드포스트 사용 설정 및 본문광고 사용, 위치를 선택할 수 있습니다.

---

15 콘텐츠 매칭은 뉴스나 블로그에서 콘텐츠를 조회할 때 해당 콘텐츠와 일치하거나 연관도가 높은 광고 노출을 말합니다.

▲ 애드포스트 관리하기 화면

블로그 스토리의 제목, 본문 내용과 관련된 광고가 노출되는 것을 확인할 수 있습니다.

▲ 블로그 글 아래에 노출되는 애드포스트

### ■ 내 블로그 통계

'내 블로그 통계'는 네이버 블로그의 로그 분석 서비스로, 간편하게 블로그 운영에 대해서 전반적으로 피드백할 수 있는 기능입니다. '방문 분석'은 조회수, 방문회수, 재방문율, 평균 사용 시간 등을, '사용자 분석'은 유입 분석, 시간대 분석, 성별·연령별 분포, 이웃 방문 현황 등을 확인할 수 있습니다. '동영상 분석'은 재생수, 시간, 시청자 분석 등을, '순위'는 조회수, 공감 댓글 수, 동영상 순위를 확인할 수 있습니다.

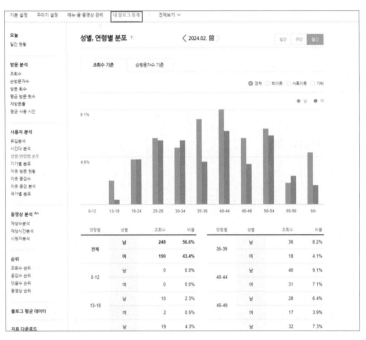

▲ 내 블로그 통계의 성별 · 연령별 분포 화면

## ② 네이버 블로그 손쉽게 꾸미기, 리모콘

'리모콘'은 블로그 홈을 세밀하게 디자인하는 기능으로 몇 번의 클릭만으로도 특별하게 꾸밀 수 있습니다. 스킨 배경, 그룹박스, 포스트 스타일, 전체 박스, 위젯 등을 한눈에 직관적으로 확인하면서 기본 템플릿과 색상을 직접 적용할 수 있습니다. 상단에 위치한 '내 메뉴'에서 '세부 디자인 설정'을 클릭하면 '리모콘'이 활성화됩니다.

왼쪽 하단에 위치한 '스크롤시 이동' 체크박스가 체크되어 있어야 리모콘이 이동하면서 손쉽게 디자인 확인이 가능합니다.

■ 리모콘 > 스킨배경

 '스킨'은 블로그 전체 이미지를 한눈에 확인이 가능하게 하는 메뉴입니다. 어떤 '스킨'을 적용하는가에 따라 블로그에 대한 느낌이 달라집니다. '스타일'은 기본적으로 네이버 블로그에서 제공하는 스킨 배경 이미지이며, '컬러'는 특정 색상을 지정하여 적용할 수 있습니다. 개성 있는 블로그를 연출하기 위해 스킨을 제작한 경우 '직접등록' 탭을 선택해 추가합니다. 가로는 최대 3,000px[16]입니다.

▲ 스킨배경의 디자인 화면

■ 리모콘 > 타이틀

 '타이틀'은 블로그의 제목 표시와 위치를 선정할 수 있고, 영역 높이 지정이 가능합니다. 스킨 배경과 마찬가지로 디자인의 스타일과 컬러를 지정할 수 있습니다. 직접 등록일 경우의 크기는 가로 '773px~966px', 세로 '50px~60px'이며 파일 형식은 'PNG, JPG, GIF'입니다. '타이틀'은 블로그의 개성을 노출시킬 수 있는 영역이므로 전략적으로 활용하는 것이 중요합니다.

▲ 타이틀의 블로그 제목 화면

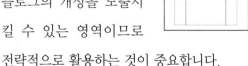

---

16 px는 화소를 뜻하는 pixel의 약자입니다. 사진 파일의 경우 해상도라는 규격이 있는데, 가로X세로의 크기를 픽셀(Pixel) 단위로 나타냅니다. 사진의 크기가 200X200 픽셀로 되어 있다면 가로로 200개의 점과 세로로 200개의 점들의 조합으로 이루어진 사진을 의미합니다. 이 사진의 크기는 40,000픽셀이 됩니다.

■ 리모콘 > 네이버 메뉴

블로그 오른쪽 상단에 위치한 내비게이션 기능입니다. '이웃블로그'는 이웃의 글들을 살펴볼 수 있고, '블로그 홈'은 네이버 블로그 홈으로 이동합니다. '내 메뉴'는 블로그의 핵심 기능들을 모아 놓았고, '별명'은 내 정보 및 가입한 카페, Npay를 확인할 수 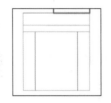 있습니다. '네이버 메뉴'는 스킨 배경에 맞추어 디자인을 적용할 수 있으며, 폰트 내용 색을 바꿀 수 있습니다.

▲ 네이버 메뉴의 디자인 화면

■ 리모콘 > 블로그 메뉴

'블로그 메뉴'는 방문자에게 주요 카테고리를 쉽게 찾을 수 있는 내비게이션 기능입니다. 디자인에서 다양한 스타일과 컬러를 선택할 수 있으며 직접 등록할 수 있습니다. 직접 등록의 크기는 가로 '773px', 세로 '36px~70px',  PNG, JPG, GIF 파일을 이용합니다. 폰트의 기본색은 '블로그 메뉴'의 대표 색상이고 강조색은 '블로그' 단어 색상입니다.

▲ 블로그 메뉴의 디자인 화면

■ 리모콘 > 전체 박스

'전체 박스'는 블로그 외각선을 디자인 하는 기능입니다. '전체 박스 사용하지 않음' 옵션이 있습니다. 디자인에서 다양한 스타일과 컬러를 선택할 수 있고 직접 등록이 가능합니다. 직접등록일 경우에는 제목 영역과 하단 영

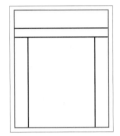

▲ 전체 박스의 디자인 화면

역은 높이 지정이 되고 크기는 가로 '789px', 세로 '8px~100px'입니다. 내용 영역의 크기는 가로 '789px', 세로 '1px ~50px'입니다.

■ 리모콘 > 구성 박스

'구성 박스'는 사이드바에 위치한 '카테고리'와 '태그' 메뉴를 디자인 하는 기능입니다. 디자인에서 다양한 스타일과 컬러를 선택할 수 있으며 직접 등록이 가능합니다. 컬러는 '제목 영역', '내용 영역', '테두리'에 컬러를 선택하여 넣을 수 있습

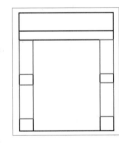

▲ 구성 박스의 디자인 화면

니다. 직접 등록일 경우에는 제목 영역의 크기는 가로 '171px', 세로 '30px~50px', 내용 영역의 크기는 가로 '171px', 세로 '1px~50px', 하단 영역의 크기는 가로 '171px', 세로 '10px~50px'입니다.

■ 리모콘 > 그룹 박스

'그룹박스'는 사이드바 외각선을 디자인
하는 기능입니다. '그룹 박스 사용하지 않
음' 옵션이 있습니다.
디자인에서 다양한
스타일과 컬러를 선
택할 수 있고 직접등
록이 가능합니다. 직접
등록일 경우에는 제목

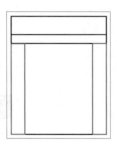

▲ 그룹 박스의 디자인 화면

영역과 하단 영역은 높이 지정이 되고
크기는 가로 '185px', 세로 '7px~150px'입니다. 내용 영역의 크기는 가로
'185px', 세로 '1px~50px'입니다.

■ 리모콘 > 글 · 댓글 스타일

'글·댓글 스타일'은 글영역 레이아웃을
디자인하는 기능입니다. '디자인', '제목
크기', '폰트', '댓글 스타일'을 적용할 수
있습니다. '디자인'은 다양한 스타일과
컬러를 선택할 수 있고, '제목크기'는 스
마트에디터 2.0만 적용됩니다. '폰트'는
제목색, 내용색, 강조색을 선택할 수 있고,
'댓글 스타일'은 퍼스
나콘, 프로필, 심플로
선택할 수 있습니다.

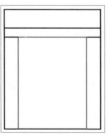

▶ 글·댓글 스타일의
디자인 화면

■ 리모콘 > 프로필

'프로필'은 블로그 운영자를 소개하는
메뉴입니다. 디자인에서 다양한 스타일과
컬러를 선택할 수 있고
폰트 내용색 선택이
가능합니다. 직접등
록일 경우에는 상단
영역과 하단 영역은
높이 지정이 되고 크

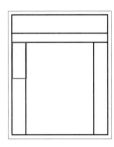

▲ 프로필의 디자인 화면

기는 가로 '171px', 세로 '5px~50px'입
니다. 중앙 영역의 크기는 가로 '171px', 세로 '1px~50px'입니다.

■ 리모콘 > RSS / 블로그 로고, 위젯

RSS 리더기에 등록할 수 있는 XML 기반의 콘텐츠 배급 포맷인 RSS 디자인
선택이 가능하고 블로그 악세서리 위젯은 '카운터', 'CCL' 선택을 할 수 있습니다.

▲ RSS/블로그 로고의 디자인 화면

▲ 위젯 설정 화면

# 네이버 블로그 스토리 흐름 파악하기

짜임새 있게 블로그를 운영하기 위해서는 스토리 구성에 대해서 이해해야 합니다.
#블로그스토리

블로그 검색 엔진 최적화 전략(SEO)을 이해했다면 스토리 구성을 어떻게 진행할지 대략적으로 파악할 수 있습니다. 블로그 스토리를 구성하기에 앞서 '제목 키워드', '본문 키워드의 자연스러운 배열', '이미지 추가', '제목 키워드의 태그 추가' 등 On page optimize 전략을 확인합니다.

건축에서는 설계도가 잘 만들어져야 구조물들을 체계적으로 배치할 수 있습니다. 블로그 검색 엔진 최적화 전략을 건물의 설계도로 생각했을 때 블로그 스토리 구성은 구조물로 비유할 수 있습니다. 블로그도 스토리 구성을 효과적으로 구현하기 위해 검색 엔진 최적화 전략을 잘 계획해 설계해야 합니다. 여기서는 짜임새 있는 스토리 구성을 위한 로드맵을 살펴보겠습니다.

▲ 블로그 스토리의 구성 로드맵

## 1 검색 의도가 반영된 키워드 발굴하기

키워드는 정보 탐색의 욕구가 반영된 행동 유발 단어로, 방문자로 하여금 블로그로의 방문을 유도합니다. 다양한 검색 의도가 반영된 키워드 발굴 전략은 건축에서 설계도의 입면도, 평면도, 단면도, 정면도 등과 같이 이해할 수 있습니다. 검색 의도가 반영된 키워드일수록 잠재 고객의 세분화 및 방문자와 상호작용할 수 있습니다. 다음의 예시를 통해 '맛집', '경기도 여행'을 키워드로 설정했을 때 키워드 전략을 살펴봅니다.

■ 강남역에 위치한 맛집

분위기 좋은 강남 맛집, 서울 강남역 맛집, 가볼 만한 강남 맛집, 강남 근처 맛집, 강남역 가볼 만한 맛집 등

■ 경기도 당일치기 여행

경기도 아이와 가볼 만한 곳, 경기도 주말 나들이, 경기도 드라이브 코스, 경기도 놀러 갈 만한 곳, 경기도 나들이, 경기도 가족 온천탕 등

## 2 행동을 유발하는 제목 만들기

제목은 포털 사이트의 검색 엔진과 만나는 관문입니다. 키워드 전략 수립에서 선택한 키워드로 매력적인 제목을 선정하면 방문자의 행동을 유발할 수 있습니다. 특히, 구체적인 내용의 제목은 키워드 검색 범위를 줄여 명확한 목표를 세울 수 있습니다.

> **키워드**: 강남역 가볼 만한 맛집
> **젊은 층을 대상으로 하는 맛**: 매운맛
> **업종**: 전통 한식당
> **음식 메뉴**: 김치찌개
> **시간**: 점심
> [강남역 가볼 만한 맛집] 점심시간에 찾은 전통 한식당에서 김치찌개의 매운맛에 반하다

## ❸ 5W1H로 본문 요약하기

본문 요약은 포스팅 전략에서 필요충분조건은 아니지만, 간략하게 스토리를 요약하면 내용을 수월하게 전달할 수 있습니다. 마치 흰 도화지에 연필로 대략적인 구도를 설정하는 것과 비슷합니다. 파워 블로거일 경우 스토리 전개에 대한 부담이 적을 수 있지만, 초보 블로거일 경우에는 육하원칙에 따라 스토리를 짜임새 있게 요약하는 것이 좋습니다.

■ 5W1H 제주도 여행

**Why:** 도심 속에서 잃어버린 감성을 되찾기 위해
**Where:** 국내 여행지 제주도
**When:** 무더위가 기승인 여름, 휴가철에 맞춰 떠난다.
**Who:** 죽마고우와 함께
**How:** 아침 일찍 떠나는 비행기로

## ❹ 한층 흡입력 있는 블로그 스토리 만들기

김치를 담글 때 주재료인 배추나 무가 빠지면 허전하듯이 블로그 스토리 구성에서 이미지는 매우 중요합니다.

이미지마다 짧은 글을 적용하기 때문에 10~15장 내외로 선택해 스토리를 만들면 문제없지만, 50장 이상의 이미지를 사용하면 매우 복잡해집니다. 이때 네이버 블로그의 '사진 첨부 방식' 기능을 활용해 포스팅 시간을 단축할 수 있습니다. 네이버 블로그 에디터에서 〔사진〕 또는 〔SNS사진〕 메뉴를 선택하고 이미지를 추가하면 효과적으로 배열할 수 있는 '사진 첨부' 팝업창이 표시됩니다. 사진 개수가 많을 경우에는 '콜라주' 또는 '슬라이드'를 적절하게 사용합니다.

▲ 블로그 스토리에서 사진 추가하기 화면

　동영상은 정적인 블로그 스토리를 생동감 있게 전달할 수 있어 설득력과 현실감을 높입니다. 고품질 동영상은 기획과 촬영, 편집 과정이 수반되어서 제작하는 데 투자가 필요합니다. 유튜버(YouTuber, 세계적인 유튜브 동영상 플랫폼에 정기적으로 동영상을 제작하여 올리는 사람)로 활동할 경우에는 전문적인 블로그 스토리를 구성할 수 있습니다. 초보 블로거가 공감을 자아내는 동영상을 제작할 경우, 적지 않은 시간이 부담됩니다. 전문가가 연출한 듯한 리드미컬(운율적인)한 구성으로 만드는 것보다 짧은 러닝타임으로 제작하여 접근할 필요가 있습니다. 블로그 스토리 구성에서 글과 이미지가 중점적으로 나열되기 때문에 동영상은 핵심적으로 노출시키고 싶은 부분 중심으로 제작하면 됩니다.

　일반 동영상 파일은 최대 10개까지 추가할 수 있고, 파일 용량은 8GB(420분)까지 업로드를 할 수 있습니다. 외부 동영상 사이트에서 소스 코드를 삽입할 경우, 본문에 동영상 URL을 입력하면 자동으로 동영상 첨부와 재생이 가능합니다.

▲ 블로그 스토리 구성에서 동영상 추가하기 화면

## 5 블로그 스토리 태그 넣기

태그는 블로그 스토리 꼬리표로 최대 30개까지 추가할 수 있습니다. 제목에 추가한 문장에서 키워드를 추출해 적용해 봅니다. 태그는 블로그 본문에 추가하거나 발행의 '태그 편집'에서 입력할 수 있습니다. '#키워드'로 표시되고 띄어쓰기(공백)가 적용되지 않습니다.

▲ 블로그 스토리 구성에서 동영상 추가하기 화면

**제목:** [강남역가볼만한맛집] 점심시간에 찾은 전통 한식당에서 김치찌개의 매운맛에 반하다
**태그:** #강남역가볼만한맛집, #강남김치찌개, #강남가볼만한맛집, #강남한식당, #가볼만한강남식당, #강남역매운김치찌개, #강남역매운김치찌개, #강남역한식당

SNS

# 11

# 블로그를 돋보이게 하는
# 액세서리, 위젯

블로그 위젯은 이벤트, 홍보, 홈페이지 연결 등 다양한 연결 기능을 합니다.
비주얼적이고 독창적인 위젯을 만들어 볼까요?
#블로그악세서리 #위젯

블로그는 찾고자 하는 정보를 키워드 검색 몇 번만으로 손쉽게 찾을 수 있도록 도와줍니다. 마치 알라딘의 요술램프처럼 궁금증과 호기심을 해결해 줍니다. '회사 업무 중 문제 해결이 필요할 때', '서울 근교 맛집을 찾을 때', '자동차에 이상이 생겼을 때', '요리법을 찾고 싶을 때', '집 근처 치킨집을 찾을 때' 등 생활 속에서 블로그를 통해 얻는 크고 작은 혜택이 많습니다. 앞으로도 블로그의 가치는 지속해서 상승하고, 연예인 못지않은 파워 블로거들이 큰 영향력을 발휘할 것입니다.

Blog

## Show Effect

## Widget

▲ 위젯으로 시각적인 효과 적용하기

블로그가 TV나 매거진과 같은 미디어 매체로 승격되면서 웹 사이트 외에 제2의 홈페이지로 활용하는 기업들이 늘고 있습니다. 기업 홈페이지는 국내 포털 사이트 검색 결과 첫 페이지에 노출하기 어렵고 잠재 고객 확보가 쉽지 않기 때문입니다. 블로그는 포털 사이트 검색 결과 첫 페이지에 노출될 뿐만 아니라 누구에게나 개방되어 있으며, 스토리에 참여하고 공유할 수 있는 매력적인 플랫폼입니다.

블로그를 기업 홈페이지로 연결하고 다양한 홍보 수단으로 활용할 수 있는 위젯에 대해 살펴보겠습니다. 위젯[17]은 블로그를 멋지게 꾸밀 수 있는 액세서리로, 블로그 홈 디자인을 돋보이게 구성할 수 있는 작은 응용 프로그램입니다. 위젯을 효과적으로 적용하면 독창적인 시각 효과인 쇼 이펙트(Show Effect)를 만들 수 있습니다. 이 효과는 시선을 유도하는 강세로 방문자에게 '클릭'이라는 행동을 유발합니다.

위젯은 흥미로운 연결의 확장이자 징검다리 역할로 블로그 방문자들을 끌어들입니다. 생활정보 위젯, 소통의 유기적인 네트워크로 자리잡은 SNS 위젯, 홈페이지 홍보 위젯 등을 활용해 쇼 이펙트 효과를 만들고 긴밀하게 연결해 봅니다.

나만의 독특하고 시선을 사로잡는 위젯을 직접 적용하려면 이미지를 제작하고 기본적인 HTML 태그를 이해해야 합니다. 위젯을 만들기 위해 기본적인 HTML 태그에 대해 살펴보겠습니다.

'링크'는 '하이퍼링크'의 줄임말로, 특정 블로그에 방문했을 때 문자 또는 이미지를 클릭해 특정 웹 사이트로 이동하는 것을 의미합니다. '링크 태그'는 어느 부분을 연결할지 지정하는 것으로 HTML 문서, 미디어, 실행 파일, 이메일 등을 적용할 수 있습니다.

---

17 위젯은 블로그 방문자의 시선을 몰입시키고 긴밀하게 연결하는 징검다리 역할을 합니다.

■ 링크 태그 표시

〈a href="링크 클릭 시 도착하는 홈페이지 주소(URL)" target="_bank" alt="설명글"〉...〈/a〉

링크 태그 속성을 살펴보면 다음과 같습니다.

▶ **href**: Hyper Reference의 줄임말로, 링크할 홈페이지 주소(URL)를 값으로 지정합니다.

▶ **target**: 링크를 클릭하면 웹페이지가 나타날 위치를 지정하는 링크 태그 속성으로 다음과 같습니다.
  - **_top**: 현재 페이지를 무시하고 하나의 창으로 표시하기
  - **_blank**: 새 창으로 표시하기
  - **_self**: 현재 페이지에 새 창으로 표시하기
  - **_parent**: 이전 창에 새 창으로 표시하기

▶ **alt**: 마우스 롤오버(이미지에 마우스 포인터를 위치시킬 때) 시 설명글이 나타납니다.

이미지 태그는 웹 공간에 저장된 이미지를 보여 주는 기능으로 이미지 태그에 대해서 살펴보겠습니다.

〈img src="웹 공간에 저장된 이미지 주소(URL)" width="수치" height="수치" border="수치"〉

▶ **img src**: img는 image의 줄임말이며, SRC는 소스(Source)를 의미합니다.

▶ **width/height**: width는 넓이, height는 높이를 의미합니다. 큰 이미지라도 적정 크기로 쉽게 변경할 수 있습니다.

▶ **border**: 이미지 테두리의 두께를 의미합니다.

네이버 블로그에 이미지를 저장해 위젯을 만들어 보겠습니다. 위의 '링크 태그'와 '이미지 태그'를 적용하면 다음과 같이 표시됩니다.

〈a href="링크를 클릭하면 표시하는 홈페이지 주소(URL)" target="_bank" alt="설명글"〉
〈img src="웹 공간에 저장된 이미지 주소" width="수치" height="수치" border="수치" 〉〈/a〉

## 1 네이버 블로그 위젯 만들기

기본적으로 위젯에 적용할 이미지는 데이터 저장 공간(웹호스팅 서비스)이 필요합니다. 여기에서는 네이버 블로그에 업데이트한 이미지를 활용하여 위젯을 만들어 봅니다. 블로그 위젯 이미지는 사진 편집 프로그램 또는 디자인 플랫폼(미리캔버스, 캔바)에서 제작이 가능하지만, 스마트 에디터(SmartEditor)로 간단히 만들어 보겠습니다.

▲ 블로그 에디터 화면

❶ 네이버 블로그 에디터의 '사진' 메뉴에서 추가한 사진 중 위젯으로 사용할 이미지를 선택합니다. 선택한 이미지를 더블클릭하면 SmartEditor 창이 표시됩니다. 우측에 보면 이미지를 편집할 수 있는 크기, 자르기, 회전, 필터, 보정, 액자, 서명, 모자이크, 텍스트, 스티커, 마스크 기능이 있습니다. 기능을 활용하여 시선을 잡아끌 수 있도록 다지인을 해 봅니다.

▲ SmartEditor 화면

❷ 액자, 텍스트, 스티커 기능으로 위젯을 만들어 보았습니다. 크기는 여기서 조절하지 않고 위젯 등록 창에서 소스 코드로 적용할 것입니다. 디자인 적용이 끝나면 [완료] 버튼을 클릭합니다.

▲ 위젯 이미지 디자인 화면

❸ 블로그 에디터에서 [발행] 버튼을 클릭하고 글이 올라가면 위젯 작업이 90% 진행되었습니다. 위젯으로 사용할 이미지 위에 마우스 오른쪽을 클릭하여 '이미지 주소 복사'를 실행합니다.

▲ 이미지 주소 복사하기 화면

❹ 네이버 블로그 '관리' 기능의 '꾸미기 설정 > 디자인 설정 > 레이아웃·위젯 설정'으로 이동하고 오른쪽 아래의 [+위젯직접등록] 버튼을 클릭합니다.

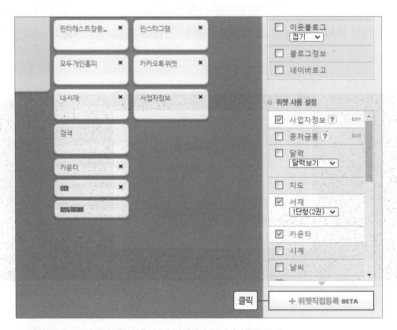

▲ 네이버 블로그 관리의 레이아웃·위젯 설정에서 위젯직접등록 화면

❺ 위젯 직접등록 창이 표시되면 '위젯명'을 입력하고 '위젯코드입력' 창에 '링크 태그'와 '이미지 태그'를 활용하여 소스 코드를 넣습니다. '링크 태그'는 위젯을 클릭하여 보낼 URL 주소, '이미지 태그'는 블로그 글에서 복사한 URL 주소를 넣습니다. '링크 태그' 속성으로 현재 페이지를 무시하고 하나의 창으로 표시하는 '_top'을 넣고, '이미지 태그' 속성으로 'width=170', 'height=200'을 적용해 봅니다. '미리보기'를 선택하면 다음 그림과 같이 위젯 화면을 미리 볼 수 있습니다. 이상이 없다면 [등록] 버튼을 클릭하여 등록합니다.

▲ 위젯 직접등록에 소스 코드가 추가된 화면　　　▲ 소스 코드 미리보기 화면

❻ 위젯 등록을 마치면 드래그해 원하는 위치에 배치합니다. 다음은 위젯이 등록된 블로그 홈 화면입니다. 네이버 블로그 위젯 등록은 최대 20개까지 등록할 수 있습니다. 위젯의 크기는 가로 '170px', 세로 '600px'까지 지원하며 색상과 디자인의 변경은 지원하지 않습니다.

▲ 위젯 등록 완료 화면

Part

# 6

# SNS의 판을 키우기
# 위한 페이스북

# 가상 세계를 지향하는 페이스북

거대한 전환을 요구받는 시대! 디지털 생태계에서 확고한 입지를 확보하고 있는
페이스북에 대해서 알아보겠습니다.

#페이스북 #메타버스

세계적인 네트워크를 구축하고 통일된 소통 플랫폼으로 자리매김한 페이스북은 2004년에 서비스를 시작해 현재 중국과 인도보다 많은 29억 명 이상(2022년 1월 기준)의 이용자를 보유한 온라인 국가입니다. 지구촌 커뮤니티를 통해 세상을 한층 더 가깝게 만들고 사회, 문화에 많은 영향을 주는 페이스북은 혁신적인 소통의 주역으로 새로운 '소셜 관습'과 '소셜 동력'을 만들어냈습니다. 시·공간의 제한이 없고 언제 어디서나 친구들과 편리하게 대화를 나누며 개인의 소소한 일상을 공개할 수 있는 열린 생태계로 인류 확장의 촉매제가 되고 있습니다.

최근 "페이스북 데이터 사용량이 감소세다.", "앞으로 페이스북은 전염병과 같이 소멸 직전에 도달할 것이다."와 같은 기사를 훑어보면 지구촌 커뮤니티로 사랑받는 페이스북이 한순간에 역사 속으로 사라지는 것이 아닌가 하는 불길한 생각이 듭니다. 하지만 세계인과 함께 하는 소셜 미디어로서 전진하는 페이스북이 앞으로 어떠한 방향으로 나아갈지는 아무도 모릅니다. 2021년 10월 28일에 마크 저커버그 CEO는 메타버스(Metaverse, 3차원 가상세계)가 '우리들의 미래의 장'

으로 보고 있으며, "메타 플랫폼스(Meta Platforms, Inc., 페이스북의 바뀐 사명으로 한글명은 메타 플랫폼 주식회사)는 향후 5년 안에 소셜 네트워크 서비스 기업에서 메타버스 기업으로 전환할 것이다."라고 발표하였습니다. 그럼 여기서 페이스북이 지구촌 커뮤니티로 자리잡기 위한 비전들에 대해서 살펴보겠습니다.

## 1 새로운 비즈니스로 상호작용 가치 창조

페이스북은 2007년 오픈 API 공개를 통해 다양한 개발자와 게임업체들이 애플리케이션을 개발해 수익을 낼 수 있도록 플랫폼화했습니다. 이로 인해 거대한 소셜 게임 시장이 형성되고 징가(Zynga), 플레이피시(PlayPC), 록유(RockYou), 크라우드스타(CrowdStar)' 등의 스타 기업들이 탄생했으며, 소셜 게임이 새로운 비즈니스 수익창출 산업(Cash Cow)으로 떠올랐습니다. 하지만, 얼마 지나지 않아 스마트폰과 태블릿 PC로 간편하게 즐길 수 있는 모바일 게임이 등장하면서 급격히 쇠퇴했습니다. 페이스북 소셜 게임은 소셜 네트워크에 접속해 PC에서 즐기지만, 모바일 게임은 언제 어디서나 이동 중에도 접속할 수 있고 강한 몰입도와 재미를 주기 때문입니다.[1] 스마트폰 대중화와 고도화로 페이스북 소셜 게임의 화려한 서막을 거뒀지만, 급속한 변화에 따른 대응으로 세계 최대 소셜 게임 업체인 징가(Zynga)는 모바일 소셜 게임으로 새로운 수익창출의 기회를 만들었습니다. 꾸준하게 성장하고 있던 징가(Zynga)는 지속 가능한 수익 창출의 어려움으로 2022년 1월 글로벌 콘솔·PC게임 기업인 '테이크투 인터랙티브'에 인수돼 자회사로 편입됩니다.

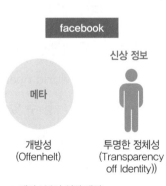

▲ 페이스북의 성장 배경

---

1 현재 게임물관리위원회 또는 게임콘텐츠등급분류위원회의 등급을 받은 게임만 한국에서 이용하실 수 있습니다.

## 2 더 가까워지고 있는 SNS 놀이터

포털 사이트에서 제공하는 커뮤니티로 대표적인 엑스(마이크로 블로그)는 익명으로 가입해 사용할 수 있습니다. 하지만, 페이스북 계정을 만들기 위해서는 개인의 신상 정보[2]를 입력해 소셜이라는 광장에서 숨김없이 드러내는 '공개된 삶'을 살아야 합니다. '개인의 소소한 일상 생각과 흔적을 엿볼 수 있다는 것'은 부담스럽지만, 설정 기능을 통해 공개 범위를 어느 정도 제한할 수 있습니다. '투명한 정체성'은 상호작용을 통해 적극적으로 소통할 수 있도록 하며, 소원해진 친구들과의 관계를 더욱 가깝게 만들었습니다. 또한, 지인들과의 상호의존성을 증대해 더욱 끈끈한 유대 관계를 맺을 수 있도록 도와줍니다.

온·오프라인 대인 관계에서 기특한 역할을 담당하는 것이 바로 '좋아요(LIKE)'입니다. 이것은 시선을 유도하는 강력한 포용력을 가지며 긍정적인 인맥을 지향할 수 있도록 영향력을 줍니다. 앞으로도 '좋아요'는 신뢰, 인기, 공감, 친밀감 등 다양한 의미를 포함하면서 통합적인 상호교류의 메신저로 넓게 사용할 것입니다. 세계 제일의 소셜 놀이터[3]로 세계적인 네트워크의 거점이 되고, 정서적인 소통의 정점을 구축한 이상 페이스북이라는 지구촌 커뮤니티의 온라인 여권 발급은 중요한 의미를 부여합니다.

소셜 미디어의 대통령이자 페이스북 창업자 마크 저커버그(Mark Zuckerberg)는 "Making the world open(열린 세상을 만든다)."라고 했습니다. 세계를 통합하려는 큰 꿈을 살펴볼 수 있어 앞으로 세상이 얼마나 더 가까워지고 공통된 문화를 경험하게 될지 설렙니다. 빠르게 성장한 페이스북은 오픈 플랫폼 비즈니스 생태계를 확장하는 촉매제였고, 광범위한 SNS 환경에서 상호작용할 수 있는 신대륙을 만들었습니다.

---

2 13세 이상이면 누구나 이름, 성별, 생년 월일, 이메일 주소 등을 입력해 페이스북에 가입할 수 있습니다.
3 페이스북은 지구촌 소셜 놀이터로 인류 확 장의 촉매제 역할을 하고 있습니다.

최근 페이스북은 사회관계망서비스(SNS)에서 메타버스로 무게중심을 옮기기 위해 '메타(Meta)[4]'로 상호를 변경하였습니다. 그간 손상된 평판의 극복과 둔화된 성장세를 끌어올리기 위한 변신의 일환으로 보고 있습니다. 과연 어떤 행로를 이어갈지 섣부른 판단을 내리기 어렵지만, '메타버스'가 미래의 운영체제로 주목받는 상황에서 페이스북이라는 '지구촌 SNS 놀이터'가 쉽게 사라지지 않을 것입니다.

▶ 기업과 개인이 페이스북 활용으로 얻을 수 있는 6가지 혜택
직접적인 소통을 통한 브랜드 이미지 구축
스토리를 통한 차별적인 경쟁 우위 확보
특화된 전문 영역과 소재를 선정해 '페이지'를 제2의 홈페이지로 활용
제3의 공간으로 활용할 수 있는 '그룹'을 정보 공유와 소통 창고로 활용
개인은 인적 네트워크 구축과 전문가로서의 위치 확보
기업은 신규 고객 유치와 고객 이탈률을 낮출 수 있는 고객 관계 강화

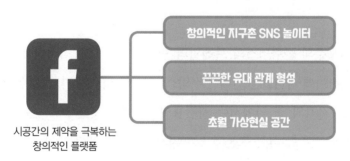

시공간의 제약을 극복하는
창의적인 플랫폼

▲ 자유롭게 연결하여 즐길 수 있는 플랫폼

---

4 마크 저커버그 CEO는 2021년 10월 창립 17년 만에 페이스북 브랜드를 '메타(Meta)'로 바꾸며, 메타버스를 미래 주력 사업 방향으로 잡았습니다.

## ③ 초월 가상현실로 향하는 메타 플랫폼스

다음은 2018년에 개봉한 스티븐 스필버그 감독의 〈레디 플레이어 원(Ready Player One)〉 영화의 시작 장면입니다.

▲ 〈레디 플레이어 원〉(2018) 포스터

2045년 오하이오주의 콜럼버스의 트레일러 빈민촌 배경으로 삭막하게 들어선 철골 구조물 사이사이에 자리잡은 컨테이너 박스! 웨이드 와츠는 가방을 메고 한층 한층 내려옵니다. 각각의 집 안에서는 사람들이 VR 헤드셋을 쓰고 운동하거나 게임하거나 음악을 연주합니다. 드론이 날아와서 피자를 배달합니다. 웨이드 와츠는 자동차 폐기물이 우후죽순으로 쌓여있는 좁은 길을 거닐면서 "난 2027년에 태어났으며 식량 파동과 인터넷 대역폭 폭동으로 모두가 자포자기한 힘든 시대에 살고 있어. 난 어려서 부모님을 잃고 이모 집에 얹혀사는데…."라고 말합니다. 황폐하고 암울한 현실에 대해서 이야기 하더니 비좁은 비밀공간으로 들어갑니다.

"X1 슈트만 있으면 모든 걸 느낄 수 있으며 아픔과 즐거움을 모두 다 느낄 수 있어. 또 어디든지 갈 수 있게 해줬으니까!" 평상시처럼 VR 고글, 장갑, 슈트를 장착한 후 발판을 구르기 시작합니다. 대부분의 사람들이 자연스럽게 하루 일과를 보내는 가상현실 오아시스(OASIS)에 접속합니다.

이 영화 속 장면을 '페이스북 호라이즌(HORIZON)'에 접속하기 위해 '오큘러스 퀘스트2' VR 헤드셋을 착용하고 접속하는 것과 비슷합니다. '페이스북 호라이즌(HORIZON)'은 2021년 12월 9일에 오픈한 가상현실로 SNS(호라이즌 월드), 게임(오큘러스 퀘스트), 가상회의[5](호라이즌 워크룸), 쇼핑, 여행, 주거 등등을 즐길 수 있는 플랫폼입니다. '오큘러스 퀘스트2'는 가상사회인 호라이즌에 접속할 수 있는 기기로 현재 호라이즌 가상현실이 '레디 플레이어 원' 영화 속의 '오아시스(OASIS)'처럼 자연스런 조작 활동으로 지각된 상호작용 및 사회적 실재감을 주는 수준은 아닙니다. 수년내 현실 세계와 비슷한 몰입 경험을 주는 VR 기기의 보급으로 세상의 판도를 뒤집는 차세대 플랫폼으로 진화할 것입니다.

그럼 여기서 일상적인 용어처럼 다가온 '메타버스'에 대해서 살펴보겠습니다. '메타버스'는 그리스어로 가상 또는 초월을 뜻하는 '메타(meta)'와 현실 세계를 뜻하는 '유니버스(universe)'의 합성어로 가상현실에서 사용자들이 만나 소통하거나 업무를 보고 게임을 즐길 수 있는 공간을 말합니다. 쉽게 말해, 현실같이 구현한 가상 세계 속에서 내가 만든 부캐(부 캐릭터, 아바타)로 사람들과 만나 소통하고 업무보며 게임을 할 수 있는 곳입니다. 최근에는 강연, 세미나, 콘서트, 전시회 등 다양하게 참여할 수 있는 공간이 되면서 활용 범위가 넓어지고 있습니다. 이제 단순한 유행이 아닌 시공간의 제약을 뛰어넘어 어떤 일도 함께 할 수 있는 창의적인 플랫폼으로 자리잡아 가고 있습니다.

---

5 가상회의를 할 수 있는 협업 공간으로 최대 15명이 참여해 대화하고 의견을 공유할 수 있습니다.

▲ 호라이즌 워크룸(출처: occulus.com)

　메타 플랫폼스(전 페이스북)는 세계 최고 수준의 가상현실 구축을 위해 공격적으로 투자해왔습니다. 2014년에 가상현실(VR) 헤드셋 제조기업인 오큘러스를 인수했고, 2019년에는 VR 게임 개발사 비트게임즈, 2020년에는 산자루게임즈를 인수합니다. 2019년에는 가상현실 기반 SNS 플랫폼 '페이스북 호라이즌(HORIZON)' 베타서비스를 시작합니다. 또한, 2020년 10월 출시된 VR 기기 오큘러스 퀘스트2가 누적 출하량 1,000만 대를 돌파했습니다. 이는 1,000만 대에 육박하는 가상 생태계를 구축했다는 것을 알 수 있습니다. 호라이즌은 가상 세계와 현실 세계를 연결하는 디지털 월드로 자리 잡아나갈 것입니다. 기업들에게는 상품 홍보 활동과 잠재 고객 창출이 가능한 비즈니스 영역이 될 것으로 보입니다.

　왜 많은 메타가 메타버스를 '게임 체인저(Game Changer)[6]'로 여기고 사활을 걸고 있는 것 일까요? 부진한 실적과 부정적인 전망을 극복하기 위한 전략으로 볼 수 있지만, 메타버스 시장 자체가 높은 성장이 예고되고 있기 때문입니다. 글로벌 시장조사 전문기관 그랜드뷰 리서치(Grandview Research)는 새로운 형태의 AR 기술에 대한 관심이 높아지면서 2030년 스마트 글래스의 시장 가치가 127억 6,000만 달러에 달할 것으로 밝혔습니다. 또한 세계 최고의 시장 분석 및 컨

---

6 기존 시장의 판도를 뒤집어 놓거나 혁신적인 아이디어를 가지고 있는 기업 또는 서비스 등을 의미합니다.

설팅 기관인 IDC는 2026년까지 AR/VR 헤드셋 시장에 약 5천만 개가 출하될 것으로 예상하고 있습니다. 영국의 글로벌 회계 컨설팅기업 프라이스워터하우스쿠퍼스(PwC)는 메타버스의 시장 규모가 2030년에는 1조 5,429억 달러(약 1,764조 원)에 이를 것으로 내다보고 있습니다.

한 인터뷰에서 마크 저커버그 CEO에게 '도대체 메타버스가 무엇인가요?'라며 질문하였습니다. 이에 "인터넷 클릭처럼 쉽게 시공간의 제약없이 멀리 있는 사람과 만날 수 있으며, 새롭고 창의적인 일을 할 수 있는 모바일 인터넷의 후계자입니다."라고 답변을 합니다. 메타버스는 "PC 환경에서 모바일 다음으로 이어지는 가상 세계로 새로운 인터넷 시대의 서막을 열게 될 것이다."라는 것을 짐작하게 하는 메시지입니다. 앞으로 메타버스는 현실 세계를 뛰어넘어 펼쳐지는 초월적 세상으로 무한한 확장성을 가져갈 것입니다. 아직까지 메타버스에 대한 거품이 존재하지만, 시공간의 제약 없이 자유롭게 연결되어 몰입하고 경험하는 가상 생태계에 대한 기대감은 꾸준히 커지고 있습니다. 더군다나 지난 2020년부터 이어지고 있는 신종 코로나바이러스 감염증(코로나19) 국면으로 인해 '비대면 방식'이 일상화되고 재택근무 수요가 증가하였습니다. 이로인해 전세계적으로 사회적 거리두기가 보편화되고 이동이 제한되면서 메타버스는 심리적 욕구를 해소하는 공간이 되었습니다. 간섭받고 싶지 않은 MZ 세대들에게 선풍적인 인기를 얻으며 최고의 놀이터가 생긴 것입니다.

코로나19 펜데믹이 주춤해지더라도 메타버스의 열기는 사그라들지 않을 것입니다. 우리들은 가상사회에서 현실에서 느끼지 못하는 즐거움과 행복을 경험하였기 때문입니다. 앞으로 3차원 가상현실 공간은 현실과 상호작용 하면서 시공간의 제약을 극복할 수 있는 세계로 주목받고 더 많은 사람들이 유입될 것입니다. 페이스북 호라이즌(HORIZON)에서 오감을 느끼고 현실 세계처럼 사회·경제·문화 환경이 구현되어 강제 이주하는 기분 좋은 상상을 해 봅니다.

# 볼거리와 풍성한 감동을 선사하는 플랫폼

직장인 A 씨는 아침 7시, 출근길 지하철에서 스마트폰을 꺼내어 페이스북 애플리케이션을 터치해 접속합니다. 오늘은 뉴스피드에 친구들의 어떤 소식들이 올라왔을지 기대하며 다양한 일상의 기록들을 살펴본 다음 [좋아요] 버튼을 터치하거나 '댓글'을 입력합니다. 점심시간인 12시, 맛집으로 이동해서 점심 메뉴를 촬영해 페이스북에 올립니다. 바쁜 업무를 마치고 잠시 찾아온 휴식 시간인 오후 4시, 모니터에서 웹 브라우저를 클릭해 정보를 검색한 다음 페이스북에 짧은 일과를 올리고, 친구들의 반가운 소식을 공감하며 공유합니다.

이처럼 가상 인물의 일과를 통해 페이스북이 생활 속에서 어느 정도로 중요한 위치를 차지하는지 확인할 수 있습니다. 지구 반대편에 있는 친구의 이야기 등 특정 주제에 관한 다양한 정보와 뉴스를 살펴볼 수 있고, 쉽게 만날 수 없는 유명인의 일상을 확인할 수도 있습니다.

페이스북이 창의적인 플랫폼으로 사랑받는 이유는 여러 가지가 있지만, 대표적으로 '검색, 색인 등 시각 요소'들의 지속적인 연구와 적용에서 확인할 수 있습니다. 엑스는 한정된 단어로 작성된 단문과 링크, 하나의 이미지로 소통이 이루어진다면, 페이스북은 문자, 이미지, 링크, 동영상, 자료 등을 통해 풍부하게 표현할 수 있습니다. 또한, 거대한 네트워크를 기반으로 스토리의 공감과 호소력을 증대할 수 있습니다. 시각을 자극하는 화려하고 매혹적인 볼거리가 넘치며, 풍성한 감동과 재미를 선물합니다. 페이스북에서 특정 키워드를 검색하면 쉽게 관련된 친구들을 만날 수 있고, 페이지 등 다양하고 흥미로운 정보들을 찾아볼 수 있습니다.

페이스북은 거대한 지구촌 네트워크를 기반으로 '검색, 색인 등 시각적인 요소'를 제공하며 풍성한 경험과 재미를 제공합니다.

또한, 무료로 세계의 인적 네트워크를 이용해 시공간의 제한 없이 친구들을 만나고 원하는 정보를 찾을 수 있습니다. 이처럼 수많은 친구와 밀접한 소통으로 정서적인 친밀감과 유대감을 형성할 수 있는 페이스북은 SNS 마케팅에 최적화된 플랫폼입니다.

▲ 페이스북 검색 결과 화면

# 지구촌 SNS의 대표적인 기술

세계 최대 소셜 네트워크 서비스(SNS) 기업으로 성장하는데 일조한
대표적인 기술에 대해 알아보겠습니다.
#페이스북기술

페이스북은 2002년 5월 나스닥에 상장한 후 10년이 지난 2014년 2월 기준, 시가총액 1,700억 달러의 기업으로 성장했습니다. 이것은 아마존, 인텔, 시스코 사의 시가총액을 뛰어넘는 금액입니다. 상장 후 거품론에 휩쓸려 시가총액이 절반으로 떨어지기도 했지만, 모바일 플랫폼 사업에 과감히 투자해 1,000억대 기업으로 부상했습니다. 마크 저커버그 CEO는 비즈니스의 전환점이 '엄지손가락의 혁명'에 있다는 것을 알고 과감히 승부를 걸었습니다. 이 전략은 효력을 나타냈고 세계적인 소통의 네트워크로 자리매김했습니다.

2012년 사진 공유 서비스인 인스타그램(Instagram)을 10억 달러에 인수하고 2014년 2월에 왓츠앱 인수를 발표했으며, 10월에는 약 220억 달러에 인수합병을 완료했습니다. 이것은 검색 시장의 강자인 구글이 유튜브(YouTube)를 인수한 금액보다 훨씬 높습니다. 왓츠앱은 북미, 유럽에서 가장 인기 있는 무료 메신저 앱이며 4억 5,000만 명이 사용합니다. 페이스북보다 일간 순사용자(DAU)와 월간 순사용자(MAU) 비중이 높은 앱입니다.

페이스북이 왓츠앱[7]을 인수한 이유는 다음과 같은 두 가지로 정리할 수 있습니다. 첫 번째는 활발한 10대 사용자의 이탈률이 높아지면서 이를 해결하기 위한 방법입니다. 핵심 대상의 이탈률과 휴면 가입자 수가 많은 것은 미래의 성장 가능성을 비관적으로 만들 수 있기 때문에 대책으로 새로운 서비스가 절실했을 것입니다. 두 번째는 부진한 메시지 서비스를 강화하기 위한 전략입니다. 페이스북은 세계 최대의 사회관계망서비스를 구축했지만, 메시지 영역은 확고하게 선점하지 못했습니다. 그러므로 모바일 사용자들에게 더 나은 경험과 편의를 제공하는 조치로 볼 수 있습니다.

마크 저크버그 CEO는 연도별로 과제 설정하기를 좋아합니다. 2014년에는 하버드 기숙사에서 소규모 학교 네트워크로 공동 설립한 페이스북 창립 10주년을 기념해 '회상하기(LookBack)'라는 인포그래픽을 제작했습니다. 2017년에는 3년, 5년, 10년 계획을 세웠습니다. 17년이 지난 2021년에는 메타버스 환경으로 나아가기 위해 페이스북 사명을 메타 플랫폼스로 변경합니다. 페이스북은 '놀라운 글로벌 인맥 공화국'과 '막강한 영향력으로 구축한 가상 생태계'라는 칭송을 듣고 있지만 SNS 거품론과

▲ 페이스북이 창립 10주년을 맞이해 공개한 10가지 발자취 (2014. 2. 4)

---

7 왓츠앱과 같은 서비스는 국내의 네이버 라인, 카카오톡 등이 있으며 중국의 위챗이 있습니다.

위기설이 오르내리면서 인기가 시들해지고 있습니다. 대표적인 예로 '페이스북 피로감(Facebook Fatigue)'이라는 신조어가 있습니다. 끊임없이 쏟아지는 시시콜콜한 개인의 사생활과 반복적인 알림으로 겪는 피로감에 빗댄 표현입니다. 이제 페이스북은 흥미를 잃어버린 젊은 사용자층을 어떻게 붙잡을지에 대한 쉽지 않은 과제와 함께 '메타(META)'로 상호를 변경하고 소셜미디어를 넘어 현실감을 갖는 가상 세계 구축 전략이 과연 어떻게 자리잡을지 초미의 관심사입니다.

페이스북이 지구촌 신대륙으로 거듭날 수 있게 만들었던 다양한 서비스에 대해 알아보겠습니다.

## 1 페이스북 커넥트

한 사람이 가입된 사이트 수와 아이디, 비밀번호는 아마 수십 개에서 수백 개일 것입니다. 페이스북을 사용하면서 가장 반가운 서비스는 바로 '페이스북 커넥트(Facebook Connect)'입니다. 이 서비스는 다른 플랫폼, 스마트폰 앱, 게임 등 수많은 웹 사이트를 페이스북 계정으로 로그인할 수 있도록 도와주는 스마트한 기능입니다. 페이스북의 CEO 마크 주커버그는 이 기능을 "플랫폼의 미래를 보여주는 서비스"라고 설명했습니다.

제약 없이 간편하게 접근해 사용할 수 있는 인증 방법으로, 페이스북은 정부, 기업, 개인을 모두 연결하려는 목표가 있습니다. 이러한 도전은 과거 마이크로소프트(MS) 사에서 반독점 문제로 미국 정부의 견제를 받았던 것처럼 페이스북도 개인정보 침해에 대한 위험요소를 가지기 때문에 매우 어렵습니다. 현재 가입 없이 몇 번의 버튼 클릭만으로 로그인할 수 있는 페이스북의 커넥트 서

▲ 페이스북 커넥터 과정

비스는 애플리케이션 연결 도구로 소통의 욕구를 더욱 상승시키고 있습니다.

## ② 소셜 플러그인

국내의 대표적인 SNS로 손꼽히던 미투데이(me2day), 요즘(yozm) 서비스가 중단되면서 SNS가 만만한 비즈니스 영역이 아니라는 것이 입증되었습니다. 세계적인 SNS로 자리 잡은 페이스북은 어떻게 국내 SNS와 다르게 빠르게 성장할 수 있었을까요? 여러 가지 이유가 있지만, 대표적인 이유를 꼽자면 '서로 다른 업종 간의 융합으로 부가가치를 창출하는 오픈 플랫폼 전략'입니다. 주류의 웹 서비스 기업들이 '폐쇄성'과 '덩치 키우기식 모델'로 발전할 때 페이스북은 개방성을 기반으로 열린 생태계를 조성했습니다.

많은 기업이 성공할 수 있는 자유권을 얻어 비즈니스 창출의 기회를 열었습니다. 이것이 바로 서드파티(Third Party)[8] 애플리케이션을 개발하는 제3자 회사입니다. 오픈 플랫폼 시장이 부상하면서 시장 진입의 기회가 많아지고 새로운 수익모델을 창출하는 시스템이 구축되었습니다.

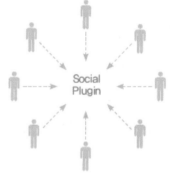

▲ 소셜 플러그인을 통한 멀티 플랫폼 구축

대표적인 성공 사례로 소셜 게임 업체들이 있지만, 급속하게 성장한 모바일 게임 시장에 대응하지 못해 급격하게 내림세로 접어들었습니다. 페이스북의 오픈 플랫폼 정책은 사회망을 통한 새로운 비즈니스 시장 창출과 성장 가능성을 보여 주었을 뿐만 아니라 사용자들에게 풍성한 경험을 제공해 지구촌을 긴밀하게 연결시켰습니다. 페이스북에서 성공한 대표적인 소셜 플러그인 기능으로는 [좋아요] 버튼(2009년 2월 서비스)이 있습니다. 페이스북은 게시물 홍보 스폰서, 소셜 검색,

---

8 특정 분야의 원천 기술을 확보하는 기업이 아닌, 독점 계약 없이 규격에 맞춰 상품을 출시하는 중소 규모 기업들을 가리키는 용어입니다.

쿠폰, 소셜 기프트, 모바일 메시지 등 다양한 수익모델을 구축하고, 멀티 플랫폼 전략으로 새로운 엘도라도(황금의 도시)를 만들었습니다.

### ③ 소셜 그래프

소셜 그래프(Social Graph)는 '정보 확산 체제'로 페이스북에서 정의한 용어입니다. 사람과 정보, 사람과 사물 사이 관계까지 축적한 데이터로, '페이스북 친구들과의 연결고리로 형성된 관계'를 말합니다. 쉽게 설명하면 페이스북에 등록된 신상 정보에서부터 친구들과의 대화, 결혼 여부, 나이, 관심 사항까지 모두 모은 데이터를 의미합니다.

현재 페이스북에서 소셜 그래프를 적극적으로 활용하는 영역은 대상 광고 분야입니다. 페이스북에 로그인하면 오른쪽에 'Sponsored' 광고가 노출되며, 사용자 활동 정보를 분석해 관련된 대상 광고를 보여주는 알고리즘입니다. 예를 들어, 30대 미혼 남성의 관심사가 '자동차와 여행'이라면 이를 분석해 결혼정보업체와 숙박업소 등의 광고를 반복적으로 보여 줍니다. 대부분 '좋아요(Like)'라는 공감 요소를 확보하기 위한 페이지 광고로, 페이스북은 소셜 그래프를 활용한 대상 광고를 이용해 엄청난 광고 수익을 벌어들이고 있습니다.

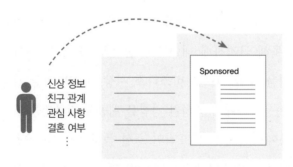

▲ 소셜 그래프를 통한 비즈니스 기회 확장

# 4 그래프 서치

그래프 서치(Graph Search)는 '소셜'과 '검색'을 결합한 서비스로 사용자가 찾으려는 정보를 사전에 예측하고 세분화된 데이터를 얻는 기능입니다. 기존 포털 사이트의 검색 엔진은 키워드를 검색하면 결과 화면에 적합한 정보를 보여주는 나열 방식이지만, 그래프 서치는 친구들과의 관계도, 지역, 나이, 관심사, 사진, 공감지수인 '좋아요'를 누른 페이지를 보여 줍니다. 친구들의 경험을 통해 좀 더 심층적이고 직접적인 정보 및 검색 결과를 확인할 수 있어 개인의 취향과 감성에 맞는 신뢰성 있는 정보와 사람을 찾을 수도 있으며 주목성을 높입니다.

기존의 페이스북이 단순하게 친구들 이야기를 살펴보는 공간이었다면, 그래프 서치는 밀접하게 연결된 친구들의 정보를 얻을 수 있기 때문에 다양하게 활용할 수 있습니다. '연남동 히든플레이스'라는 키워드를 검색하면 친구들이 '좋아요'를 누른 해당 정보가 나열되며, 어떤 친구가 좋아하는지도 살펴볼 수 있습니다. 또한, '등산을 좋아하는 친구들'로 검색하면 사물인 '등산', 사람인 '친구' 정보를 찾아 줍니다. 검색 결과에서 친구들의 추천이나 댓글을 살펴보면 의사 결정에 많은 도움을 얻을 수 있습니다. 그래프 서치는 아직 국내에서는 서비스되지 않았지만, 활성화하면 개인정보와 사생활이 노출될 수 있습니다. 기업 입장에서는 사용자 취향과 정보에 세밀하게 접근할 수 있지만, 개인정보 노출에 민감한 사용자라면 달갑지 않을 것입니다. 현재 페이스북에서 사생활 노출에 관한 이슈가 끊이지 않는 이유이기도 합니다. 이와 관련해서 개인 정보 공개 여부 등을 재점검할 필요가 있습니다. 외부 공개를 원하지 않을 경우 미리 '설정 및 개인정보 > 개인정보 상태 확인'에서 전체 공개, 친구만, 나만 보기, 사용자 지정, 친한 친구를 설정합니다.

▲ 개인정보 상태 확인 화면

## ⑤ 뉴스피드

뉴스피드(News Feed)는 자신과 페이스북 친구(페친)들의 일상생활, 볼거리, 비즈니스 정보 등을 모아 보여 주는 소식 가판대이자 지상 최대의 만남의 장으로 페이스북에서 가장 복잡한 부분입니다. 페이스북에서 한 때 '스토커북'으로 사생활 정보 노출 논란을 일으켰던 기능이기도 합니다. 지금은 신속하게 친구의 소식들을 받아보고 반응성을 높이고 있습니다. 엑스의 타임라인(Timeline)과 같은 기능으로 친구들의 일상, 관심사항, 연애, 직업 등이 공개되어 간편하게 다양한 활동을 살펴볼 수 있어서 자세한 사실을 알 수 있습니다.

뉴스피드에 업데이트되는 친구들의 소식은 어떻게 노출될까요? 이 부분은 페이스북 알고리즘에 의해 순서가 결정됩니다. 먼저 사용자가 올린 소식이 뉴스피드에 노출되는 전략을 '페이스북 뉴스피드 최적화(NFO: News Feed Optimization)'라고 합니다. 블로그에서 언급한 검색 최적화와 비슷하지만, 페이스북은 대인관계 중심의 플랫폼이기 때문에 관계 형성을 목표로 게시물을 노출합니다.

뉴스피드에 게시물이 노출되는 알고리즘으로는 '엣지랭크(EdgeRank)'가 있습니다. 이 알고리즘은 뉴스피드에 먼저 이야기를 노출하는 연산 방식으로 '좋아요', '공유', '댓글' 등의 상호작용을 통한 평가 방식을 적용합니다. 상호 간의 반응이 좋은 게시물 위주로 뉴스피드에 노출하는 원리입니다. 엣지랭크를 구성하는 요소로는 '친밀도(Affinity)', '가중치(Weight)', '시간(Time)'이 있습니다. 친밀도는 친구들과의 소통, 공감(좋아요, 댓글, 공유)이 자주 이루어졌는지를 적용하는 것입니다. 가중치는 행위에 대한 깊이로 담벼락, 타임라인에 공유하는 이야기, 댓글과 좋아요의 수치, 방문자와의 관계에 따라 적용합니다. 시간은 사용자가 최근에 작성한 이야기 중심으로 가중치를 정해 최근 관계를 맺은 친구 게시글에 더 높은 비중을 부여해서 노출합니다. 이 세 가지는 뉴스피드에 사용자 게시물이 우선 순위로 노출하는 데 많은 영향을 줍니다.

페이스북은 2014년 1월에 새 뉴스피드 알고리즘을 공개했습니다. 기존 방식이었던 엣지랭크(EdgeRank)보다 사용자의 취향, 패턴, 인적관계 등을 반영해 최적화된 소식을 제공하는 맞춤형 방식입니다. 새롭게 적용한 뉴스피드는 '사용자 게시물'과 '기업 페이지 게시물'의 노출을 다르게 적용하고 있습니다. 사용자 뉴스피드는 문자 기반 게시물을 먼저 노출시키며, 기업 페이지는 문자보다 사진, 동영상, 외부 링크가 포함된 게시물을 더 많이 노출합니다.

새롭게 공개한 뉴스피드[9] 알고리즘으로는 '스토리 범핑(Stroy Bumping)'과 '라스트 액터(Last Actor)'가 있습니다. 스토리 범핑은 이야기를 끌어올린다는 의미로, 사용자가 미처 확인하지 못한 게시물을 뉴스피드에 노출해 새로운 소식으로 전달하는 것을 말합니다. 페이스북에 의하면 스토리 범핑 알고리즘 적용 이후 공감 요소가 늘었으며, 뉴스피드 게시물의 구독 비율도 올랐다고 합니다. 라스트 액터는 사용자와 친구의 관계를 파악하는 중요한 알고리즘입니다. 사용자가 최근

---

9 뉴스피드는 사용자에게 풍성한 경험과 편의를 제공하는 알고리즘의 집합체입니다.

'좋아요'를 누르거나 '댓글'을 입력한 50개의 게시물을 분석해 상호작용 횟수가 많은 친구의 순위를 정해서 뉴스피드에 더 많이 노출하는 원리입니다. 또한, 뉴스피드에 올라온 게시물 노출 순위에 따라 분류해 특정 친구에게만 게시글을 노출하는 '크로니클 바이 액터(Chronicle by Actor)' 알고리즘도 있습니다.

뉴스피드는 페이스북 알고리즘의 집합체입니다. 새롭게 업데이트되는 기술들은 사용자에게 풍성한 경험과 편의를 제공하고 밀접한 관계를 형성하는 다리 역할을 합니다. 페이스북은 사용자 데이터와 체류 시간을 이용해서 최적화된 광고 플랫폼을 적용해 성장 잠재력을 극대화시키고 있습니다.

## 6 게시물 만들기

페이스북 프로필에 기록을 남기려고 할 때마다 보게 되는 문구가 있습니다. '무슨 생각을 하고 계신가요?'라는 질문입니다. 한 번쯤 짧게 생각하게 되고, 어떤 감정과 느낌을 담을까에 대해서 고민하게 됩니다. 페이스북 프로필에 글을 올리는 것은 이제 "나를 표현하고 삶의 순간들을 하나하나 기록하는 디지털 장부처럼 되어 버렸다."는 것을 느낍니다. 자기계발서를 읽다가 좋은 글을 발견하였을 때, 한적한 시골길에서 발견한 숨어있는 맛집을 발견할 때, 동남아시아 인도차이나 반도 동부에 위치한 베트남 북부 하노이 여행에서 분보후에(해산물 쌀국수)를 먹었을 때 등등 페이스북에 즉각적으로 관심사를 공유합니다. 그럼 팔로워를 맺은 친구들이 좋아요(Like)와 댓글로 격려해주거나 토닥임을 해 줍니다. 함께 공감하고 소통할 수 있는 정서적 친밀감과 유대감이 형성하게 됩니다. 페이스북은 언제 어디서든 자기표현할 수 있는 무제한 소통 티켓을 만들어 주었습니다.

페이스북이 성장하고 발전하면서 게시물 옵션들이 다양하게 추가되었습니다.

얼마전까지 '글'과 '사진/동영상' 중심으로 기록을 남겼었지만, 최근에는 '라이브 방송'과 '릴스'가 추가되어 다이내믹한 영상 기록을 올릴 수 있게 되었습니다.

'라이브 방송'은 눈을 뗄 수 없을 정도로 즐거움과 재미, 감동을 제공해 주는 콘텐츠입니다. 릴스 또한 인스타그램에서 성공적인 콘텐츠로 자리매김을 하게 되면서 페이스북에 적용하였습니다. 눈길을 끄는 짧고 강렬한 숏폼 콘텐츠가 페이스북의 트래픽을 높힐 것으로 봅니다. 페이스북 공간에서 광속으로 나를 표현하고 친구들과 즐겁게 소통할 수 있는 기회를 만들어 보세요.

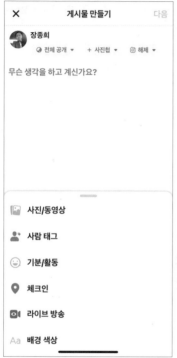

▲ 게시물 만들기 화면

▲ 글과 사진을 추가한 화면

# 스토리로 브랜드를 구축하는 페이스북

페이스북은 온라인 마케팅 채널로 인정을 받고 있습니다. 페이스북 페이지에 스토리를 올려
브랜드를 구축하고 고객의 마음을 사로잡을 수 있습니다.
#SNS마케팅 #페이스북페이지

## 1 독보적이고 차별화 된 SNS 마케팅 채널

SNS 마케팅을 통한 기업의 궁극적인 목표는 '고객과의 직접적인 소통을 통해 다양한 경험적 평판을 확보하는 것'입니다. 여러 데이터는 기존 상품 및 서비스 품질 향상과 지속 가능한 매출 신장에 적용할 수 있습니다. 또한, 고객과의 관계 강화로 기존 고객을 평생 고객으로 바꾸는 비즈니스 기회를 창출할 수 있습니다.

SNS 마케팅에서 대표적인 플랫폼 활용에 대해 간략하게 살펴보겠습니다. 블로그는 정보 축적과 홍보 매체로 활용하는 도구로, 엑스는 최근 이슈와 생생한 정보를 전파하는 바이럴 마케팅 도구로, 유튜브는 동영상 공유를 통해 소통할 수 있는 도구로 카카오스토리와 핀터레스트, 인스타그램은 사진 공유를 통한 도구로 접근할 수 있습니다.

페이스북은 어떤 도구로 활용할 수 있을까요? 전 세계 친구들과 대화를 나누며 소식을 퍼뜨리는 통로 역할을 하며, 거대한 비즈니스 네트워크로 경제적, 문화적, 사회적 거리를 좁히는 지구촌 네트워크입니다. 밀접한 인적 네트워크 속에서 형성된 공감은 '인간 관계 지향형 도구'로 접근할 수 있습니다. 사회적 네트워크는 고객과 고객을 연결하고 다양한 차원으로 확장할 수 있는 잠재 가치가 크기 때문에 상호 관계를 기반으로 폭넓은 사업을 전개할 수 있습니다. 1인 기업에서부터 중소기업까지 효율적인 광고 예산 집행으로 정교한 마케팅 전략을 펼칠 수 있습니다. 앞으로도 비용부담이 큰 전통 대중 매체 광고 대안으로 페이스북을 활용하는 사례가 늘어날 것입니다.

세계적인 기업이 페이스북을 매력적인 SNS 마케팅 공간으로 활용하는 이유는 다음과 같습니다.

▶ **젊은 사용자층의 목표 지향형 매체**
페이스북의 다수 사용자는 디지털 네이티브족이며 젊은 감성 기호와 취향 파악이 쉽습니다.

▶ **다양한 스마트 기기 간의 상호 연결성**
시공간의 제약 없이 언제 어디서나 접근할 수 있으며 쌍방향 실시간 소통 도구로 활용할 수도 있습니다.

▶ **독자적인 '좋아요(Like)' 기능**
상호 인기도와 열성적인 팬을 형성하고 사용자의 호감과 평가 파악이 쉽습니다.

▶ **다양한 소셜 네트워크와의 연동**
블로그, 엑스, 유튜브 등 SNS와 연동할 수 있습니다.

▶ **강한 전파력**
친구들에게 실시간으로 메시지를 노출할 수 있어 입소문 마케팅에 적용(공유)할 수 있습니다.

페이스북에서 큰 공감을 불러일으키고 이슈화된 소재를 찾아보면 다음과 같습니다.

- 형식적이고 무미건조한 메시지보다 공감할 수 있는 글
- 최근 이슈와 동향에 관한 상식
- 공개되지 않은 새로운 정보
- 전문가적인 교양으로 독자적인 해석을 제시한 글
- 현실 세계에서 경험을 통해 습득한 지식
- 편안하게 웃으며 공감할 수 있는 짧은 글
- 질문을 통해 상대방이 생각할 수 있도록 하는 글

## ② 최소한의 투입으로 최대의 가치를 창출하다

페이스북 핵심 서비스에는 프로필, 페이지, 그룹이 있습니다. 프로필은 일상적인 이야기와 정보를 올리고 친구들과 교류하는 개인의 영역으로 자유로운 의사소통과 대인관계를 형성하는데 유리합니다. 간혹, 프로필을 기업 브랜드와 상품 홍보 채널로 활용하는 경우가 있습니다. 이것은 매력적인 스토리 전략으로 활용할 수 있지만, 상품 정보 중심으로 접근하면 밀착형 소통이 어렵고 참여와 공감이 단절될 수 있습니다. 프로필은 친구들과 가볍게 소통하고 포용력과 경험을 공유하는 기능으로 접근하는 것이 좋습니다.

▲ 페이스북의 대표적인 서비스

기업이 페이스북을 효과적으로 활용할 수 있는 서비스로는 '페이지'가 있습니다. 홈페이지처럼 활용할 수 있고 '좋아요'의 축적으로 팬을 만들며 새로운 정보들을 빠르게 전달할 수 있습니다. 페이지는 기업이 최소 비용으로 최대의 효과를 얻을 수 있는 서비스이기 때문에 장기적인 SNS 브랜딩 구축이 편리합니다.

페이지 '관리하기'의 프로페셔널 대시보드로 이동하면 '인사이트' 메뉴에서 운영에 대해서 피드백할 수 있습니다. '게시물 도달', '게시물 참여',' 팔로워 수', '최근 게시물의 현황' 등의 페이지 효과 분석이 가능합니다. 타깃 늘리기의 '광고 센터'에서 광고를 통해 '게시물 홍보'도 할 수 있습니다. 페이지 개설 후 팬 확보를 위해 유료 광고를 활용할 수 있지만, 먼저 '친구들에게 초대장 보내기', '이메일 연락처를 이용해 초대하기', '페이지 공유하기'를 권장합니다. 플랫폼 도구 'Meta Business Suite'로 이동하면 보다 세부적으로 페이스북과 인스타그램 게시글 관리가 가능합니다. 페이지는 최적화된 SNS 플랫폼으로 인기도 확보와 팬들에게 새로운 정보를 손쉽게 전송할 수 있습니다.

> ▶ **페이지 활용을 통해 얻을 수 있는 혜택**
> 팬들을 대상으로 마케팅 가능
> 다양한 이벤트 홍보 가능
> 팬 지수 확보로 브랜드 영향력 및 충성도 확보
> 기업의 브랜드, 상품, 서비스를 적극적으로 소개
> 신규 고객 유치와 친밀감 형성의 채널로 활용

페이스북 그룹은 친구들과의 네트워크를 통해 동질감과 소속감을 느낄 수 있는 커뮤니티 공간입니다. 국내의 네이버, 다음 카페보다 가벼운 소통 채널로 접근할 수 있습니다. 그룹 회원은 회원 추가와 이메일 보내기를 통해 가입할 수 있으며 페이스북 그룹은 공개형과 폐쇄형이 있습니다. 최근 무분별한 네트워크 연결에 의한 사생활 노출, 정보 과부하에 따른 피로감을 느끼면서 폐쇄형[10]으로 관리하는 추세로 변화하고 있습니다.

> ▶ **그룹 활성화를 위한 방법**
> 차별화된 이벤트를 통한 유대감 형성
> 성실한 관리자(스텝, 매니저) 확보
> 그룹 회원의 관심사 제공
> 지속적인 콘텐츠 업데이트
> 자율적이고 민주적인 구조로 운영
> 정기적인 모임(번개/세미나) 진행

---

10 국내의 대표적인 서비스로는 네이버의 '밴드(Band)'와 카카오 채팅의 '비밀채팅'이 있습니다.

## ③ 페이스북 페이지 활용하기

인터넷 공간에는 수많은 연결고리로 복잡하게 연결되어 있습니다. 우주만큼이나 광활하게 큽니다. 끝이 안 보이고 복잡하게 엉킨 네트워크 공간에 페이스북은 작은 은하로 볼 수 있습니다. 이 페이스북 은하에는 '프로필', '페이지', '그룹' 등의 행성들이 존재합니다. 여러분들이라면 이 행성에 접속해 보거나 탐험을 한번쯤 해 보았을 것입니다. '프로필'은 일상적이고 시시콜콜한 삶의 스토리를 올리는 곳, '페이지'는 작은 홈페이지처럼 활용하고, '그룹'은 커뮤니티 공간으로 정보 공유와 소통의 공간으로 활용해 볼 수 있습니다. 페이스북은 페이지를 수익모델로 인식하고 사용자들이 비즈니스적으로 활용할 수 있도록 지속적으로 투자하고 기능들을 업그레이드 하였습니다. 현재 페이스북 페이지는 SNS 마케팅 채널로 확고히 자리매김하였고, 개인에서부터 기업까지 페이지를 개설하여 소통과 광고 매체로 활용하고 있습니다.

앞에서 페이스북 페이지는 작은 홈페이지로 설명했습니다. 흔히 기업 홈페이지는 한번 만들고 나면 내용을 수정하기 힘들뿐더러 비용적인 투자가 고려되어야 합니다. 그렇지만, 페이스북 페이지는 클릭 몇 번이면 손쉽게 만들 수 있고 꾸준하게 내용들을 올리면 됩니다. 상품 브랜드, 블로그 글, 기사 링크 등 내용들을 게시하면 페이지 팔로워들에게 알림이 떠서 페이지 재방문을 유도할 수 있습니다. 홈페이지로 활용하는데 있어 이보다 좋을 수는 없을 것입니다. 온라인 shop이 추가되어 제품 판매도 가능합니다. 다양한 정보를 제공하는 홈페이지로 이용할 수 있는 페이스북 페이지를 만들어보겠습니다. PC와 스마트폰 접속 환경에서 만들 수 있습니다.

여기서는 PC 환경에서 만든 사례입니다. 우선 페이스북 페이지를 만들기 위한 첫 과정으로 홈에서 '페이지' 메뉴를 찾는 것입니다. 다음으로 〈새 페이지 만들기〉 버튼을 클릭하여 '페이지 만들기'로 이동합니다. 여기까지 오셨다면 50% 이상 작업이 끝난 것입니다.

▲ 페이스북 페이지 만들기 화면

본격적으로 페이지를 만들기 위해 '페이지 이름', '카테고리', '설명'을 추가합니다. 페이지 이름은 다양하게 접근해 볼 수 있습니다. '페이지 이름'을 선정할 때, 개인의 경우에는 취미 또는 관심사항이 될 수 있고, 기업이라면 사명 또는 상품 브랜드 이름으로 정할 수 있습니다. 위트 있고 흥미로운 이름 또는 특정 명칭을 통칭할 수 있는 매력적인 이름도 좋습니다. '카테고리'는 페이지가 나타내는 비즈니스, 단체 또는 주제의 유형을 설명하는 카테고리를 선택합니다. 최대 3개까지 선택할 수 있습니다.

'설명'은 페이지에 대한 구체적인 정보와 목적에 대해서 서술합니다. 글자 수 제한은 255글자입니다. '페이지 이름', '카테고리', '설명' 내용이 입력되고 이상이 없다면 [페이지 만들기] 버튼을 클릭하여 페이지를 만듭니다.

▲ 페이스북 페이지 내용 추가 화면

다음으로 페이지 첫 관문인 이미지를 추가합니다. '프로필 사진'과 '커버 사진'에 적용할 이미지를 찾아 추가합니다. 페이스북 프로필 사진은 개인 사진 추가로 신뢰성 제고가 필요하지만, 페이스북 페이지는 어느 정도 익명성이 보호가 됩니다. 나만의 취향대로, 내가 좋아하는 사진을 추가하여 개성을 한껏 드러낼 수 있습니다. 이미지 추가가 완료되면 [저장] 버튼을 클릭합니다.

▲ 페이스북 페이지 사진 추가 화면

'Facebook 페이지를 WhatsApp에 연결하세요'라는 팝업창이 표시됩니다. '왓츠앱(Whats App)'은 우리나라의 카카오톡과 같은 메신저로 추가는 선택 사항입니다.

▲ 페이스북 왓츠앱 추가 화면

페이지에 '사용자 이름 만들기'와 [버튼 추가] 버튼을 클릭하여 추가합니다. '사용자 이름 만들기'는 페이지 URL 주소로 홈페이지 주소로 활용하면 됩니다. [버튼 추가] 버튼은 사용자들과 소통하기 위한 메뉴입니다. 다양한 소통 옵션들이 있습니다. 원활하게 소통할 수 있는 옵션으로 선택하면 됩니다.

▲ 페이스북 사용자 이름 만들기와 버튼 추가 화면

기본적으로 페이지 만들기 작업은 끝났습니다. 마지막으로 페이지 신뢰도를 높이기 위해 기본 정보를 추가해야 합니다. 현재 몇 단계가 남아있는지 확인이 가능합니다. 설정이 완료되면 '신뢰할 수 있는 페이지'라는 것을 제시할 수 있습니다.

페이스북 기본 정보 추가 화면 ▶

페이스북 페이지에서 '제품 판매'를 진행할 경우에는 '모든 도구 〉 제품 및 서비스 판매'에서 Shop 개설 절차를 진행하면 됩니다. 'Meta Business Suite' 메뉴는 게시물 예약, 메시지, 인사이트를 조회할 수 있는 도구입니다. 인스타그램을 연동하여 함께 글을 게시할 수 있습니다.

▲ 페이스북 페이지의 Shop 설정 화면

▲ Meta Business Suite의 새 게시물 작성 화면

페이스북 페이지가 기본 정보 추가가 완료되면 본격적으로 게시글을 올려야 합니다. 게시글은 페이지와 연관된 정보들로 구성하면 됩니다. 작은 홈페이지로 활용하기 위해 다양한 정보들을 제공하는 허브 채널로 만들 수 있습니다. 무엇보다 뉴스, 블로그, 동영상 등을 꾸준히 추가하여 친구들의 재방문 확대를 유도하는 것이 중요합니다.

추가적으로 페이지 활성화를 위해 친구에게 초대 메시지를 전송하거나 페이지 광고를 진행해 볼 수 있습니다. 초대 메시지는 타겟 늘리기의 '친구 초대'에서 친구들에게 초대 메시지를 보낼 수 있으며, 페이지 광고는 '페이지 홍보하기'에서 광고를 진행할 수 있습니다. '광고 만들기' 관리자에서는 목표 선택으로 다양한 광고 전략 수립이 가능합니다. 페이지 라이크를 확보할 경우애는 '페이지 홍보하기'에서 카테고리, 타겟, 일정 및 기간, 일일 예산, 노출위치, 결재 수단을 추가하고 심사를 거쳐 승인이 나면 광고가 집행됩니다.

◀ 좋아요 요청 화면

◀ 광고 목표 설정 화면

◀ 새 광고 만들기 화면

# 누구나 쉽게 사용 가능한
# 페이스북 사례

페이지북 페이지는 홈페이지로 활용이 가능하고 고객의 관심도를 확보할 수 있는 서비스입니다.
아직 발자국을 남기지 않았다면 이제 시작해보길 바랍니다.
#페이스북페이지사례

페이스북은 상호 인적 관계를 바탕으로 한 소통 도구로 '공감의 가치 요소'를 창출하는 강력하고 견고한 네트워크입니다. 여기서 '공감'은 소셜 웹 시대의 핵심 가치인 '신뢰도'이자 '브랜드 자산'으로 설명할 수 있습니다. 많은 기업이 페이스북에서 적극적으로 소통하고 홍보하는 이유는 공감 요소가 중요한 자산이기 때문입니다. 페이스북에서의 대표적인 공감 표현은 '좋아요(Like)[11]', '공유하기', '댓글'이 기준입니다. 이를 바탕으로 페이지를 활용하고 있는 주인공들을 살펴보겠습니다.

## 1 페이스북 팬 숫자로 스타가 되다 - 팝스타 레이디 가가

페이스북 페이지의 대표적인 성공 사례로 유명인을 꼽으면 화제의 아이콘인 팝스타 레이디 가가(Lady GaGa)가 있습니다. 그녀는 2013년 《포브스》를 통해 세계

---

11 페이스북을 통한 '공감 요소'의 확보는 팬들로부터 공인받는 것이며, 브랜드 이미지 상승 효과를 창출할 수 있습니다.

에서 가장 영향력 있는 유명인사 100인으로 뽑힌 퍼포먼스와 파격의 여왕으로 불리는 가수입니다. 레이디 가가의 페이지는 공연 일정, 패션과 팝아트, 신곡, 뮤직 비디오 등의 소식을 통해 전 세계 팬들과 소통하며 수많은 공감을 얻고 있습니다.

▲ 레이디가가_www.facebook.com/ladygaga

## 2 쇼핑몰에 페이스북 기술을 접목하다 - 리바이스

리바이스(Levis) 페이지는 쇼핑몰에 페이스북 소셜 그래프와 소셜 플러그인 기능을 활용해 어떤 상품에 관심을 두고 구매하는지 구체적으로 살펴볼 수 있습니다. 고객은 상품에 적용된 평가 점수, 순위, 의견들을 구매 의사 결정에 반영하고 기업은 인기도와 구매 선호도를 파악해 상품 전략으로 활용합니다. 페이스북 기술을 활용한 상호작용은 고객의 입소문 확산과 상품 판매 상승에 이바지하고 브랜드 이미지를 상승시키는 일거양득의 효과를 얻고 있습니다.

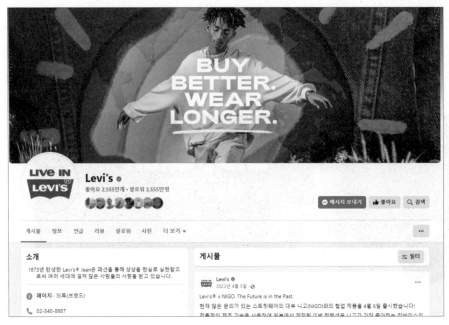

▲ 리바이스_www.facebook.com/Levis

### ❸ 작은 마을 관광명소로 떠오르다 - 오버무텐

알프스 절경이 그림처럼 펼쳐지는 스위스의 작은 마을 오버무텐(Obermutten)
은 주민이 90명 남짓인 세계적인 관광 명소입니다. 어떻게 아무도 찾지 않던 이
곳이 여러 언론의 주목을 받고 앞다투어 소개되었을까요? 오버무텐은 독특한 발
상으로 페이스북 공식 팬 페이지를 개설하고 '좋아요'를 누르면 마을의 명예시민
으로 위촉해 마을 곳곳에 프로필 사진을 붙여 주는 마케팅을 펼쳐 대성공을 거두
었습니다. 페이스북의 '좋아요' 마케팅으로 관광객이 250% 증가했을 뿐만 아니라
부가적인 관광 수입을 얻었습니다. '좋아요'가 자연 발생적인 입소문을 증폭해 한
번쯤 찾아가고 싶은 여행 코스로 만든 것입니다. 오버무텐의 성공 사례는 페이스
북 마케팅을 기업에 한정하지 않고 알려지지 않은 작은 시골 마을도 지역 홍보를
통한 바이럴 마케팅 효과를 창출할 수 있다는 것을 알려 줍니다.

▲ 오버무텐_www.facebook.com/obermutten

## ④ 다양한 영화 정보를 만나다 - 쇼박스

쇼박스(ShowBox)는 영화 제작 투자 및 배급 기업으로 영화가 대중과 만날 수 있는 징검다리 역할을 합니다. 쇼박스 페이스북 페이지는 영화배급사답게 개봉 또는 개봉 예정인 영화 정보와 예고편을 업데이트해 재미를 더합니다. 또한, 영화와 관련된 역발상 퀴즈 이벤트로 팬들에게 흥미를 제공해 공감대를 형성하고 있습니다.

▲ 쇼박스_www.facebook.com/Showbox.Movie

## ⑤ 새로운 세상, 메타버스를 경험하다 - 로블록스

　메타버스는 디지털 생태계에 거대한 지각 변동을 일으킨 주인공으로 전 세계의 수많은 사람들이 즐길 수 있는 거대한 인적 교류 생태계를 만들었습니다. 한때 반짝하는 유행에 그치지 않고 사용자들의 참여형 플랫폼으로 자리잡을 것입니다. 또한, 보다 긴밀한 사회적 유대관계를 만들 수 있는 곳으로 많은 사람에게 또 다른 해방의 공간이 될 것입니다. 현재 메타버스가 전 영역에서 활용되고 있는 시점에서 게임계의 유튜브로 인정받고 있는 대표주자가 로블록스입니다. 이곳에서는 직접 RPG, 격투기, 장애물 넘기 등 다양한 장르의 게임을 제작할 수 있으며 전 세계 사람들과도 공유할 수 있습니다. 사용자가 가상과 현실의 세계를 자유롭게 넘나들 수 있는 궁극의 가상 우주 공간입니다. 로블록스 페이지에서 크리에이터들의 3D 디자인 및 UI 스토리, 개발자들의 인터뷰 영상들을 생생하게 만나볼 수 있습니다.

▲ 로블록스_www.facebook.com/Roblox

## ⑥ 영화를 즐기면서 공유하다 - 넷플릭스

2020년부터 시작된 코로나19 팬데믹으로 집콕 문화생활이 보편화되었습니다. 집 안에서 보내는 시간이 많아지게 되면서 실내 분위기를 바꾸고 최대한 실용적으로 사용하기 위해 문화 놀이터로 바꾸었습니다. 집은 이제 휴식공간이자 문화 공간으로 재인식되고 있습니다. 다양한 문화생활 중 손쉽게 즐거움과 재미를 얻을 수 있는 것은 영화입니다. 인터넷이 보편화된 우리나라의 경우, 다양한 디바이스(TV, 스마트폰, 노트북, 타블렛PC)에 접속해 OTT(Over The Top)[12]를 즐길 수 있습니다.

OTT 기업 중 큰 수혜를 본 곳은 세계 최대의 엔터테인먼트 기업인 넷플릭스입니다. 넷플릭스는 전 세계 가입자 수가 2023년 12월 기준 사용자 수는 총 2억 6028만 명이며, 한국의 넷플릭스 사용자 수는 1천만 명이 넘는 수치입니다. 넷플릭스 페이지에는 재미있고 흥미로운 영상들과 개인의 취향을 저격할 영화 및 드라마 정보가 꾸준히 올라오고 있습니다. 우리들의 삶을 바꾸어 놓은 빅 체인지(Big Change)[13] 상황이지만, 재미있는 멀티미디어 콘텐츠로 개인의 시간을 보다 즐겁고 재미있게 보낼 수 있지 않을까 합니다.

▲ 넷플릭스_www.facebook.com/NetflixKR

---

12 언제 어디서든 인터넷으로 다양한 멀티미디어 콘텐츠를 다운받을 수 있는 서비스입니다.
13 기존 이론과 관행이 더 이상 통하지 않고 사회, 경제, 문화를 바꾸는 거대한 변화를 의미합니다.

## 7 전 세계 최고의 사진을 만나다 - 내셔널 지오그래픽

《내셔널 지오그래픽》은 131년의 역사와 전통을 지닌 잡지입니다. 신비롭고 재미있는 스토리, 지구상에서 가장 아름다운 장소, 미지 세계에 대한 상상과 호기심, 인류의 도전과 탐험 등 흥미롭고 유익한 내용들을 사진과 함께 소개하고 있습니다. 평상시 몰랐던 기념일 정보(세계 원숭이의 날, 세계 야생 동물 보호의 날 등)와 관련해서 정보가 올라오고 놀라움과 감동을 주는 사진들을 만나 볼 수 있습니다. '디즈니+'에서 스트리밍 되는 정보와 '내셔널지오그래픽 트래블러'에 올라오는 동영상 콘텐츠 정보들이 업데이트 됩니다.

▲ 내셔널지오그래픽_www.facebook.com/NatGeoKorea

## 8 공공기관도 활발하게 소통하다 - 부산경찰

보통 공공기관의 이미지는 권위적이고 딱딱합니다. 특히 경찰청은 보수적인 이미지라 쉽게 접근하기 힘들지만, 부산경찰 페이스북은 이런 이미지를 말끔히 떨쳐냈습니다. 부산 시민과의 '밀착형 소통'으로 사회적인 관심과 시선을 한몸에 받앉고 겉으로 드러나지 않은 경찰들의 일화를 통해 많은 공감을 얻었습니다. 이렇게 부산경찰은 시민과의 거리를 좁힐 수 있었고 2013년 제3회 대한민국 SNS 대상 비영리 부문 '최우수상'을 수상했습니다. 부산경찰 페이스북 페이지는 공공기관이 나아가야 할 방향을 알려주는 사례로 시사하는 바가 큽니다.

▲ 부산경찰 www.facebook.com/BusanPolice

## 9 언제 어디서나 연결되어 일한다 - 이지태스크

일잘러(일을 탁월하게 잘하는 사람), N잡러(본업 외에도 여러 부업을 하는 사람)라는 신조어를 한번쯤 들어보았을 것입니다. 비대면 업무 환경으로 180°로 변화하면서 이슈가 되고 있는 용어들입니다. 이들은 디지털 소통 역량이 뛰어나고 전문 프로그램을 잘 활용하는 멀티플레이어로 시대 변화에 언제든지 대응할 수 있는 인력으로 볼 수 있습니다. 접촉이 아닌 비접촉의 시대가 도래하면서 업무 실행능력이 뛰어나면 복합 업무가 가능하고 전문 프리랜서로 활동 반경을 넓힐 수 있습니다.

소기업 또는 1인 기업을 운영하는 의사결정권자라면 '신속하고 정확하며 비용 효율적으로 업무를 수행할 수 있는 인력이 있으면 좋지 않을까?'라는 생각을 해 보게 됩니다. 일의 규모가 크건 작건 혼자서 여러 업무를 진행하게 되면 망망대해에 떠 있는 듯한 스트레스가 엄습하게 됩니다. 자원이 한정된 상황에서 경험이 없으면 더 많은 시간이 소요될 것입니다. 이럴 경우에는 합리적인 맥락에서 흐름을 잡아야 합니다. 일 잘 하는 전문 인력에게 업무를 맡길 필요가 있습니다.

이지태스크는 스타트업 기업으로 전문 인력이 업무를 수행하도록 연결해 주는 실시간 업무 매칭 플랫폼을 운영하고 있습니다. 문서 작성, 자료 조사, 마케팅 등 실시간으로 맡길 업무를 선택하고 요청서를 작성하면 최적의 인력에게 업무가 전달됩니다. 불필요한 시간이나 비용 낭비를 줄이고 심리적 부담감을 덜어낼 수 있습니다. 5행시 짓기, 4컷 만화 그림, 숏폼 콘텐츠 공모전 등 다양한 이벤트를 진행하면서 즐거운 고객 경험을 제공하고 있습니다.

▲ 이지태스크_www.facebook.com/easytask.co.kr

# 페이스북 게임과 위젯 사용법

페이스북 앱에 접속하면 간편하게 게임 서비스를 즐길 수 있습니다.
페이스북 위젯은 손쉽게 다양한 서비스에 적용해 볼 수 있습니다.
#페이스북게임 #페이스북위젯

페이스북에서 앱은 다양한 소셜 미디어와 연동할 수 있는 확장 서비스입니다. 세상을 더욱 넓게 연결하는 소셜 플러그인과 소셜 그래프 서비스의 시작으로 손쉽게 프로필과 페이지에 앱을 추가해 소통 및 연결 폭을 넓힐 수 있습니다. 페이스북 게임에 접속하면 게임, 보드, 시뮬레이션, 액션, 아케이드 등 수많은 게임을 만나볼 수 있습니다. 현재 게임산업진흥에 관한 법률에 따라 등급이 매겨지지 않은 게임은 국내에서 이용할 수 없습니다. 제한적으로 등급을 받은 게임만 이용이 가능합니다.

▲ 페이스북 게임_www.facebook.com/gaming/play

페이스북 '설정 및 개인정보'의 '설정 〉 내 활동'에서 '앱 및 웹사이트'를 선택하면 앱 공개 범위을 수정할 수 있고 앱 삭제가 가능합니다.

▲ 페이스북 설정의 앱 및 웹사이트 화면

■ 응용 프로그램, 위젯

위젯은 바로가기 기능이자 작은 응용 프로그램으로 연결할 수 있는 매개체입니다. 다른 서비스로 이동하지 않은 채 블로그, 웹사이트 등에 추가해 시각 효과 및 특화된 콘텐츠를 제공할 수 있습니다. 페이스북 위젯은 다양한 서비스를 제공해 외부에서 양방향으로 소통할 수 있도록 지원하며 프로필, 좋아요, 팔로우, 페이지 플로그인 등을 제공합니다. 쇼핑몰, 워드프레스, 티스토리 블로그, 네이버 블로그 등에 적용해 볼 수 있습니다. 위젯 적용 방법은 추가할 위젯을 선택한 다음 노출 옵션 사항을 수정하고 코드를 복사하면 손쉽게 추가할 수 있습니다.

▲ 위젯_www.facebook.com/badges

여기서는 'Facebook의 소셜 플러그인(좋아요, 활동 피드) 보기'에서 '좋아요 '와 '페이지 플러그인'을 설정해 보겠습니다.

■ [좋아요] 버튼 추가하기

소셜 플러그인 [좋아요] 버튼을 클릭하고 구성 도구 옵션을 적용합니다. 그 다음으로 [코드받기] 버튼을 클릭하면 팝업 창이 표시됩니다. 두 개의 옵션인 'JavaScript SDK'와 'iFrame'이 제공됩니다. 'JavaScript SDK'는 자바스크립트 소스 코드를 추가해야 하기 때문에 가입형 블로그(네이버)에는 적용할 수 없습니다. [iFrame]을 선택하여 소스 코드를 사용하면 됩니다.

▲ 소스 코드 화면

▲ 소셜 플러그인 좋아요 버튼 가져오기 화면

■ 페이지 플러그인 추가하기

[좋아요] 버튼과 마찬가지로 [iFrame]을 선택하여 소스 코드를 복사해 적용하면 됩니다.

▲ [좋아요] 소스 코드 노출 화면

▲ [좋아요] 소스 코드 적용 화면

# 빅테이터의 시작,
# 엑스를 활용하라

# 짤막한 단문의 미학, 엑스

엑스는 세계에서 일어나는 일들을 실시간으로 살펴볼 수 있어서
다양한 비즈니스 영역에서 활용되고 있습니다.
#엑스이해 #엑스활용

엑스(X, 구 트위터[1])는 140자[2] 이내의 단문으로 일상적인 생각, 뉴스, 관심사 등을 팔로워(주변 사람)들과 공유하며 소통하는 SNS(소셜 네트워크 서비스)입니다. 전 세계에서 실시간으로 업데이트되는 유용한 정보를 찾을 수 있으며 수많은 공감 표현이 존재하는 보물창고이기도 합니다. 다양한 소셜 미디어 중에서 '정보 발생 규모'와 '왕성한 활동력'을 비교하면 디지털 시대의 대표적인 관계 지향형 플랫폼 으로 설명할 수 있습니다.

엑스는 미국의 3대 소셜 네트워킹 앱 중 하나로 5억 5000만명(2023년) 이상의 월간활성사용자수(MAU)를 자랑합니다. 매일 1억 9,000만 명의 사용자가 액세 스하니 엑스의 위력을 실감할 수 있습니다. 일과를 시작하기 전 '오늘은 어떤 키 워드가 이슈일까?'와 같은 질문을 던지면, 이 질문 하나로 유행하는 문화와 코드,

---

1 스페이스X CEO인 일론 머스크(Elon Musk)가 2022년 10월, 440억달러(약 62조 8000억원)에 트위터를 인수하였습니다. 트위터는 2023년 7월부터 X Corp로 운영 주체가 변경됩니다.

흥미 있는 사건들의 답을 찾을 수 있습니다. 가장 먼저 살펴보는 것은 손쉽게 접근할 수 있는 포털 사이트의 인기 검색어 서비스로 최근에는 다양한 인기 검색어 애플리케이션을 스마트폰에 설치해 실시간 이슈를 손쉽게 확인할 수 있습니다. 주로 유명 연예인, TV 프로그램, 스포츠 중심의 가십거리가 대부분으로 참고할 수 있으며 이색 키워드를 발견하면 관심을 두고 추가적인 정보 탐색 및 블로그 포스팅을 통해 공유합니다.

그다음 엑스에 접속해 실시간으로 업데이트되는 포스트 소식들을 살펴봅니다. 수시로 접속해 실시간 소통을 즐기며, 기발한 아이디어 발상이나 영감을 얻는 기회로 활용합니다. 관련 하이퍼링크를 클릭해 제한된 영역을 더욱 넓게 바라보는 안목을 키울 수 있습니다. 엑스는 기업의 마케팅 도구뿐만 아니라 정치, 사회, 문화적인 매체로 활용 범위가 점차 확장되고 있습니다.

최근 기업의 핵심 경쟁력으로 '유기적인 관계 가치 확장'이 고정불변의 법칙으로 인식되고 있습니다. 이 전략은 '자사 고객들이 경쟁사로 이탈하지 않도록 긴밀한 관계를 형성해 지속 가능한 매출 신장으로 연결하는 것'을 의미합니다. 기업 매출은 곧 긴밀한 관계 형성에서 비롯된다는 것을 확인할 수 있습니다.

오늘의 충성 고객이 내일은 경쟁 상품을 구매하는 행위가 보편화되면서 고객 관계 유지가 어려워졌습니다. 이처럼 취약한 고객 유치의 아킬레스건[3]을 해결하는 대표적인 소셜 미디어를 엑스에서 찾을 수 있습니다. 엑스는 사용성과 접근성이 뛰어날 뿐만 아니라 핵심 기능(멘션, 재개시, 쪽지, #, 예약하기, 투표) 몇 가지만 이해하면 폭넓게 활용할 수 있습니다. 기업의 경우 손쉽게 온라인 광고/캠페인을 시행할 수 있고, 자사의 브랜드와 상품이 어떤 평가를 받는지 확인할 수 있습니

---

2 엑스는 140글자 제한 수를 2배인 280글자로 늘렸습니다. 한국어, 중국어, 일본어로 작성할 경우 140자 글자 제한이 있으며, 이를 제외한 나머지 언어는 280자 제한을 두고 있습니다. Premium 유료 구독 시 4,000자에서 25,000자로 최대 글자 수 제한이 확장됩니다.

3 여기서는 '치명적인 약점'으로 이해합니다.

다. 또한, 게시물에 담긴 고객의 행동과 반응을 살펴 실시간으로 사후 관리할 수 있습니다. 개인의 경우 여러 팔로워와의 소통을 통해 인맥 구축과 개인 브랜드를 만들 수 있습니다. 탁월한 소통 채널인 엑스를 활용해 고객과 밀접한 관계를 형성하고, 기대 효과를 창출한 기업의 성공 사례를 살펴보겠습니다.

▲ 엑스 활용으로 얻을 수 있는 기대 효과

## ① 소통 채널 확장으로 기대가치를 높이다 - 델 테크놀러지스

고객 불만 처리와 미숙한 A/S를 참다못한 파워 블로거이자 뉴욕대 저널리즘 교수인 제프 자비스(Jeff Jarvis)는 소비자 불만들을 모아 소셜 미디어에 게시하면서 언론사의 집중 조명을 받았습니다. 해당 내용을 조사받으면서 델 테크놀러지스(Dell Technologies Inc.)는 기업 이미지에 치명적인 손실을 입었습니다. 이후 블로거에 의한 소셜 미디어 가치를 인정하고 적극적으로 SNS를 도입해 고객 불만이나 문제점 등을 실시간 접수 및 처리하고 있습니다. 엑스 계정을 개설한 지 2년 만에 650만 달러의 매출을 올리는 기염을 토했습니다. 또한, 고객의 높아진 기대에 대한 고객 서비스(CS) 품질이 좋아지면서 고객 만족도가 크게 향상되었습니다.

엑스[4]를 활용한 판매 시작은 매장에서 잘 팔리지 않는 제품을 처리하는 방안이었습니다. 아웃렛 제품 판매자가 운영하는 계정의 팔로워들에게만 할인 판매하는 홍보 마케팅이 폭발적인 반응을 끌자 적극적으로 수용되었습니다. 델컴퓨터는 이러한 판

---

4 엑스를 통해 기업은 고객과의 긴밀한 관계 형성을 할 수 있으며, 실시간으로 사후관리를 할 수 있습니다.

매 전략을 신상품, 법인 및 전 세계 고객에게까지 적용하고 있습니다. 엑스를 '상품 웹페이지와 연결한 정보 제공과 홍보 기회 창출', '고객 문의 접수와 즉각적인 상담 서비스', '다양한 제안이나 각종 의견을 듣는 소통 채널'로 활용하고 있습니다.

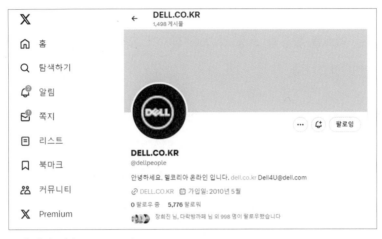

▲ 델 테크놀러지스_twitter.com/dellpeople

## 2 색다른 경험으로 자발적인 입소문을 만들다 - 네이키드 피자

네이키드 피자는 2009년에 SNS 업계 최초로 온라인 전용 서비스를 시작한 피자 배달 전문점입니다. 보통의 피자 배달 전문점은 전화 주문을 통해 주문을 받지만, 네이키드 피자는 과감하게 배달의 핵심인 전화 주문을 없애고 실시간 소통 매체인 엑스를 이용했습

▲ 네이키드 피자_https://twitter.com/NakedPizzaChi

니다. 간판에 전화번호를 삭제하고 엑스 계정 주소를 표시한 것입니다. 네이키드 피자를 주문하기 위해서는 엑스에 접속해 팔로워를 맺고 멘션(@)을 이용해야 합니다.

이러한 서비스는 새로운 마케팅으로 성공을 예측할 수 없었지만, 고객에게 흥미로운 참여와 색다른 경험을 제공하면서 주문과 함께 매출이 급속도로 늘었습니다. 네이키드 피자는 엑스를 활용한 소통 강화로 '실시간 고객 대응'과 '비용 절감 효과'를 동시에 얻고 있습니다.

또 다른 예로, KogiBBQ는 미국 LA에서 한국식 타코를 판매하는 이동식 푸드 트럭입니다. 여기서 판매하는 고기 샌드위치는 멕시코 음식인 타코에 한국 음식인 김치와 불고기를 접목해 LA 어디에서나 맛볼 수 있는 별미가 되었습니다. 한국인 2세 요리사 로이 최가 운영하는 가게로 잘 알려졌으며, 한국식 불고기 타코 시장을 개척한 주역으로 인정받고 있습니다.

이 브랜드가 사랑받게 된 이유는 독특한 메뉴, 저렴한 가격, 고객 편의 최대 추구, 독창적인 이동식 푸드 트럭 등의 다양한 이슈가 있지만, 무엇보다 엑스를 활용한 Repost(재게시)가 큰 역할을 담당했습니다. 이동식 푸드 트럭은 이동하면서 음식을 판매하기 때문에 고객이 쉽게 찾아가기 어렵습니다. 이에 대한 대안으로 행선지의 이동 시간과 위치를 게시물로 사전 공지하여 알리기 시작했습니다. 팔로워(Follower)들은 게시물을 보고 찾아와 도로 한복판에 줄 서서 기다립니다. 실로 보기 드문 진풍경이 아닐 수 없습니다. 그렇지만, 기다린 만큼에 대한 보상으로 타코의 이색적인 맛이 감동을 선사해 줍니다. 이런 긍정적인 구매 경험이 자발적인 재게시(Repost)로 선순환[5]되면서 지지하는 추종자가 늘어나게 됩니다.

---

5 선순환은 점차 좋아지는 현상으로 끊임없이 되풀이되는 것을 의미합니다.

한식의 맛과 멋이 게시물로 입소문이 확산되면서 이례적으로 현지 언론의 플래시 세례를 받았고 새로운 비즈니스 모델이 되었습니다. 이동식 푸드 트럭의 성공으로 미국의 뉴욕, 시카고, 캘리포니아 등 여러 지역에 불고기 타코가 소개되었고 불고기(Bull kogi), 갈비(Calbi) 등의 경쟁업체가 속속 등장하였습니다.

▲ 고기비비큐_https://twitter.com/kogibbq

### ③ 기발한 아이디어로 지속적인 신뢰 관계를 확보하다 - 대한항공

엑스 계정이 하나의 SNS 비행기라면 어떨까요? 재미있는 발상을 토대로 우리나라 최대 항공사인 대한항공에서 운영하는 엑스 계정은 'SNS 게시물기' 운영자는 '기장님'이 되었습니다. 여기에서 독창적인 아이디어와 기발한 소통 전략을 엿볼 수 있습니다.

대한항공 엑스는 기상 악화에 인한 비행 지연과 결항 정보 등을 신속하게 안내하며, 친근하게 접근할 수 있는 소통 전략을 시행하고 있습니다. 게시물을 살펴보면 아침에는 이륙 인사로 '탑승을 환영합니다.', '비행합니다.', 저녁에는 착륙 인사로 '착륙합니다.' 등을 사용해 재미를 느낄 수 있습니다. 이러한 소통 및 접근으로 대한항공의 중후한 이미지는 달라졌고, 이용 고객뿐만 아니라 팔로워들의 열정적인 지지를 얻고 있습니다. 대한항공은 엑스의 강점인 '간편한 소통 기능'과 '빠른 메시지의 편리성'을 제대로 활용하며, 다양한 이벤트를 통해 팔로워들과 지속적인 신뢰 관계를 이어가고 있습니다.

▲ 대한항공_twitter.com/KoreanAir

## 4  간편한 사용성과 탁월한 메시지 구전 효과

엑스가 140자라는 한정된 단어 구성으로 세계인의 사랑과 관심을 받게 된 이유는 무엇일까요? 바로 '간편한 사용성'과 '탁월한 메시지 구전 효과'입니다. 엑스는 몇 가지 기능을 활용해 손쉽게 정보를 습득하고 실시간으로 소통할 수 있습니다. 지극히 간단한 사용 기능이 세계인의 이목을 집중시킨 것입니다. 또한, 엑스의 막강한 입소문 기능(재게시)은 기존에 없었던 독특하고 새로운 구전 네트워킹 기술로 친구뿐만 아니라 연결된 키워드를 통해 널리 퍼집니다. 이 두 가지는 앞으로도 엑스를 잠재적으로 성장시키고, 세계인을 하나로 연결하는 의사소통 플랫폼으로 자리 잡을 것입니다.

몇 번의 클릭만으로 엑스 계정을 만들었다면 이제 팔로워(Followers)들과 소통할 수 있도록 팔로잉(Following)에 대해 알아야 합니다. 팔로워는 '내 엑스 계정에 올린 게시물을 구독하겠다.'는 의미이며, 팔로잉은 '다른 엑스 계정에서 친구들이 올리는 게시물을 구독하겠다.'는 의미입니다. 필자의 팔로워가 올린 게시물 중 팔로워와 팔로잉에 대해 잘 표현한 내용을 다음과 같이 정리해 봅니다.

| Follower | Following |
|---|---|
| 입 크기 | 귀 크기 |
| 나를 따르라 | 너를 따른다 |
| 상대방이 나를 친구로 추가 | 내가 상대방을 친구로 추가 |

게시물 수가 월등히 치솟는 기간은 바로 '선거철'입니다. 이 기간에는 엑스 접속 트래픽이 고공 행진하며 타임라인에 열린 대화를 원하는 정치인들이 넘쳐납니다. 또한, 네거티브 활동에 의한 선거 후보의 풍자적이고 비판적인 시각을 표현하는 게시물이 많아져 무법천지가 됩니다. 이러한 아수라장 속에서 140자 이내의 글자로 잘 다듬어진 간결한 문장을 만나면 오아시스와 같은 행복감을 느끼며 재게시(Repost)로 공유되어 재확산이 됩니다.

필자는 간혹 엑스 팔로워 수가 늘어나면서 무질서하게 업데이트되는 타임라인 중 어떻게 가치 있는 게시물을 찾는지에 관한 질문을 받습니다. 이것은 엑스에서 여러 팔로워와 관계를 맺는 엑스 사용자라면 누구나 공감하는 궁금증입니다. 엑스에서 동일한 관심 사항을 갖고 있는 팔로워를 찾거나 친밀한 관계를 맺기 위해서는 적지 않은 시간과 노력을 투자하게 됩니다. 이럴 경우에는 사용성이 떨어질 수 있습니다.

이에 대한 해결책으로 엑스 API(Application Program Interface)[6] 중 사용자 중심으로 잘 개발되었고 감성적으로 만족도가 높은 '홋스위트(Hootsuit : 다양한 소셜 네트워크 서비스를 관리할 수 있는 플랫폼)' 서비스가 있습니다. 홋스위트는 엑스, 페이스북, 인스타그램 등을 한 곳에서 편리하게 효과적으로 관리할 수 있는 플랫폼으로 실시간 메시지 확인과 관리가 쉽고, 원하는 키워드를 등록한 다음 대상화된 다양한 게시물을 받아볼 수 있습니다. 현재 유료로 운영되고 있습니다.

▲ 홋스위트 홈(https://hootsuite.com)

▲ SNS 계정이 추가되어 실시간으로 정보를 스트리밍으로 받고 있는 화면

---

6 API(Application Programming Interface)는 응용프로그램을 만들 때 프로그래밍할 수 있도록 도와 프로그래밍할 수 있도록 도와주는 함수들의 집합을 의미합니다. 대표적으로 윈도우 API, 네이버 지도 API, 구글 가젯(Gadget) API가 있습니다.

## 02

# 좀 더 편하게 엑스 활용하기

효과적으로 엑스를 사용하기 위해서는 메뉴들을 이해해야 합니다.
막히지 않고 의사소통을 하기 위해 시작해보겠습니다.
#엑스제대로이해하기 #엑스메뉴

엑스 계정을 만들었다면 소셜 네트워크를 자유롭게 즐길 수 있는 첫걸음을 내디딘 것입니다. 효율적으로 엑스를 활용할 수 있는 핵심 기능에 대해 몇 가지 살펴보겠습니다.

### 1 개개인의 관계가 이어지는 소통 메뉴, 멘션(@)과 쪽지

엑스에서 팔로워들과 소통하는 방법에는 '멘션'과 '쪽지'가 있습니다. 멘션은 상대방에게 이메일을 보내는 것처럼 '@아이디'로 입력하거나, '답글' 보내기로 소통이 가능합니다. 개방적인 소통 기능으로 게시물 및 답글에서 누구나 확인할 수 있습니다.

쪽지는 비공개 게시물 또는 팔로워와의 긴밀한 대화에 유용합니다. 엑스 홈에서 쪽지 메뉴를 사용하거나 팔로워 계정의 쪽지 메뉴를 이용하면 됩니다. 쪽지는 상대방과 서로 팔로우했을 때 주고받을 수 있으며, 상대방 엑스 계정에 팔로워를 신

02 좀 더 편하게 엑스 활용하기 **341**

청한 다음 상대방이 '맞팔'하지 않으면 쪽지를 보낼 수 없습니다. 단, 쪽지 설정에서 '다음 사용자의 쪽지 요청 허용'이 체크되어 있으면 내가 팔로우한 사용자가 보낸 쪽지는 항상 받을 수 있습니다(더 보기 > 설정 및 개인정보 > 개인정보및 보안 > 쪽지 > 다음 사용자의 쪽지 요청 허용). 상업적인 스팸 쪽지를 받고싶지 않으면 필터링 체크박스에 체크를 하면 됩니다.

▲ 엑스 멘션 기능

▲ 엑스 쪽지 기능

## 2 입소문 스토리의 바람개비, 재게시(Repost)

엑스의 재게시(Repost)는 팔로잉한 친구들이 좋은 게시물 또는 링크를 확인해팔로워들에게 공유하고 싶을 때 사용하는 기능입니다. 게시물에 이 기능을 적용하면 전 세계 소셜 네트워크 서비스를 타고 퍼져 나가기 때문에 피라미드식 정보유통의 메커니즘으로 표현할 수 있습니다. 엑스가 마케팅 도구로 이슈화되고 인기를 끈 이유는 이러한 특별 기능 때문입니다.

게시물(Post)과 재게시(Repost) 차이점을 바람에 비유해 살펴보겠습니다. 게시물은 초속 0.3~1.5m의 가장 여린 바람으로 '실바람'과 같고, 재게시(Repost)는초속 32.7m 이상의 가장 센 '싹쓸바람'과 같습니다. 엑스를 운영하는 사용자라면누구나 한 번쯤 작성한 게시물이 재게시되어 SNS에 싹쓸바람(허리케인)을 일으키고 싶을 것입니다. SNS 환경에서 거대한 입소문 및 반향을 일으키면 엑스 계정에 팔로워가 급증하거나 공감의 멘션을 받는 과정에서 소소한 재미와 즐거움을느낄 수 있습니다. 하지만 이러한 반응을 일으키기는 쉽지 않습니다. 수많은 팔로워를 거느리는 유명 엑스 계정이 아닌 이상 입소문 효과를 만드는 것은 힘들 것입니다.

▲ 리포스트의 예

엑스 계정을 개설한 지 얼마 안 되었거나 팔로워가 몇 명 없거나 반응이 전혀 없다고 해서 낙심하면 안 됩니다. 엑스의 진정한 매력은 짧은 글 속에서 공감할 수 있는 소통에서부터 비롯되므로 영향력 있는 팔로워와 관계를 맺고 '인기 있는 게시물 만들기'를 위해 꾸준히 노력하다 보면 영향력 있는 인플루언서(대중에게 영향력을 행사하는 개인)가 될 수 있습니다.

### 3 특별한 핵심어 표시 도구, 해시태그(#)

해시태그(Hashtag)는 게시물에 지정하는 키워드 형태의 단어로 중요한 이슈나 뉴스, 세미나 등 관련 글을 하나로 묶기 위해 사용하며 '#특정단어'로 표기할 수 있습니다. 게시물에 해시태그를 적용하면 어떤 의견과 관심을 두고 이야기하는지 핵심을 쉽게 이해하거나 검색할 수 있습니다. 특정 주제에 대한 커뮤니티 기능도 가지고 있어 원활한 소통이 가능합니다. 게시물의 해시태그를 클릭하면 타임라인에 일목요연하게 해시태그에 관한 내용들이 표시되어 더 많은 정보를 얻을 수 있습니다.

▲ 장종희(@plannerjang))

▲ 국립현대미술관(@MMCAKOREA)

## 4 팔로워 관리는 필수, 리스트(List)

팔로워가 1,000명을 넘으면 게시물이 초단
위로 타임라인에 업데이트됩니다. 빠르게 흘러
가는 타임라인에서 친밀한 팔로워의 게시물은
반갑지만, 낯선 팔로워의 게시물은 눈을 피로
하게 만듭니다. 이때 팔로워 즐겨찾기 기능인
'리스트'를 활용할 수 있습니다. 이 기능은 효
과적으로 팔로워를 관리할 수 있어 평상시 관
심을 두는 유명인이나 직장 동료들을 리스트로

▲ 엑스 리스트 화면

구성하면 빠르게 '목표 게시물'을 실행할 수 있습니다. 리스트는 20개까지 만들
수 있으며, 하나의 리스트에 500명을 추가할 수 있습니다.

## 5 엑스 즐겨찾기, 북마크(Bookmark)

타임라인에서 게시물을 즐겨찾기 할 수 있는 기능으로 마이크로소프트의 웹브
라우저인 익스플로러와 구글 크롬의 북마크와 같은 기능입니다. 그냥 쉽게 지나치
기 아쉽고 나중에 다시 보고 싶을 때 활용하면 좋습니다. 저자는 주로 흥미로운 상
식, 재미있는 글, 의미 있는 글, 알아두면 유용한 글 등을 즐겨찾기 합니다. 게시
물 하단의 [북마크] 버튼을 클릭하면 즐겨찾기가 됩니다.

▲ 엑스의 북마크 화면

## 6 비즈니스 계정으로 전환은 프로페셔널용 엑스

'프로페셔널용 엑스'는 팔로워들과 더 효과적으로 소통하고 브랜드를 성장시키고, 수익을 늘리기 위해 필요한 도구입니다. 인스타그램에서 실행하고 있는 비슷한 정책으로 특정 임계값에 도달하면 '프로페셔널 프로필'로 전환하여 비즈니스 또는 프로페셔널 크리에이터가 될 수 있습니다. 계정 전환을 위해서는 '프로필 수정 > 프로페셔널 프로필 수정'에서 진행하면 됩니다. '카테고리'에서 계정에

▲ 엑스 비즈니스 계정 전환 화면

맞는 카테고리를 선택하고 '프로필에 카테고리 표시하기'를 적용해 봅니다. '프로필 스포트라이트'에서는 구체적으로 신원 정보(웹사이트, 주소, 이메일 등)를 추가할 수 있습니다. 커뮤니티는 유료 계정(Premium)으로 전환해야 만들 수 있습니다. '프로페셔널 프로필'로 전환한 기업들은 프로필 영역에 위치 정보 노출이 가능합니다.

## 7 엑스의 배경 디자인 바꾸는 화면

화면은 간단하게 엑스의 홈 디자인을 변경할 수 있는 기능입니다. '더보기 > 설정 > 접근성, 표시, 언어 > 화면'에서 설정이 가능합니다. 기본 옵션에는 글꼴 크기, 색상 및 배경이 있습니다. PC 환경에서 작업이 가능합니다.

▲ 엑스 디자인 변경 화면

## 8 실시간 맞춤 게시물 받기, 나를 위한 트렌드

'나를 위한 트렌드'는 맞춤 게시물을 실시간으로 타임라인에서 확인할 수 있는 서비스입니다. 설정 옵션을 클릭하면 '위치'와 '맞춤 설정'이 있습니다. '위치'는 내가 설정한 지역에서 어떤 일이 일어나고 있는지 확인할 수 있으며, '맞춤 설정'은 내 위치와 내가 팔로워 하는 사람을 기반으로 게시물을 보여 줍니다.

▲ '나를 위한 트렌드' 화면

## 9 실시간 음성 채팅 서비스 소통, 스페이스(space)

제4세대 소셜 네트워크 서비스로 쌍방향 음성 기반 SNS가 한참 유명세를 떨쳤던 적이 있었습니다. 반짝하고 사라질 것인가 롱런할 것인가 살아남은 것 등등 많은 말들이 많았습니다. 대표적인 클럽하우스는 글자 대신 음성으로 실시간 대화하는 오디오 기반 소셜 미디어(SNS)입니다. 기존 SNS 서비스와 다른 차별화된 전략인 특유의 '폐쇄성'으로 인기를 얻었습니다. 앱 내에서 사진 공유와 영상 녹화, 채팅, 음성 녹음을 허용하지 않고 오직 목소리로만 소통할 수 있는 것입니다. 더욱 이 SNS를 매력적으로 만든 것은 공통 관심사가 있는 사람들과 부담 없이 이야기 하고, 모든 발언에 휘발성을 보장하며 기록에도 남기지 않았기 때문입니다. 덕분에 사용자들은 생각보다 솔직하고 열린 대화를 편안하게 나눌 수 있는 분위기를 조성할 수 있었습니다. 전문가들은 클럽하우스의 이런 운영 전략이 지속적인 성장의 발목을 잡는 데 결정적인 역할을 했다고 분석하고 있습니다. 뒤늦은

감이 있지만 음성 소셜 미디어 클럽하우스는 그동안 폐쇄적이었던 서비스 접근성을 개선하고, 사용자 편의성 향상을 위해 박차를 가하고 있습니다. 사용자들에게 조금씩 호응을 이끌어내고 있습니다.

클럽하우스의 인기가 빠르게 식을 즈음 엑스는 단문 중심의 소통에서 오디오 서비스인 스페이스 기능에 투자를 확대했습니다. 음성 메시지가 단문과 달리 입력 시간이 소요되지 않고 쌍방향 소통을 더 수월하게 할 수 있다는 경쟁력을 포착한 것입니다. 폐쇄성보다 개방성에 주안점을 두고 서비스를 개선시켜 나갔습니다. 현재 엑스의 스페이스(채팅방) 기능은 공통된 주제를 가진 사람들이 모여 자유롭게 이야기하는 대표적인 메뉴로 자리매김 하고 있습니다. 음성 메시지는 정보 제공뿐만 아니라 생각과 감정을 더 생동감 넘치게 전달하는 기능으로 사랑받을 것입니다.

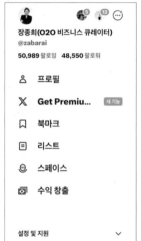

■ 음성 채팅방 참여하기

❶ 채팅방에서 소통하기 위해서는 왼쪽 하단에 위치한 '요청하기' 아이콘을 클릭하여 '발언 권한 요청 하기'를 요청합니다. '진행자'가 채팅방 녹음을 진행할 수 있으며, 녹음에 내 목소리가 포함될 수 있습니다.

❷ 채팅방의 '진행자', '공동진행자', '발언자', '청취자'들을 살펴볼 수 있습니다. '진행자'는 이벤트, 행사 등과 관련된 채팅방을 개설하여 주관하는 역할을 맡으며 참가자들 간의 대화를 이끌어 나갑니다. '공동진행자'는 보조적인 역할을 맡으며 '진행자'와 협업하며 채팅방을 함께 진행합니다.

▲ 채팅방 메뉴 살펴보기

'발언자'는 다른 참가자들과 의견을 나누거나 발표할 수 있습니다. '청취자'는 채팅방에서 진행되는 '진행자'나 '발언자'의 내용을 청취할 수 있습니다.

❸ 아이콘으로 감정을 표현할 수 있습니다.

❹ 채팅방 게시물에 답글을 게시할 수 있습니다.

❺ 채팅방 쪽지 초대, 링크 복사하기, 공유하기가 가능합니다.

❻ 스페이스 정보, 설정변경, 운영원칙보기, 캡션켜기 메뉴가 있습니다. '설정변경'에서 캡션보기와 소리 설정이 가능합니다. 캡션보기가 활성화 되면 채팅방에 자동으로 생성됩니다. 채팅방에서 진행되는 대화 내용이 정확하지 않을 수 있습니다.

❼ [나가기] 버튼을 클릭하면 곧바로 채팅방을 나갈 수 있습니다.

## ■ 음성 채팅방 참여하기

스페이스 음성 채팅방 참여하는 방법은 어렵지 않습니다. 개설된 여러 채팅방 중에서 관심있는 주제를 발견하고 방문하면 됩니다. 청취하기 전 '익명으로 청취하기'로 on/off를 할 수 있습니다. On으로 하게 되면 사용자는 표시되지 않으며 채팅방에서 발언이나 반응을 보낼 수 없습니다.

채팅방에 참여하여 발언하고 싶을 경우 왼쪽 하단 [요청하기] 버튼을 클릭하면 진행자에게 발언할 수 있는 권한을 받을 수 있습니다. 발언자는 총 10명까지 추가됩니다.

익명으로 청취 중일 경우에는 진행자 및 다른 참가자에게 표시되지 않습니다. 발언자로 참여하기 위해서는 탈퇴한 후 다시 청취자로 참여해야 합니다.
[발언 권한 요청] 버튼을 클릭하여 '진행자'의 승인을 받으면 발언자로 대화에 참여할 수 있습니다.

채팅방에 참여하게 되면 발언자들과 주제에 대해서 대화를 진행할 수 있습니다.

■ 음성 채팅방 개설하기

엑스 홈 피드에서 오른쪽 하단 [+(⊕)] 버튼을 클릭하거나, 스페이스 내 오른쪽 하단 [마이크(🎙)]버튼을 클릭하면 채팅방 개설 화면으로 이동합니다.

'스페이스 만들기'에 들어오면 '어떤 이야기를 하고 싶으신가요'라는 문구가 보입니다. 친구들과 소통하고 싶은 주제를 간단하게 추가합니다. '토픽'은 주제와 관련된 키워드를 추가합니다. '토픽'은 팔로워 한 친구들이 내 스페이스를 발견할 수 있도록 지원합니다. 최대 3개까지 추가할 수 있습니다. '스페이스 녹음'은 팟캐스트처럼 라이브 채팅방이 끝나도 나중에 청취할 수 있는 기능입니다. 채팅방에 참여하지 못한 청취자가 언제든 오디오 콘텐츠를 풍부하게 즐길 수 있습니다. '동영상 사용 설정'에서 동영상을 활성화 하면 실시간으로 영상을 송출하며 소통이 가능합니다. 우측 하단 [스페이스 예약] 버튼을 클릭하면 '요일'과 '시간'을 예약할 수 있습니다. 기본 설정이 완료되었다면 [시작하기] 버튼을 클릭하여 채팅방을 만듭니다.

▲ 채팅방 개설 화면     ▲ 토픽 추가 화면     ▲ 나인아이(NINE.i) 주형 멤버
의 생일파티 동영상 화면

■ 음성 채팅방 진행하기

▲ 채팅방 메뉴 살펴보기

❶ '음악'은 진행자가 채팅방에 흐르는 침묵이 어색하게 느껴질 때 배경 음악을 사용할 수 있습니다.

❷ 마이크 또는 카메라의 커짐과 켜짐을 설정할 수 있습니다.

❸ 'Sound baard', 'Voice' 기능이 있습니다. 'Sound baard'는 아이콘 효과음이 지원되며, 'Voice'는 음성 변환 서비스로 목소리를 바꿀 수 있습니다.

❹ '음악'은 진행자가 채팅방에 흐르는 침묵이 어색하게 느껴질 때 배경 음악을 사용할 수 있습니다.

❺ 아이콘으로 감정 표현을 전달할 수 있습니다.

❻ '클립' 기능으로 30초 길이로 발언한 내용을 만들 수 있습니다. 모든 '클립'은 30일 후에 만료됩니다.

❼ 채팅방 게시물에 댓글을 올릴 수 있습니다.

❽ 채팅방 주제 수정이 가능합니다.

❾ '클립'과 '캡션' 설정이 가능합니다. '설정 변경'에서 '발언자', '클립', '캡션', '소리'를 설정할 수 있습니다.

S N S

03

# 입소문이 빠른 게시물의 법칙

효과적으로 게시물을 활용할 수 있는 게시물 작성과
운영 방법에 대해서 알아보겠습니다.
#게시물전략 #엑스활용

엑스는 글자 한계의 제한(무료 계정)이 있으므로 간결하고 쉽게 이해할 수 있도록 단문 활용이 중요합니다. 엑스를 보다 전략적으로 활용할 수 있는 게시물 작성과 운영 방법에 대해 살펴보겠습니다.

## 1 즉각적으로 전송이 가능한 게시물 전략

단문의 한계에서 벗어나 마음에 와닿는 명언이나 주목받는 트렌드, 파급력 있는 정보를 사용하여 팔로워를 늘리는 방법에 대해 알아봅니다.

### ■ 공감할 수 있는 독창적인 글귀와 명언

공감을 불러일으키는 대표적인 게시물에는 '감동적인 글귀'와 '명언'이 있습니다. 긍정적인 호감을 일으키는 게시물은 강조 역할을 하기 때문에 관심을 유도하고 팔로워들에게 지지를 얻을 수 있습니다.

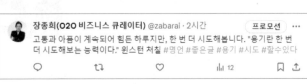

▲ 명언 게시물 화면

### ■ 신선한 이슈와 트렌드를 따르는 정보

적절한 시기에 맞춰 실시간 이슈와 유용한 트렌드 정보에 관한 게시물을 올리면 상호 연관성을 이끌어낼 수 있습니다. 한 예로 최근 쟁점이 되고 있는 키워드를 포착해 신문 기사 또는 블로그에 포스팅한 스토리로 연결하는 것입니다. 이때 시선을 사로잡는 게시물 정보는 순식간에 퍼져나갑니다.

▲ 조선일보 게시물 화면

### ■ 주관적인 판단을 압축한 전문화된 정보

140자라는 한정된 문장 안에서 상대방의 마음을 사로잡기는 쉽지 않지만, 구체적이면서도 핵심적인 메시지를 전달할 수 있습니다. 특히 이러한 게시물은 팔로워들로 하여금 게시물에 열린 태도를 보여 공감과 경외감을 줄 수 있습니다. 글 쓰는 능력이 조금 부족하더라도 꾸준히 노력하면 '단문의 연금술사'로 변할 것입니다.

▲ 흥미있는 게시물 화면

■ 음성으로 게시물을 올리다

엑스에 게시물을 올리다 보면 한 번쯤 "글자로 감정을 표현하기 힘들어!", "마음을 목소리에 담아서 전달하고 싶어!"라는 생각을 해볼 수 있습니다. "확실하게 메시지를 전달할 수 있다면 좋지 않을까?"하는 의견들이 나오게 되면서 엑스는 이용자가 더욱 편하고 자유롭게 소통할 수 있는 '음성 게시물'을 추가합니다. 2021년 세계적으로 음성 기반 SNS가 이슈가 되면서 발 빠르게 대응한 부분도 있습니다. 단문 중심의 실시간 커뮤니케이션 플랫폼은(140글자, 280글자) 이용자들의 개성과 취향을 표현하기에 충분하지 않고, 상대와 문장으로 대화할 때 뉘앙스가 약간 바뀌는 경우가 있어 메시지를 전달하는데 부족한 점이 있었습니다. '음성 게시물'은 버튼 클릭 한 번으로 음성을 녹음하여 게시물이 가능해 글자의 한계에 대해 생각할 필요 없습니다.

▲ 음성 게시물 화면

## ② 실시간 소통과 확산 효과가 좋은 엑스

강력한 홍보 효과를 나타내는 엑스의 핵심 기능에 대해 알아봅니다. 시리즈화, 재게시(Repost), 폴 기능 등을 활용해 다양하게 활용할 수 있습니다.

### ■ 호기심을 자극하는 시리즈화

단문 게시물은 특성상 휘발성이 강해서 입소문을 타지 않으면 관심을 얻기 쉽지 않습니다. 이때 숫자, 년/월/일과 같은 시간적인 구분을 적용할 수 있습니다. 특히 숫자를 활용하면 게시물이 단순 명료해져 잘 포착되고 팔로워들의 호기심을 자극해 설득력을 높일 수 있습니다. 추가로 해시태그(#)를 활용해 지난 게시물의 스토리를 손쉽게 추적할 수도 있습니다. 이때 해시태그는 독창적이고 브랜드화할 수 있는 키워드로 선정하면 효과적입니다. 게시물의 시리즈화는 단문의 생명력을 높이고, 시선을 사로잡아 관계 형성의 연결고리를 만듭니다.

> 1회, 2회, 3회……
> 1장, 2장, 3장……
> 월요일, 화요일, 수요일……
> #힐링캠프, #체험학교, #맛집탐방기

### ■ 재게시(Repost) 이벤트 홍보

엑스의 막강한 홍보 기능을 하는 재게시는 주로 기업에서 저예산으로 폭넓은 수익 창출을 기대할 수 있어 마케팅 수단으로 활용합니다. 또한, 상품의 친숙도와 애호도를 높일 수 있습니다. 현재 가장 많이 활용하는 기업의 재게시 이벤트 홍보는 선물을 제공해 팔로워들의 참여를 유도하는 것입니다. 대표적으로 '특별한 과제 달성 재게시', '선착순 재게시', '특정 단어를 게시물에 삽입한 후 재게시' 등이 있습니다.

이벤트 홍보에서 재게시 참여율을 높이기 위해서는 첫 번째, 게시물에서 흥미를 유발해야 합니다. 이색적이고 독창적일수록 사람들의 호기심을 자극해 입소문 효과가 증폭됩니다. 두 번째, 이벤트 홍보를 끊이지 않고 정기적으로 시행해야 합니다. 일회성 이벤트 홍보는 즉각적인 관심을 불러일으키지만, 장기적이고 긍정적인 유대 관계를 형성하기에는 부족합니다. 팔로워가 꾸준히 참여할 수 있는 다양한 기회를 만들어 기업 브랜드 상품에 대한 호의적인 태도를 만드는 것이 중요합니다.

▲ @kleague

■ 참여를 유도하는 폴 기능

온라인 실시간 폴(Poll)은 팔로워들의 적극적인 참여를 유도하는 설문조사 서비스로, '사회적 이슈', '온라인 이벤트 행사', '특정 주제에 대한 다양한 의사결정'이 필요할 때 유용합니다. 게시물 입력창 하단에 폴(Poll) 이미지를 클릭하면 손쉽게 설문조사를 만들 수 있습니다. '질문해 보세요'에 주제를 넣고 '선택 사항'(최대 4개)과 '투표 기간'(7일까지)을 설정하면 됩니다.

▲ 폴(Poll) 기능 투표

▲ 폴(Poll) 기능 사례

## ■ 게시물 예약 기능

'예약'은 특정 요일 또는 시간에 맞추어 게시물을 올릴 수 있는 유용한 기능입니다. 기업에서 상품 홍보 또는 시즌 이벤트를 진행할 때 사전 예약을 해놓을 수 있고 뉴스를 송출할 때도 활용해 볼 수 있습니다. 다양한 행사를 사전에 기획하여 실행할 수 있어 계정 활성화에 도움이 됩니다. PC에서 작업이 가능합니다.

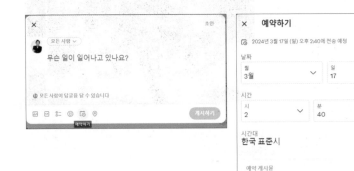

▲ 게시물 예약하기 화면

# 흡입력을 높이는 단문 쓰기

어떻게 하면 단문이 잘 읽히고 간결하게 작성할 수 있는지 알아보겠습니다.

#단문작성법

피카소가 한 번의 붓질로 천재적인 그림을 완성했다면 헤밍웨이는 10개 미만의 단어로 소설을 완성한 작가로 유명합니다. 헤밍웨이의 일화를 통해 압도적인 매력의 단문을 살펴보겠습니다. 어느 날 카페에서 헤밍웨이는 그를 탐탁지 않게 여긴 친구들과 논쟁이 붙었습니다. 그중 "10개도 안 되는 단어로 감동적인 소설을 쓰면 돈을 주겠다."라는 흥미로운 내기를 제안받습니다. 며칠 후 헤밍웨이는 주관적인 감정과 형식적인 기교를 배제한 짧은 소설을 완성합니다.

『For sale : Baby shoes. Never worn』(팝니다: 아기 신발, 사용한 적은 없습니다.)이라는 짧은 소설은 언뜻 보면 신발을 판다는 의미의 짧은 문장 같지만 애절한 사연이 담겨있습니다. "어떤 부부가 있습니다. 아내가 임신한 기쁨에 아이의 신발을 구매했습니다. 그러나 아이는 태어나자마자 죽었습니다. 한 번도 신지 않은 이 신발을 팝니다." 여섯 단어 속의 내용을 이해하면 어쩔 수 없이 신발을 팔게 된 부부의 고통이 생생하게 전달되는 것을 느낄 수 있습니다. 여기에는 '임신에 대한 부부의 기쁨', '신발을 신고 있는 아기에 대한 설렘', '죽음에 대한 슬픔'

등 다양한 의미가 담겨 있습니다. 이 소설로 헤밍웨이는 친구들의 눈시울을 적시고 내기에서 이깁니다.

이 짧은 소설은 엑스가 가지고 있는 글자의 한계 속에서 얼마든지 '다양한 감정과 의미를 전달할 수 있다'는 가능성을 알려줍니다. 헤밍웨이의 단문과 같이 논리적이고 구체적인 장문의 글이 아니라도 몇 개의 단어만으로도 상대방을 설득시키고 감동을 줄 수 있습니다. 엑스는 단문에 순간을 담아 배포하는 실시간 사실주의 매체로 '생각하는 것', '보이는 것', '공감하는 것'을 공유할 수 있습니다. 누구나 몇 번의 클릭만으로 계정을 만들어 손쉽게 정보를 공유하고 소통의 깊이와 폭을 넓힐 수 있습니다.

엑스는 단문이라는 제약을 가지기 때문에 글을 정교하고 논리적으로 표현하기 어렵지만, 이러한 단점을 갖고 있었기에 세계적인 소통의 메신저로 사랑받고 있습니다. 짧은 게시물도 효과적으로 작성하면 팔로워들의 시선을 사로잡고, 공감을 이끌어낼 수 있습니다.

### 1 사용자의 관심을 끄는 단문 작성법

그렇다면 어떻게 단문을 잘 쓸 수 있을까요? 단문 쓰기의 부담에서 벗어날 수 있는 몇 가지 방법들을 알아봅니다.

■ 게시물에 UVP 단문 적용하기

'UVP(Unique Visual Proposition)[7]'는 독창적인 시선 제안이라는 뜻으로, 자연스럽게 시선을 끌어 행동을 일으키는 것을 말합니다. 게시물에 UVP가 적절히 반영하면 공감의 기회를 만들 수 있습니다. 단문에 폭넓은 감정 표현을 담는 것은

---

7 UVP를 사용해 단문에 다양한 감정과 의미를 전달할 수 있습니다.

어느 정도 제약이 따릅니다. 그래서 순간을 촬영하듯이 핵심 내용을 게시물에 적용하는 것이 중요합니다. 매력적인 단문을 만들기 위한 몇 가지 방법에 대해서 살펴보겠습니다.

첫 번째는 '감정이입'입니다. 대상을 선정하고 감정을 이입시켜 융화하는 것으로 의미 전달에 한층 더 효과적입니다. 다음 내용은 단어에 감정을 이입한 사례로, 평범한 단어에 언어의 연금술을 적용하면 색다르게 전달할 수 있습니다.

> **신발:** 나의 발과 딱 맞는 외피로 둘러싸여 걸을 때마다 보호해 주는 절친
> **청바지:** 푸른 향기가 한 겹 두 겹 녹아든 섬유 세포의 뭉치들
> **가방:** 소중한 물건들은 보호해주며 어딜 가나 따라다니는 단짝
> **커피:** 하루에 쌓인 피로를 사르르 녹여주는 마법 같은 친구

두 번째는 '시각'입니다. 보이는 그 자체를 글에 표현하기 때문에 더할 나위 없고 예술가가 직접 본 사물을 예술로 표현하듯, 핵심을 설정해 게시물에 적용할 수 있습니다.

> ▶ 피로를 풀기 위해 찾은 해장국집입니다. 날씨가 매섭다 보니 손님이 많네요. 옆자리에 앉은 세 분의 여성들은 소주 7병, 10병 등 마신 술을 자랑합니다. 이런 말을 해주고 싶네요. "당신은 우주 같은 몸입니다. 젊음을 너무 혹사하지 마세요."

> ▶ 늦은 저녁으로 선택한 메뉴는 철판볶음밥입니다. 요리사가 눈 앞에서 다양한 채소와 소고기를 볶는데 맛있는 냄새가 식욕을 자극합니다. 한입 먹어보니 입안이 황홀해집니다.

세 번째는 '경험'입니다. 생활 속에서의 경험은 매력적인 소재로, 팔로워들에게 공감대를 형성하고 참여할 기회를 만듭니다. '감기 예방법', '겨울철 자동차 관리', '강남에서 맛있는 한식당' 등 유용한 내용을 게시물에 적용하여 친밀한 소통의 기회로 바꾸어 보세요.

▶ 시골에서 보내는 주말! 뜨거운 햇볕과 농사꾼의 열정, 사랑을 먹고 자란 과일들이 싱그럽습니다. 오후에 과일을 수확하는데 쉽지 않네요. 잠시 휴식 시간! 잘 익은 결실을 한 입 베어 물으니 입안에서 사르르 녹는 복숭아와 시큰거리는 포도가 피로를 확 풀어줍니다.

▶ 한 주 동안 쌓인 스트레스를 풀어줄 매운 떡볶이를 주문했습니다. 어렸을 때는 매운 고추를 먹을 때마다 눈물이 흘러서 먹지 못했지만, 어느덧 성인이 된 지금, 매운맛에 길들고 있네요. 지금도 간혹 눈물을 흘리지만 맛있게 먹고 있습니다. 앗! 매워~

■ 시·공간 개념 적용하기

단문에 '시간적', '공간적'인 개념을 적용할 수 있습니다. 글에 시간적인 개념이 적용되면 변화를 느낄 수 있어 현실감이 생깁니다. 다음의 예를 통해 시간적인 개념을 살펴보겠습니다.

아침, 점심, 저녁
오전, 오후
봄, 여름, 가을, 겨울
새벽녘, 저물녘, 아침녘, 동틀녘, 황혼녘, 해질녘, 해뜰녘
9시, 12시, 30분, 50분

또한, 글에 공간적인 개념이 적용되면 쉽게 상상할 수 있기 때문에 '사실감', '입체감' 등을 제공할 수 있습니다. 다음의 예를 통해 시·공간적인 개념을 살펴보겠습니다.

10평의 작고 아담한 카페
아침 10시에 찾은 10평의 작고 아담한 카페에서 소박한 아침을 선사합니다.
3명이 들어갈 수 있는 텐트
여름휴가철에 맞춰 3인용 텐트를 구매했습니다.

■ 오감 활용하기

생물학적으로 여성은 청각, 남성은 시각이 발달했다고 합니다. 단문을 작성할 때 이 두 가지 감각을 적절히 활용하면 성별에 따른 관심을 높일 수 있습니다.

오감을 활용해 단문을 만드는 방법을 알아보겠습니다. 먼저 스마트폰의 '메모' 앱을 실행해 순간의 감정들을 입력한 다음 단어들을 연결해 그림을 그리듯이 자연스럽게 단문을 만들 수 있습니다.

> ▶ 커피 전문점에서
> **시각**: 사람들이 웅성거리다
> **청각**: 감미로운 재즈
> **후각**: 진한 에스프레소 커피 향기
> **촉각**: 매서운 겨울바람에 얼어 있다.
> **미각**: 무뎌지는 입가, 따뜻하다.

매서운 겨울바람에 온몸이 얼었네요. 차가운 공기로 얼어붙은 입가에 따뜻한 커피 한잔이 생각나는 시간입니다. 진한 에스프레소 향기에 이끌려 카페에 들어왔는데 추위 때문인지 사람들이 가득하네요. 웅성거리는 소리가 시끄럽지만 감미로운 재즈가 흘러나와 마음마저 따뜻해집니다.

> ▶ 갈비탕 전문점에서
> **시각**: 여러 사람이 앉아 있다.
> **청각**: 매우 떠들썩하다.
> **후각**: 맛있는 냄새가 코를 자극한다.
> **미각**: 침샘이 고인다, 갈비탕이 맛있어 보인다.

저녁 메뉴로 갈비탕을 선택했습니다. 문을 열자 여러 사람으로 인해 웅성거리는 소리가 떠들썩합니다. 맛있는 냄새가 코를 자극하자 침샘이 고이며, 갈비탕이 맛있어 보입니다.

단문 작성 시 호감을 불러일으킬 수 있는 글짓기에 대해서 살펴보았습니다. 이 방법은 단문에 국한되지 않고 블로그 스토리를 만들 때에도 적용할 수 있습니다. 블로그 스토리는 이미지와 문자 중심으로 이루어지며, 이미지에 대한 설명을 그림 그리듯이 표현하면 상대방의 공감을 이끌어내어 효과적으로 전달할 수 있습니다. 꾸준히 주변 상황을 세심하게 관찰하고, 감정을 구체적으로 표현하기 위해 노력하면 주목받는 단문 작성을 쉽고 빠르게 완성할 수 있습니다.

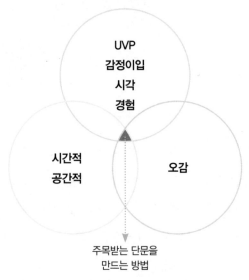

▲ 단문 작성시 위와 같은 요소들을 적절히 활용하면
  공감과 호감을 이끌어낼 수 있습니다.

# SNS 트렌드로
# 고객 경험을 파악하다

SNS 공간에서 사람들은 어떤 생각을 하고 어떤 글들을 작성하고 있을까요?
핫한 키워드를 분석이 가능한 트렌드 서비스를 활용하면 됩니다.

#SNS트렌드

엑스가 빅데이터의 주역이 되고, 데이터를 신속하고 효율적으로 처리할 수 있는 IT 기술이 발전하면서 제조, 유통, 금융, 의료, 방송 등 다양한 분야에서 활용되고 있습니다. 특히 기업 마케팅 영역에서 그 활용 범위가 넓어지고 있는데 친밀한 고객 관계 형성, 시장 트렌드 분석, 고객 이탈 방지 등에 활용됩니다.

(주)바이브컴퍼니에서 제공하는 '썸트렌드(https://some.co.kr)'를 통해 SNS 환경에서 특정 단어가 어떤 트렌드로 이동하는지 살펴보겠습니다. 무료로 가입하면 1개월까지 블로그, 뉴스의 언급량, 연관어, 긍·부정 단어들을 살펴볼 수 있습니다.

## **1** 썸트렌드(Sometrend)

썸트렌드 분석센터의 대표적인 메뉴는 '소셜 분석', '비교 분석', '유튜브 분석'입니다. 여기서는 '소셜 분석'과 '비교 분석'에 대해서만 살펴보겠습니다. 이 두 서비스는 단어 검색 메뉴에서 특정 단어를 검색하면 '언급량', '연관어', '긍·부정' 분석이 가능합니다. 일정기간 동안 '인스타그램', '블로그', '뉴스', '엑스'에 언급된 게시글의 무료 서비스는 1달 동안 '블로그', '뉴스'에 언급된 게시글의 수와 추이를 확인할 수 있습니다. '커뮤니티', '인스타그램', '엑스' '유튜브 분석'은 유료 서비스입니다.

▲ 썸트렌드 화면

■ 소셜 분석

소셜 분석 서비스에서 '국내여행' 단어에 대한 1개월 기간 동안의 '언급량 분석'을 살펴보겠습니다. 제일 많이 언급된 요일은 2월 14일(2024년 2월 12일~2024년 3월 11일)입니다. 전년 동기간 대비 언급량이 증가하였습니다. '원문 더보기'를 클릭하면 '국내여행'이 언급된 내용들을 확인할 수 있습니다. 기업의 상품 브랜드일 경우 유료 서비스를 이용하면 구체적으로 SNS 성향과 관심도를 어느 정도 분석하고 파악이 가능합니다.

▲ 원문 더보기 화면

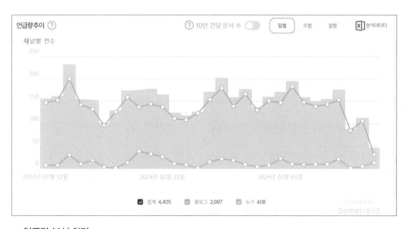

▲ 언급량 분석 화면

이번에는 소셜 분석에서 '국내여행' 단어에 대한 1개월 기간 동안의 '연관어 분석'을 살펴보겠습니다. 연관어가 많이 언급된 카테고리(인물, 단체, 장소, 브랜드, 상품/품목, 경제/사회, 문화/여가, 자연환경, 기타)는 '경제/사회 > 사회'이며, 연관어 순위가 높게 나온 키워드는 '여행'입니다. 순위 변화가 큰 연관어는 '사진'과 '카페'로 나왔습니다. '국내여행'과 관련해서 '사진'과 '카페'가 많이 언급되었다는 것을 알 수 있습니다. '연관어 순위 변화'는 주별/월별로 살펴볼 수 있고 주별은 최대 500위 연관어 중 15개의 연관어를 보여줍니다. 500위 연관어는 〔분석데이터〕를 통해 확인 가능하며 유료 서비스입니다. 기업 실무자라면 '연관어 분석' 서비스로 소비지와 고객에게 어필할 수 있는 SNS 메시지 작성 활용이 가능합니다.

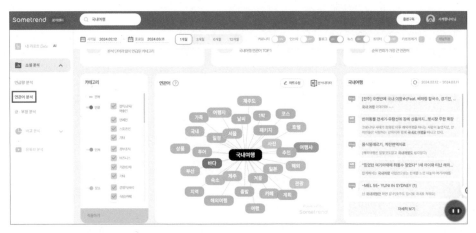

▲ 연관어 분석 화면

다음으로 소셜 분석에서 '국내여행' 단어에 대한 1개월 기간 동안의 '긍·부정 분석'을 살펴보겠습니다. 긍·부정 분석에서 '국내여행' 단어는 긍정적으로 나왔으며, 2024년 2월 12일~2024년 3월 11일 기간 동안 긍정비율이 가장 높았던 날은 2024년 3월 1일, 부정 비율이 가장 높았던 날은 2024년 2월 18일입니다. SNS 게시글에서 분석 단어를 평가하는 긍·부정 맵에서 인기가 있는 긍정 단어로 '즐기다', '할인되다', '할인쿠폰' 등이 나왔습니다. '긍·부정 단어 순위 변화'는 주별/월별로 살펴볼 수 있고 주별은 최대 500위 긍·부정 단어 중 15개의 긍·부정 단어를 보여줍니다. 500위 긍·부정 단어는 〔분석데이터〕를 통해 확인 가능하며 유료 서비스입니다. 기업 홍보 및 고객 CS 실무 담당자라면 SNS 공간에서 상품 또는 브랜드 스토리가 어떤 감성을 갖고 있는지 분석하고 대응할 수 있습니다.

▲ 긍·부정 분석 화면

■ 비교 분석

'비교 분석'은 두 개 단어를 입력하여 분석해 볼 수 있는 서비스입니다. 비교 단어 추가는 유료 서비스입니다. 비교 분석에서 '제주시'와 '서귀포시'로 단어를 넣고 1개월 기간 동안의 '언급량 분석'을 살펴보겠습니다.  2024년 2월 12일~2024년 3월 11일 기간 동안 언급량이 가장 많은 분석 단어는 '제주시'입니다. '원문 더보기'를 클릭하면 비교 단어가 언급된 내용들을 확인할 수 있습니다. 분석 단어가 포함되어 있는 SNS 게시글 수와 비교 단어가 포함되어 있는 SNS 게시글 수의 언급량 추이 비교는 일별/주별/월별로 확인 가능합니다. 〔분석데이터〕는 유료 서비스입니다.

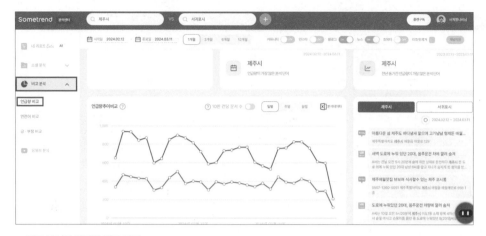

▲ 비교 분석의 언급량 비교 화면

　다음은 '비교 분석'에서 '제주시'와 '서귀포시' 단어의 1개월 기간 동안 '연관어 비교'를 살펴보겠습니다. 분석 단어와 함께 많이 언급된 카테고리로 '제주시'와 '서귀포시'는 '생활/품목 > 음식'으로 나왔습니다. 두 지역 모두 관광 명소로 '음식'에 대한 관심도가 높다는 것을 알 수 있습니다. SNS 게시글에서 비교 단어와 함께 언급된 단어 비교에서는 '지역명', '여행', '맛집'이 나왔습니다. 분석 단어별 연관어 순위는 15개의 연관어를 보여줍니다. 〔분석데이터〕는 유료 서비스입니다.

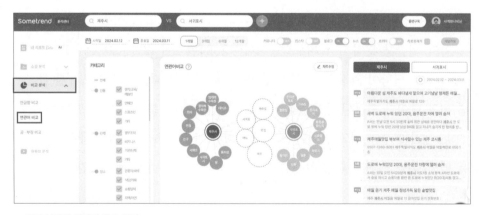

▲ 비교 분석의 연관어 비교 화면

마지막으로 '비교 분석'에서 '제주시'와 '서귀포시' 단어의 1개월 기간 동안 '긍·부정 분석'을 살펴보겠습니다. 두 지역 모두 국내 대표 여행지인 만큼 맛집과 장소 관련된 단어가 많이 언급되었으며 긍정적인 감성이 나왔습니다.

'비교 분석'의 '긍정·부정 분석' 서비스는 두 개의 기업 또는 상품의 경쟁우위를 구체적으로 살펴볼 수 있습니다. 경쟁업체보다 무엇을 잘하고 있는지 못 하고 있는지 빨리 체크하여 위기 대응이 가능합니다.

▲ 비교 분석의 긍 · 부정 비교 화면

# 고객 요구에 빠르게 반응하는 SNS 마케팅

# 정보 과잉 시대에 꼭 필요한 SNS 큐레이터

아침에 일어나 눈뜰 때부터 늦은 밤에 잠들기 전까지 우리는 언제나 좋은 친구이자 든든한 파트너인 스마트폰과 함께 생활합니다. 손안의 PC인 스마트폰은 일상생활을 넘어 세상을 바꾼 주역으로, 누구나 스마트한 삶을 가치 있고 윤택하게 누릴 수 있도록 발전했습니다.

'스마트하다'라는 문장은 기술적인 면에서 더 넓게 사용합니다. 좁은 의미로는 전화, 메모, 쪽지, 이메일 등으로 설명할 수 있으며, 넓은 의미로는 다양한 애플리케이션을 예로 들 수 있습니다. 이중 대표적인 서비스는 실시간 쌍방향 소통과 정보 습득이 가능한 SNS(Social Networking Service)가 있습니다.

다양한 기기와 더불어 언제 어디서나 접속할 수 있는 무선 네트워크 서비스가 발전하면서 스마트폰은 현대인의 필수품이 되었습니다. 스마트폰을 이용해 생활 정보인 교통, 날씨, 뉴스 등을 손쉽게 확인할 수 있습니다. 또한, 애플리케이션을 활용해 이동 중에도 자유롭게 업무(Smart work)[1]를 처리할 수 있습니다.

과학기술정보통신부가 발표한 국내 이동통신 가입자 수는 2024년 1월 말 기준 6,100만으로 통계청 추산 인구 5,561만 3,000명(2022년 7월)을 넘어 전 국민이 이동통신 기기 하나쯤은 가지고 있다는 것을 확인할 수 있습니다. 앱 사용 데이터 분석업체인 앱애니 '모바일 현황 2023' 보고서에 따르면 모바일 기기 사용량이 가장 많은 국가는 1위 인도, 2위 중국, 3위 미국으로 나왔으며 대한민국은 10위를 차지하고 있습니다. 전 세계적으로 국민 인당 하루 평균 모바일 기기 사용 시간은 약 4시간 10분으로 나왔습니다. 현대 사회에서 모바일 기기가 얼마나 중요한 역할을 하는지를 보여 주는 수치입니다. 전 세계 모바일 기기 사용자들의 2023년 앱 다운로드 횟수는 약 3,000억 회로 나왔으며 총 지출 비용은 약 1조 달러(1,200조 원)에 달합니다.

전 세계적으로 인터넷 사용시간 급증은 코로나19 팬데믹으로 인한 사회적 거리두기와 비대면 일상의 장기화가 기인한 것으로 보고 있습니다. 외부활동 제약으로 실내에서 머무르는 시간이 증가하면서 급격한 디지털화가 이루어진 것입니다. 아이러니하게도 비대면 일상이 도래하면서 온라인에 대한 거부감 없이 인터넷 뒤를 잇는 가상현실 공간 '메타버스(Metaverse)' 플랫폼에 대해서 알게 되었습니다. 우리들의 삶의 질을 높여주는 스마트한 라이프 스타일을 경험하는 기회였습니다.

급변하는 디지털 시대에 맞춰 스마트 혁명이 발생하면서 사회, 경제 등 각 분야에는 다양한 변화가 생겼습니다. 가장 큰 변화는 데이터 폭증으로, 기하급수적으로 쏟아지는 데이터를 '빅데이터[2]'라고 합니다. 또한, 이전에는 데이터가 정적(신문, 매거진 등의 대중 매체)으로 흘렀지만, 스마트한 세상이 도래하면서 스트림화(SNS 환경에서 데이터가 지속해 퍼지는 것)되어 동적으로 흐르며 좀 더 가깝고 밀접해졌습니다. 반면, 데이터가 폭발적으로 늘어나면서 수용할 수 있는 한계치를

---

1 '눈치 빠른, 맵시 있다'라는 사전적 의미를 가지고 있습니다. 정보통신기술을 이용하여 시간과 장소의 유연성을 갖고 언제 어디서나 편리하게 업무에 종사할 수 있는 미래 지향적 근무 형태를 의미합니다.
2 데이터 생성 주기가 기존 데이터보다 폭발적이기 때문에 기존 방법으로 수집 및 관리, 분석하기 어려운 데이터를 총칭합니다.

넘었습니다. 시장조사업체 IDC에서 발표에 의하면 세계적으로 유통되는 디지털 데이터의 양이 2025년에 175제타바이트(175조 기가바이트)에 이를 것이라고 예상하고 있습니다.

빅데이터를 만드는 주된 요인은 'The Super Fresh Web(실시간 서비스를 제공하는 웹)'으로 대표적인 소셜 네트워킹 서비스(Social Networking Service : SNS)로는 엑스, 페이스북, 틱톡 등이 있습니다. 스마트 기기를 자유자재로 활용하거나 매체를 통해 SNS 뉴스를 발 빠르게 접한 사용자라면 엑스의 Repost와 post, 페이스북의 친구와 Like 등의 소통 기능에 익숙할 것입니다.

틈날 때마다 SNS에 접속해 다양한 사람과 소통하면서 데이터가 늘어나고 동시에 SNS 환경에서의 만남은 더욱 끈끈하게 이어졌습니다. 그만큼 소셜 네트워크 환경이 세상을 변화시키고 사람 사이의 거리를 좀 더 가깝게 이었지만, 가까운 친구들이 전하는 수많은 메시지는 디지털 기기를 통해 여과 없이 전달되어 피로도를 높입니다. SNS의 단점으로 일컬어지기도 하는 정제되지 않은 수많은 이야기는 부담으로 다가옵니다.

소셜 네트워크에 연결된 사람들이 알찬 정보와 좋은 가르침을 줄 수 있는 중심 인물(Key-man)이라면 앞서 설명한 것을 다르게 생각할 수도 있습니다. 하지만 소셜 네트워크는 누구나 손쉽게 인연을 맺을 수 있는 자유로운 환경이기 때문에 '유익하고 필요한 정보만을 획득하는 통로'로 여기며 획일적인 관계를 맺기에는 제약이 따릅니다.

SNS 환경에서 원하는 정보를 얻는 방법에 관해 살펴보겠습니다. 원하는 시간마다 틈새 시간에 맞춤형 정보와 뉴스 등을 받는다면 복잡한 SNS 환경에서도 중심을 잃지 않은 채 발전할 수 있습니다. 이러한 서비스를 전문 용어로 '소셜 큐레이션'이라고 합니다. '소셜(Social)'은 사회, 공동체, 동아리 등의 여러 의미를 띠고 있습니다. 최근에는 그 의미를 좀 더 확장해 다양한 비즈니스 영역과 융합해서 산업을 재구축하며 새로운 시장을 만들고 있습니다. '소셜 화폐', '소셜 펀딩', '소셜 마켓', '소셜 리어', '소셜 덤핑' 등 어려운 용어들이지만, 다양한 비즈니스의 가치 사슬에서 중요한 위치를 차지할 것입니다.

'큐레이션(Curation)[3]'은 주로 박물관이나 미술관에서 사용하는 용어입니다. 전시를 관람할 때 해당 전시에 관한 전문 지식을 갖춘 큐레이터가 작품과 작가에 대해서 쉽게 이해할 수 있도록 해설하는 것을 말합니다. 다시 말해 관람객에게 풍성한 경험과 정보를 제공하는 안내자입니다.

소셜 큐레이션[4]은 어떤 의미를 가질까요? 다음과 같이 기술적이고 전문적인 의미로 해석할 수 있습니다. 먼저 SNS 플랫폼을 자유자재로 다루고 사용자 특성에 따라 목표와 전략을 세우며 가치 있는 이야기를 구성하고 배포합니다. 이야기에 휴머니즘(Humanism: 인본주의)을 부여해 공감할 수 있는 시각적인 이미지를 더하면 몰입시킬 수 있으며 호소력이 높아집니다. 정보 결핍에서 정보 과잉으로 넘어서는 상황에서 'SNS 큐레이터'의 역할은 많은 관심과 시선을 받고 있습니다.

> **스토리 제안**: "네게 어울리는 상품은 바로 이것이야!"
> **전략 수립**: SNS 서비스 분석, 이슈 분석, 문화 코드, 대상 분석, 이야기 전략….

▲ SNS 큐레이터의 스토리 제안과 전략

---

3 소셜 큐레이션은 정보 결핍에서 정보 과잉으로 넘어선 상황에서 중심을 잃지 않고 맞춤 정보를 획득하는 통로가 될 것입니다.

4 『큐레이션의 시대』의 필자인 사사키 도시나오는 큐레이션의 의미를 '이미 존재하는 방대한 정보를 분류하고 유용한 정보를 골라내어 수집하고 다른 사람에게 배포하는 행위'라고 했습니다. 정보를 체계적으로 분류하고 수집해 배포하는 활동은 큐레이터의 핵심 역량입니다. 또한, 『큐레이션』의 필자인 스티븐 로젠바움은 큐레이션을 '인간이 수집, 구성하는 대상에 질적인 판단을 추가해서 가치를 높이는 활동'이라고 정의했습니다. 재구성한 이야기에 큐레이터의 전문적인 의견과 안목이 정보의 기대 가치를 높인다는 것을 설명합니다.

# 급변하는 디지털 환경에서의 사회 관계망 서비스

SNS 환경은 누구나 참여하고 소통하며 만날 수 있는 꿈같은 낙원입니다. 때로는 예측할 수 없는 이변을 만들고 실시간 메시지가 나비 효과(Butterfly Effect)[5]를 일으키기도 하는 4차원 공간입니다.

스마트 기기가 빠르게 대중화되면서 SNS 환경은 한층 더 자유롭고 새로운 가치와 문화를 공유하는 크고 작은 조직 형태로 나뉩니다. 누구나 관심 있는 분야에 관한 모임을 만들어 뭉쳤다 헤어지는 '아메바 유형의 네트워킹'으로 발전하고 있습니다. 최근 인기를 얻고 있는 스마트폰 커뮤니티 앱 '소모임'을 통해 확인할 수 있습니다. 더욱 유연하고 강력하게 친목을 형성해 함께 나누고 공유할 수 있는 무대가 넓어지고 있습니다.

---

5 기상학자인 로렌츠의 "중국에 있는 나비의 날갯짓이 미국의 태풍 발생에 영향을 줄 수도 있다."는 이론입니다. 여기서는 SNS 환경에서 작은 정보가 확산되어 사회 전체에 커다란 영향을 끼치는 것으로 이해합니다.

여러분은 포털 사이트를 통해 인터넷 카페나 미니 홈피에 방문한 적 있을 것입니다. 여기서는 다양한 주제부터 전문 지식까지 얻을 수 있으며 커뮤니티에 참여해서 공동 관심사에 관해 이야기를 나눌 수도 있습니다. 최근에는 SNS 환경에 거점을 형성하고 실시간으로 이어주는 SNS가 대중화되면서 언제 어디서나 접속할 수 있는 스마트 기기와 네트워크 환경이 커뮤니티 문화를 바꾸고 있습니다. 이뿐만 아니라 이동하면서도 업무를 진행할 수 있고 밀접하게 소통하며 즐길 수도 있습니다. 스마트 기기가 불러온 디지털 혁명에 의해 한계가 사라진 것입니다.

▲ 소모임 앱

아침에 일어나 제일 먼저 확인하는 생활에서 떼려야 뗄 수 없는 스마트폰은 이제 개인의 삶에서 친절한 비서와 같은 존재로 인식됩니다. 청소년 30%, 직장인 3명 중 1명이 스마트폰에 대한 '과의존'을 겪는 것으로 이제 스마트폰은 한시라도 곁에서 떨어질 수 없는 제3의 신경망처럼 여겨집니다.

스마트폰의 바탕화면을 살펴보면 먼저 애플리케이션마다 표시된 알람 숫자가 눈에 들어옵니다. 언제부터인가 이 숫자들은 애플리케이션과 소통할 수 있는 매개체 역할을 합니다. 주로 알람이 표시되지 않으면 애플리케이션을 실행하지 않지만, 알람이 표시되면 강력한 메시지 기능에 의해 자연스럽게 실행하게 됩니다.

국내에서 가장 인기 있는 SNS는 '카카오톡'과 '카카오스토리'입니다. 이동통신사에서 제공하는 문자 메시지가 아닌 무료로 메시지를 보낼 수 있다는 강점으로 독보적인 영향력을 가지고 있어 앞으로도 SNS 환경을 더욱 풍성하게 만들어줄 서비스입니다. '어떤 메시지가 왔을까?', '주변 사람들은 어떻게 지낼까?' 등 사적인 관심으로부터 시작한 사회 관계망 서비스를 통해 손쉽게 지인들의 근황들을 살펴볼 수 있습니다.

> 수많은 사용자와 함께 주변 사람들과 밀접하게 소통할 수 있는 플랫폼, 페이스북
> 실시간 정보 유통과 입소문 효과를 얻을 수 있는 플랫폼, 엑스
> 사진을 이용해 시각적으로 소통할 수 있는 플랫폼, 인스타그램 & 핀터레스트
> 전 세계의 인기 동영상을 확인할 수 최대 규모의 비디오 플랫폼, 유튜브
> 짧고 임팩트 있는 동영상을 만날 수 있는 숏폼 비디오 플랫폼, 틱톡
> 현재 위치와 사진을 촬영해 공유할 수 있는 플랫폼, 포스퀘어 & 스웜

▲ 전 세계 사람들과 연결할 수 있는 대표적인 SNS

▲ 애플리케이션과 알람 표시

지금 이 시각 전 세계에서는 어떤 일들이 벌어지고 있을까요? 앞서 소개한 SNS에 접속하면 세계인을 하나로 묶는 네트워크 환경에서 전 세계 소식을 확인할 수 있습니다. 이곳은 누구나 함께 나누고, 공유하며, 공감하는 자유로운 소통의 장으로써 마음껏 교감할 수 있습니다.

아직 SNS 환경에 첫발을 내딛지 않은 분들이 있다면 계정을 만들어 접속해 보세요. 우물 안 개구리가 밖으로 나오듯 세상을 바라보는 관점이 달라질 것입니다. 처음부터 너무 어려운 주제나 콘텐츠를 공유하기보다 취미나 특기 등 쉽게 공감할 수 있는 일상적인 이야기부터 접근하면 색다른 재미와 즐거움을 경험할 수 있습니다. 어느 순간 SNS 환경의 복잡한 네트워크를 통해 나의 이야기가 퍼져나가면 영향력을 행사할 수 있습니다. 거대한 SNS 환경에서 간혹 방향을 잃을 수 있지만, 전략적으로 접근해 꾸준히 참여하면 큰 힘을 얻을 수 있습니다. 이 책을 통해 무한대로 진화하는 SNS 환경에서 영향력을 만들어나가길 바랍니다.

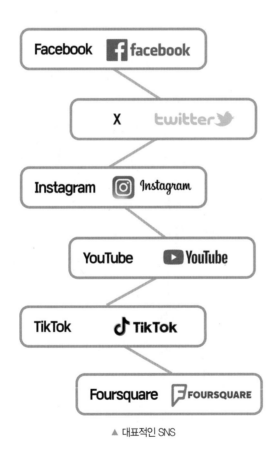

▲ 대표적인 SNS

## 03

# 시·공간의 구별이 없는
# 새로운 도약의 발판

러시안 룰렛은 회전식 연발 권총에 하나의 총알만 장전하고 머리에 총을 겨누어 방아쇠를 당기는 목숨을 건 살벌한 게임으로 승패를 전혀 예측할 수 없습니다. 디지털 환경 또한 발전 속도를 가늠하기 어려울 정도로 빠르게 변화하고 있습니다.

이로 인해 기술 혁신이 이루어지면서 언제 어디서나 즐길 수 있는 스마트 라이프가 생활화되었습니다. 스마트한 환경 이전에는 통신 제약으로 인해 정보의 이동 주기가 느렸지만, 최근에는 스마트 기기를 이용해 다양한 매체에서 쏟아지는 정보들을 끊임없이 초 단위로 받아볼 수 있습니다. 또한, 하나의 콘텐츠를 크기나 형태, 장소에 제한 없이 TV, PC, 태블릿 PC 등 다양한 기기에서 이용할 수 있는 N−스크린이 보편화되면서 시공간의 경계가 사라지고 있습니다.

소셜 네트워크 서비스 환경의 넘치는 정보에 의해 변수가 늘어나게 되면서 찾을 수 있는 정보는 풍부해졌지만, 먼저 '이 정보를 신뢰할 수 있는가?'에 대해 의문을 가지게 됩니다. 정보 가치를 평가하는 기준이 애매모호해졌기 때문입니다. 정보에 대한 정확성과 가치 기준을 판단하는 시간이 길어질 것이며 끊임없이 재생산될 것입니다.

SNS 환경에서 현재 수많은 '정보의 허리케인[6]'이 만들어지고 있어 시간과 공간의 구별은 더 이상 중요하지 않습니다. 엑스, 페이스북, 카카오톡, 핀터레스트, 블로그 등 다양한 SNS 플랫폼을 통해 개인의 주관적이고 소소한 일상에서부터 공공의 객관적이며 전문성을 띤 정보가 빛의 속도로 만들어지고 있습니다. 이러한 상황에서 개인은 다양한 정보들을 선별해 습득하거나 상품 구매와 시점에서 크고 작은 도움을 받을 수 있습니다. 특히 기업은 상품 정보에서부터 구매 후기까지 낱낱이 공개되기 때문에 민첩하게 소통하고 관리해야 합니다. 상품에 대한 구매 평가나 서비스가 좋지 않으면 상품의 수명(Life Cycle)이 줄어드는 손실이 발생할 수 있기 때문입니다.

거대한 정보 속에서 개인(소비자)은 기업보다 더 빠르게 정보를 획득하고 보다 나은 상품을 구매하기 위해 탐색에 많은 시간을 투자하고 있습니다. 소비자의 구매 영향력이 커진 이러한 변화를 '역전 현상'이라고 합니다. 인터넷이 보편화되지 않았던 과거에는 기업이 일방적으로 제공하는 홍보와 마케팅을 통해 소비자는 상품에 관한 정보를 얻고 구매를 결정하였습니다. 하지만, 달라진 소비문화에 따라 소비자는 구매 우위의 결정권을 가지게 됩니다. 소비자가 큰 관심과 시간을 투자해 구매하는 고관여 상품의 경우 상품 경쟁력과 차별화, 디자인뿐만 아니라 사후 서비스, 구매 후기 등 종합적인 관점에서 평가하여 최종적으로 구매 결정을 합니다. 이제 기업은 발 빠르게 소비자에 대한 접근 방법과 마케팅 전략을 상황에 따라 수정하는 것이 중요해졌습니다.

---

6 여기서 설명하는 '정보의 허리케인'은 SNS 환경에서 만들어지는 '빅데이터'로 이해합니다. 작은 데이터가 바이럴 마케팅으로 무한 증식해 거대한 허리케인이 만들어지면 사회적 문화 코드 또는 대중적인 아이콘이 될 수 있습니다.

SNS 플랫폼에 긍정적인 평판이 올라오면 괜찮지만, 부정적인 평판이 올라오면 상품에 문제가 있거나 사후 만족도가 좋지 않다는 것을 알 수 있습니다. 이때 기업은 '눈속임'과 '거짓'을 버려야 합니다. 상품 구매 전 충분하지 않은 설명이나 의문이 발생하면 파워 블로거 또는 얼리 어답터[7]에 문의해 진위를 확인할 수 있습니다. 이처럼 SNS 환경은 기업에게 새로운 도약의 발판이 될 수 있지만, 치명적인 위기로 몰고 갈 수도 있습니다. 그러므로 기업은 상품이 SNS 환경에서 어떤 스토리가 만들어지고 있는지 추적하고 지속해서 피드백해야 합니다.

하나의 콘텐츠를 지속해서 볼 수 있는 'N-스크린'과 수많은 정보를 만드는 'SNS'는 예측할 수 없는 러시안룰렛과 같은 불완전한 환경을 만듭니다. 문제가 있으면 답이 있듯이 SNS 환경에 적극적으로 참여해 함께 생각하고 공유해 나가면 돌파구를 찾을 수 있습니다. 한발 더 나아가 고객을 어떻게 만나고 접근해야 할지, 어떻게 공감이 가는 이야기를 만들지, SNS 플랫폼을 어떻게 운영할지 등을 고민해야 합니다.

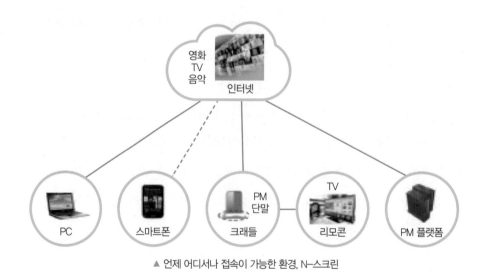

▲ 언제 어디서나 접속이 가능한 환경, N-스크린

---

7 새로운 제품이 출시되었을 때 초기 단계에서 적극적으로 채택하고 피드백을 제공하는 소비자군

# 고객 맞춤형 시대!
# 패스트 마케팅으로 접근하라

SNS 생태계는 급속하게 변화하고 있는 곳입니다. 실시간으로 만들어지는
수많은 정보 속에서 고객 가치를 발견하는 것은 중요해지고 있습니다.
#SNS접근 #패스트마케팅

SNS 사용자가 늘어나면서 실시간으로 정보를 습득하고 관계를 맺으며 주변 사람들에게 소식을 전달하는 것이 매우 편리해졌습니다. 좋은 정보가 있으면 공유를 통해 알리는 것은 기본이 되었습니다. 폭넓은 대인 관계 속에서 강한 파급력의 입소문을 만들어내는 '구전 효과(Word of Mouth)'는 그 어느 때보다 강력해졌습니다. 이런 경향으로 SNS를 사실적인 매체(Realism Media)라고 부릅니다.

이 시간에도 '경험하고 느끼는 지금 이 순간'을 곧바로 글이나 이미지로 전송해 주변 사람들과 정보를 나누고 공감을 형성할 수 있습니다. 최근에는 자유롭게 자기 표현의 욕구를 표출하다 보니 다양한 소재의 스토리가 쏟아져 나옵니다. 개인의 일상, 최근에 가본 여행 명소, 수도권의 가볼 만한 맛집, 키우고 있는 반려동물 이야기 등 SNS에 접속하면 타임라인[8]에 물 흐르듯 내용이 업데이트됩니다.

---

8 SNS에서 사용자나 친구들의 글을 모아서 보여주는 부분을 말합니다.

기업들은 SNS 환경에서 마케팅과 관련해 귀를 쫑긋 세우고 레이더망을 형성해서 긴장하며 고객의 발자국을 살펴야 합니다. 새로운 상품에 대한 구매평가, 인기 상품에 대한 기대치가 어떠한지, 이벤트를 통해 고객 참여도가 어떠한지 등 사전·사후 만족도에 따라 상품의 판매 척도를 가늠할 수 있습니다. 고객의 메시지가 긍정적인지, 부정적인지 파악하는 일은 매우 중요해 온라인 비즈니스 사업자라면 더욱 관심을 가져야 합니다.

고객의 발자취에 따라 민첩하게 반응하는 것을 '패스트 마케팅(Fast Marketing)' 이라고 합니다. 이것은 기업의 지속 가능한 매출 신장과 깊이 연관되므로 '얼마나 빠르게 고객 행동을 파악해 전략화할 수 있는가?'를 생각해야 합니다.

오래전부터 내려오는 '물이 새는 물통' 마케팅 이론이 있습니다. 구멍 난 알루미늄 물통에 물을 부으면 서서히 밖으로 새어 나갑니다. 여기서 물통은 '기업 또는 상품'으로, 물은 '고객'에 비유할 수 있습니다. 고객은 언제나 더 나은 상품 및 서비스를 찾기 때문에 기업은 물통에 구멍이 뚫렸는지 자세히 살펴보고 보수할 수 있도록 위기를 관리해야 합니다.

기업은 소비자에게 재구매를 유도하기 위해 지속적으로 홍보와 이메일 서비스를 시행합니다. 최근 온라인 쇼핑몰 창업에 대한 진입 장벽이 낮아지고 가격 경쟁이 치열해지면서 '쿠폰 프로모션'과 '1Day 할인 이벤트' 등을 진행합니다. 이 사례는 고객에게 합리적인 구매 혜택과 풍성한 경험을 제공하기 위한 패스트 마케팅 전략입니다. 최대 SNS인 카카오톡의 플러스 친구가 인기 있는 것은 기업이 실시간으로 고객과 밀접한 관계를 형성해 브랜드를 알리고 정보를 전달하는 접근성이 뛰어나기 때문입니다. 패스트 마케팅은 앞으로도 고객과의 관계를 친밀하게 형성하고 상품을 기억시키는 중요한 매개체 역할을 할 것입니다.

기업이 패스트 마케팅을 효과적으로 시행하기 위해 점검해야 할 키워드에 대해서 살펴보겠습니다.

# ① 실시간 정보 수집과 분석

실시간으로 자사 브랜드 및 상품 관련 키워드가 긍정 또는 부정적인지 모니터링하는 것이 중요해졌습니다. 기존의 매체 등을 통해 살펴볼 수 있지만, SNS 환경에서 발생하는 메시지들은 부정적인 메시지가 입소문을 타고 일파만파 퍼질 수 있기 때문에 주의 깊게 살펴봐야 합니다.

SNS 트렌드 분석 서비스 등을 활용해 소셜 네트워크 환경에서 고객들의 관심과 반응을 파악할 수 있습니다.

# ② 다양한 업무에 SNS를 활용하다

패스트 마케팅을 효율적으로 시행하기 위해서는 의사 결정 과정을 축소해야 합니다. 이러한 시스템은 기업의 매뉴얼을 통해 빠르게 진행할 수 있지만, 소규모 기업에서는 적지 않은 시간과 비용이 투자되므로 적용하기가 쉽지 않습니다. 이럴 때 SNS 플랫폼을 활용해 신속하게 의사 결정을 할 수 있습니다. 중요 업무의 경우 회의를 하지만, 일반 업무의 경우 메신저를 이용해 소통하거나 협업하고, 언제 어디서나 접속할 수 있는 클라우드 서비스를 활용할 수 있습니다.

# ③ 고객의 필요와 요구에 대응하다

키워드는 고객이 어떤 상품을 검색하고 구매하는지 확인할 수 있는 중요한 단서를 제공합니다. 동시에 상품의 인기도와 선호도를 알 수 있습니다. 온라인 비즈니스 기업이라면 상품과 관련된 키워드를 분석해 고객이 무엇을 찾고 원하는지 수시로 살펴야 합니다.

키워드의 검색 데이터는 고객이 찾고자 하는 요구 사항이 무엇인지 파악할 수 있어서 SNS 마케팅 전략 수립에 유용합니다.

# 05

# 불황 속에도 고객의 기대에 부응할 수 있는 SNS 마케팅

효과적으로 SNS 마케팅을 실행할 수 있는 방법들에 대해서 살펴보겠습니다.
#SNS큐레이터 #비즈니스기회

SNS 플랫폼이 다방면으로 활용되고 대중의 아이콘으로 인식되면서 사용자가 급속하게 늘었습니다. 특히 서비스 기업이 고객과의 관계 강화와 상품 홍보 수단으로 헤아릴 수 없이 수많은 메시지를 쏟아내고 있습니다. 이렇다 보니 고객들은 최종적으로 수용하는 정보 가치의 인식과 판단 기준이 대중 매체를 통한 사회 정보보다 비슷한 취향을 가진 지인들이 추천하는 정보를 더욱 신뢰하고 공감하는 것으로 바뀌었습니다. 예를 들면, 네이버 블로그 글의 댓글과 공감, 페이스북 페이지의 Like, 엑스의 Repost 등이 있습니다.

## 1 SNS에서의 영향력은 신뢰성을 기반으로 한 공감과 지지

수많은 공감의 물결로 지지를 얻기 위해서는 SNS 환경에서 어느 정도 영향력을 갖추어야 합니다. 이 영향력은 보통 일일 방문자와 팔로워 수를 통해 파악할 수 있지만, 꾸준하게 지지를 얻기 위해서는 먼저 신뢰성을

▲ SNS 플랫폼의 핵심적인 영향력 요소

가져야 합니다. 그다음으로 상호관계의 유연한 소통과 친화력으로 공감의 가치를 추구해야 합니다. 이러한 역할을 하는 것이 바로 'SNS 큐레이터'입니다. 이 책에서는 전문적으로 SNS 플랫폼을 활용해 설득력과 호소력이 강한 이야기를 만드는 전문가를 'SNS 큐레이터'로 규정합니다. SNS 환경에서 목적 있는 검색을 통해 공감 가는 이야기를 생산, 공유, 배포하는 주체자입니다. 미국 캘리포니아 대학교의 존 닐(John D. Niles) 교수는 SNS 환경 속의 고객이라는 의미로 '호모나란스(Homonarrans)'라는 신조어를 만들었습니다. 이는 라틴어로 '이야기하는 사람'이라는 스토리텔러의 뜻을 가집니다.

과거에는 정보 전파 속도가 느리게 퍼져나가서 스토리텔러의 이야기가 시간차를 두고 퍼져나가 사회적 파급력이 높지 않았습니다. 현재는 스마트 기기의 발전과 이야기를 무한대로 담아낼 수 있는 플랫폼이 다양해지면서 많이 달라졌습니다. 미디어 중심의 판도가 변화하여 누구나 미디어 매체를 운영할 수 있는 시대가 되었습니다. 'SNS 큐레이터'라면 언제 어디서나 내가 생각하고 전달하고 싶은 이야기를 실시간으로 전파할 수 있습니다.

▲ 정보 과잉 시대에 SNS 큐레이터의 역할은 더욱 중요해지고 있습니다.

정보의 결핍에서 과잉 시대로 넘어오면서 사람들은 개인의 '관심사'와 '이야기'에 더 큰 관심을 갖게 되었습니다. 긍정적으로 보면 풍성한 정보가 넘쳐나서 더 다양해지고 볼거리가 많아졌습니다. 그렇지만, 부정적으로 보면 스마트 기기에서 쏟아지는 각종 정보와 광고들로 인해 '디지털 피로'를 몰고 와 이제는 어떤 이야기가 참인지 거짓인지 구별하기조차 힘들어졌습니다. 이 같은 오류를 바로잡고 올바른 이야기를 제공하는 사람이 바로 'SNS 큐레이터'입니다. 소비자는 'SNS 큐레이터'를 통해 어떠한 맥락으로 이야기를 생산했는지, 어떠한 경로를 통해 구성했는지 고민을 덜 수 있으므로 올바르게 판단할 수 있습니다. 시간이 지날수록 전문적인 역량과 소양을 갖춘 'SNS 큐레이터'의 이야기는 더 많은 공감과 영향력을 가질 것입니다.

## 2 SNS에서 전문가를 지칭하는 용어들

소셜 네트워크 서비스 환경에서 막강한 영향력을 행사하는 전문가를 지칭하는 용어들을 살펴보겠습니다.

### ■ 파워 블로거(Power Blogger)

포털 사이트의 가입형 또는 설치형 블로그를 통해 영향력 있는 이야기를 생산하는 주인공입니다. 비슷한 의미의 '알파 블로거', 파워 블로거를 사칭하며 기업에 '추천 글을 써주겠다'는 제안과 함께 금품을 요구하고, 상품과 서비스 불만족으로 협박하는 부정적인 의미의 '블랙 블로거(Black Blogger)', 주부가 운영하는 블로그로 맛집, 음식, DIY 등의 분야 중심으로 영향력을 행사하는 파워 블로거를 '와이프로거(Wifelogger)'라고 합니다.

### ■ 스니저(Sneezer)

미국의 마케팅 전문가 세스 고딘(Seth Godin)이 집필한 『보랏빛 소가 온다』에 등장하는 명칭으로, 한 번 재채기만으로도 입소문을 퍼뜨리는 전문가입니다. 스니저야말로 '아이디어 바이러스의 본질'이며 10명 혹은 100명에게 이야기하면 모두 그의 말을 있는 그대로 믿게 만드는 영향력 있는 사람이라고 합니다.

### ■ 슈퍼 커넥터(Super Connector)

리처드 코치, 그렉 록우드의 명작『낯선 사람 효과』에 언급된 단어로 폭넓은 인적 네트워크를 구축하고 비즈니스 장을 만들어 새로운 기회를 창출하는 인맥 전문가를 말합니다. 메시지에 강력한 호소력을 갖기 때문에 기업에서 선호하는 스타급 전문가입니다.

### ■ 시티즌 마케터(Citizen Marketers)

벤 맥코넬, 재키 후바의 명저인『시티즌 마케터』에 언급된 단어입니다. 평범한 시민이 SNS 플랫폼을 활용해 이야기를 재창작하고 자유롭게 비판하는 대중 마케터를 의미합니다. 눈에 띄게 활동하고 돋보이는 전문가로 볼 수 있습니다.

### ■ 버즈 마스터(Buzz Master)

버즈는 '꿀벌(bee)이 하늘을 날면서 윙윙거리는 소리'를 뜻하고, 마스터는 '입소문을 만들어내는 전문가'를 의미합니다. 최근 기업에서 신상품에 관한 이야기가 자발적으로 입소문을 타도록 광고 전략으로 많이 활용하고 있습니다. 버즈 마스터는 전문 영역에서 영향력을 발휘하는 SNS 전문가와 포털 사이트의 대형 카페 운영자이기도 합니다.

### ■ 인플루언서(Influencer)

이슈를 통해 흥미를 유발하고 소문을 전파해 공감을 유도하는 전문가입니다. 짧은 시간 안에 입소문 퍼뜨려 나비효과를 일으킵니다.

### ■ 얼리 어답터(Early Adapter)

새로운 상품이 끊임없이 쏟아지는 디지털 시장에서 신제품을 사용해 보고 제품 후기 및 장·단점을 설명하는 발 빠른 고객으로, 스니저(Sneezer)와 비슷한 의미를 가집니다.

■ 오피니언 리더(Opinion Leader)

일반인보다 풍부한 이론 지식과 실전 경험을 토대로 각계각층의 의사 결정이나 사고, 행동에 영향력을 행사하는 전문가입니다. 여론 주도층으로 앞장서서 새로운 문화와 기술을 학습하고 전파하므로 강력한 힘을 가집니다.

위에서 설명한 용어들은 의미가 조금씩 다르지만, 잘 살펴보면 'SNS 큐레이터'와 비슷합니다. 'SNS 큐레이터'가 하는 업무들은 '폭넓은 인적 네트워크망을 활용한 콘텐츠 배포와 확산', '호감과 설득을 얻는 스토리텔링의 구현', '최근 이슈를 볼 수 있는 혜안', '키워드 가치의 포착력과 활용', '복합적으로 SNS 플랫폼을 이용하는 크로스오버(Crossover) 전략' 등입니다. 이러한 능력으로 SNS 환경에서 대중의 적극적인 지지 획득으로 공감하게 하며 끊임없이 바이럴 마케팅 효과를 창조하고 있습니다. 다음으로 'SNS 큐레이터'가 갖추어야 할 역량에 대해 살펴보겠습니다.

### ❸ SNS 큐레이터가 갖추어야 할 역량

■ 공유하고 소통할 수 있는 관계 형성

소통은 'SNS 큐레이터'가 갖추어야 할 기본적인 소양입니다. 다양한 친구들과 교류하고 공감할 수 있는 스토리를 만들기 위해서는 열린 생각으로 무엇이든지 받아들일 수 있어야 합니다. 공유할 수 있는 관계 형성의 무대는 'SNS 큐레이터'의 역량을 갈고닦을 수 있는 수련 공간이기도 합니다.

**SNS 큐레이터의 역량**

밀접한 관계 형성을 위해 소통하기
SNS 환경에서 바이럴 효과 창출하기
비즈니스 기회 창출하기
SNS 스토리텔링 소재 찾기

▲ SNS 큐레이터가 갖추어야 할 역량

### ■ 자발적으로 널리 전파 가능한 바이럴 마케팅

바이럴 마케팅 효과는 SNS 환경에서 메시지가 자연스럽게 확산 및 증식하는 것을 말합니다. 이러한 큰 흐름을 만들기가 쉽지 않지만, 공감할 수 있는 스토리 전략과 창의적인 아이디어를 적용해 접근할 수 있습니다. 성공적으로 바이럴 마케팅 효과를 일으켰던 사례들을 분석하면 다음과 같은 키워드가 담겨 있습니다.

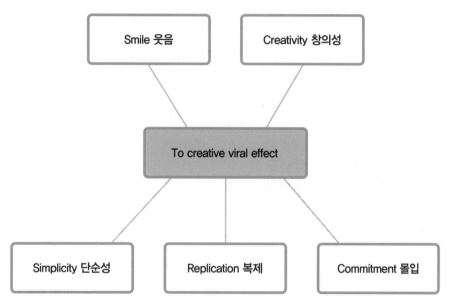

▲ 창의적인 바이럴 마케팅 효과를 만들기 위한 요소들

### ■ 새로운 비즈니스 기회 창출

'SNS 큐레이터'의 또 다른 역량은 비즈니스 기회 창출에 있습니다. SNS 플랫폼이라는 거대한 네트워크 안에서 지속적인 대인 관계를 형성하고 공감할 수 있는 장을 마련하는 것은 어려운 일입니다. 예술 작품이 탄생하기까지 많은 시간과 노력이 필요하듯 투자와 노력이 따라야 합니다.

재화로 평가할 수 없는 무형의 가치가 지속해서 만들어지면 자연스럽게 브랜드 인지도가 올라가고 강한 파급력에 의한 홍보를 통해 수요가 생깁니다. 생소한 콘텐츠라도 어느 순간 SNS 친구들을 통해 팬이 늘어나고 공감 및 추천이 늘어날 수 있습니다. 앞으로 SNS 환경에서 큰 영향력을 가지는 전문적인 'SNS 큐레이터'가 되기 위해 끊임없이 배우고 실력을 키워야 합니다.

■ 몰입도와 공감도를 높이는 SNS 스토리텔링 소재

SNS 스토리텔링은 '스토리를 꾸미고 구체화해 SNS 플랫폼을 활용해서 배포하는 것'을 말합니다. 몰입도가 높은 스토리를 만들어 큰 관심을 얻기 위해서는 시선을 사로잡는 매력적인 소재들을 찾아야 합니다.

> 포털 사이트의 인기 검색어 트렌드 서비스 – 오늘은 어떤 검색어가 이슈인가?
> RSS 구독기 – 신뢰할 수 있는 전문가의 정제된 칼럼이 올라왔는가?
> SNS(엑스, 페이스북 등) – SNS에 큰 반향을 일으킨 키워드는 무엇인가?
> 뉴스 애플리케이션 – 오늘의 화제는 무엇인가?
> 라디오 방송 – 어떤 유익한 생활 정보가 나오는가?
> 유튜브 – 반응이 높게 나온 동영상이 무엇인가?

위에서 제시한 플랫폼들은 매일 다양한 이슈와 유용한 정보를 발견하는 통로로 이용할 수 있으며, 몰입할 수 있는 SNS 스토리를 만드는데 활용할 수 있습니다. 나에게 맞는 플랫폼을 선정해 관심을 두면 손쉽게 소재를 발견할 수 있습니다.

흥미로운 SNS 스토리 소재를 발견하고 수집했다면 SNS 플랫폼에 맞게 가공합니다. 이 과정은 SNS 스토리의 라이프 사이클과 바이럴 마케팅 효과 창출에 영향을 줍니다. 특히 스토리를 가공할 때 재미있고 설득력 있는 양념[9]을 추가해 독창적이면서 창의적으로 만드는 게 중요합니다. 희소성이 강한 콘텐츠일수록 몰입도와 공감도가 올라가고 스토리에 생명력이 깃듭니다.

---

9 누구나 공감하고 이해할 수 있는 양념(소재)을 이용해 되도록 쉽게 쓰는 것이 중요합니다.

# 고객을 끌어들이는 넓지만 얕은 마케팅 키워드

긍정적인 SNS 마케팅 결과를 얻기 위해서는 우선적으로
고객에 대한 이해가 중요합니다.
#페이스북기술

디지털 네이티브족은 '가장 뛰어난 오피니언 리더'이자 '얼리 어답터'이며 여러 경계를 허무는 자유분방한 사람들[10]입니다. 이들은 IT와 친숙해 새로운 디지털 기기가 출시될 때마다 적극적으로 수용하며 영향력 있는 얼리 어답터로 두각을 나타내기도 하며, 각종 스마트 기기에 친숙해 스마트 원주민(Native)이라고도 합니다. 이들은 점차 커지는 SNS 환경에서 그들만의 영향력을 한층 더 높여 사회, 경제, 문화의 장벽을 허물고 생각의 한계를 극복하는 신인류가 될 것입니다.

'SNS 큐레이터'는 사교 인맥 구축 사이트에서 거침없이 영향력을 행사하는 디지털 네이티브족을 이해하고 친밀한 관계를 형성하는 것이 중요합니다. 다음의 항목을 검토해 디지털 네이티브족에 포함되는지 확인해 보세요.

---

10 전문 용어로 호모 바운드리스(Homo Boundless: 경계 없는 신인류)를 뜻합니다.

□ 사회적으로 물의를 일으키는 기업이 있으면 참지 않고 알린다.

□ 수시로 SNS에 접속해 즉각적인 소통을 즐긴다.

□ 새로운 친구나 전문가들과 관계를 맺기 위해 투자한다.

□ 여러 대의 스마트 기기를 활용하면서 실시간으로 정보를 습득하고, IT 제품 구매에 적극적이다.

□ 반복된 업무 방식보다 자유롭게 참여하고 즐기는 것을 선호한다.

□ 그룹을 형성해 협업하고 시간보다 참여에 큰 의미를 부여한다.

□ 복합적인 일, 생활 방식 속에서 항상 균형을 유지하기 위해 노력한다.

□ 묵은 관행과 방법 등을 따르지 않고 혁신을 추구한다.

□ 함께 나누고 공유하는 것을 좋아하며 당당하게 이야기하고 표현한다.

□ 목표를 향해 열정적으로 도전하고 특별한 경험을 만들기 위해 노력한다.

위의 체크리스트 중 체크 표시된 항목이 7개 이상이면 디지털 경험에 익숙한 디지털 네이티브족에 속합니다. 남녀노소 누구나 정보화 사회에서 최신 디지털 기술을 꾸준히 익히고 내 것으로 만들기 위해 노력한다면 디지털 네이티브족으로 볼 수 있습니다.

## ◼ 놓쳐서는 안 될 SNS 마케팅 키워드

빛의 속도로 성장하며 예측할 수 없는 SNS 환경을 바탕으로 전 세계 사람들의 관계는 더욱 긴밀해져 연결성이 커지고 있습니다. 실시간으로 지구 반대편에서 어떤 사건이 발생했는지 파악할 수 있을 뿐만 아니라 거리에 따른 제약도 없어지면서 새로운 가치 기준과 생활 방식에 큰 영향을 가져왔습니다. 이 상황에서 'SNS 큐레이터'는 다양한 접근 방법을 찾고 변화에 적응할 수 있는 체력[11]을 키워야 합니다. 디지털 시장의 흐름을 파악하고 효율적으로 마케팅 전략을 세우는 데 필요한 키워드에 대해서 살펴보겠습니다.

---

11 여기서는 시장 환경을 읽고 고객이 무엇을 요구하는지 파악할 수 있는 민감성으로 이해할 수 있습니다.

## ❷ 더 좋은 서비스를 위한 고객경험관리(CEM)

CRM(Customer Relationship Management)은 고객 관리로, 마케팅에 관심 있다면 한 번쯤 들어봤을 법한 단어입니다. 고객에게 다양한 서비스를 제공하는 기업에게 CRM은 필수 요건이자 중요한 전략 요소입니다. '어떻게 하면 고객에게 더 나은 기대 효과를 제공할 수 있을까?', '사후 만족도에 대한 분석과 재구매 유도를 위해 소비자와 어떤 관계를 맺어야 할까?'와 같은 질문은 지속 가능한 성장을 만들어 가는 데 있어 매우 중요합니다. 고객 데이터를 확보해 꾸준히 데이터베이스를 구축하고 분석해 의사 결정에 적용해야 합니다. 이제 정보만으로는 오류와 편차가 발생하기 때문에 정확한 해답을 제시할 수 없으나, 이러한 부분을 해결하기 위해 '고객경험관리(CEM: Customer Experience Management)'가 등장했습니다.

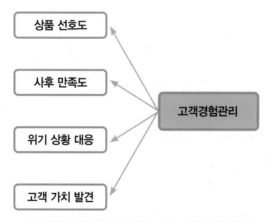

▲ SNS 환경 속에서 더욱 중요해지고 있는 고객경험관리(CEM)

고객경험관리(CEM)는 오프라인 매장과 SNS 환경에서 쉽게 찾을 수 있습니다. 넘치는 정보와 상품으로 인해 고객은 매 순간 구매 결정을 바꾸는 상황에서 오프라인 매장의 경우 고객의 구매 행동과 패턴, 상품에서 어떤 특징을 살펴보는지, 상품에 대해서 어떤 질문을 하는지, 어떤 부분에 불편 또는 기대를 갖는지 등을 확인할 수 있습니다. SNS 환경에서는 다양한 플랫폼을 통해 상품에 대한 선호도와 사후 만족도 평가를 살펴보며, SNS 스토리에 적용한 키워드가 고객에게 긍정적 또는 부정적으로 받아들여지는지도 확인할 수 있습니다. 최근에는 빅데이터 분석 서비스 기업이 많아지면서 쉽게 데이터를 파악할 수 있습니다. 이처럼 고객 경험관리는 고객과 밀착 관계를 형성하고 폭넓은 관점에서 접근하는 전략이며, 위기 상황에 대한 대응 방안을 마련할 수 있습니다. SNS의 거대한 변화에 휩쓸리지 않고 살아남으려면 지속해서 창의적인 콘텐츠를 발견하고 적용하며 개발하는 동기부여가 필요합니다.

### 3 공감 가는 스토리

스토리[12]가 곧 브랜드라는 말은 많은 기업이 왜 지속해서 스토리텔링에 투자를 아끼지 않는지 설명해 줍니다. 단순하게 보이는 상품이라도 차별적인 가치(스토리텔링)가 추가되면 고객에게 매혹적으로 다가갈 수 있어 구매를 유도할 수 있습니다. 수많은 상품 중에서 고객의 시선을 사로잡았다면 일차적으로 성공한 것입니다. 매년 눈길 한 번 받지 못한 채 시장에서 사라지는 상품들을 헤아리면 그 숫자는 셀 수 없을 정도로 많습니다. 또한, 상품의 라이프 사이클 수명은 점점 줄어들고 있는 상황입니다. 이에 대한 해결책은 다음과 같은 스토리에서 찾을 수 있습니다.

세계적으로 인기 있는 미국의 대표적인 바비 인형을 예로 들면, 이 브랜드의 스토리는 인형에게 생명을 불어넣고 예쁜 의상을 입혀 새롭게 태어납니다. 한 생명으로 태어나 어린이들에게 꿈과 사랑을 안겨 줍니다. 단순한 상품이 아닌 둘도 없는 친구라는 강력한 스토리가 호흡하고 있습니다. 오랫동안 고객의 관심을 받으며 인기 있는 상품은 매력적인 스토리가 함께 한다는 것을 알았으면 합니다. 최근 온라인 창업이 늘어나고 SNS 플랫폼을 활용한 전자상거래가 커지면서 스토리

---

12 스토리는 브랜드의 상징입니다.

전략이 한층 더 중요해졌습니다.

온라인 쇼핑몰의 경우 웹페이지에 상품 스토리를 전개할 때, 상품 스토리가 호소력 있고 설득성이 반영되어야 합니다. 고객은 주목을 이끌고 공감하는 상품 스토리에 반해 최종 구매를 결정하기 때문입니다. 현재 상품 스토리에 고심하고 있는 분이라면 고객의 시선을 끌 수 있는 '재미'와 '흥미' 그리고 '몰입성 있는 소재'에 대해서 연구해 보세요. 앞으로 차별적인 상품 스토리텔링 전략은 더욱 중요해질 것입니다.

## ④ 지속 가능한 소통

스마트 생활이 보편화되고 SNS 환경이 거대해지면서 언제 어디서나 '소통'을 즐길 수 있습니다. 대중교통이나 공공장소에서 주위를 둘러보면 스마트 기기에 접속해 일정 확인부터 친구들과 메시지를 주고받거나 엔터테인먼트 콘텐츠를 즐기는 모습을 볼 수 있습니다.

여기서 살펴봐야 할 점은 사람들이 SNS를 통해 '나누고, 공유하는 행동'이 실시간으로 이루어진다는 것입니다. 고객 입장에서는 상품을 최종 구매할 때 누구나 '인지 부조화 현상'이 발생합니다. 이러한 심리적인 고민을 해결하기 위해 고객은 상품에 관한 정보를 탐색하거나 전문가 또는 주변 사람들에게 물어보는 등 더 나은 가치 추구를 위한 일반적인 행동으로 연결됩니다. 이 과정에서 소통은 올바르게 판단할 기회를 만들고 잘못된 정보에 휩쓸리지 않도록 합니다.

인지 부조화 현상은 기업 입장에서 또 다른 위기이자 기회입니다. SNS 환경에서는 고객 품평이 열려 있으므로 상품 라이프 사이클에 큰 영향을 줄 수 있습니다. 상품에 대해 긍정적인 의견이 따르면 좋지만, 부정적인 의견이 많으면 치명적인 손실이 뒤따릅니다. 이때 부정적인 메시지는 바이럴 마케팅 효과를 증식하는 바이러스와 같아서 순식간에 확산됩니다. 기업은 이 순간을 기회로 삼아 지속 가능한 소통으로 위기를 극복해야 재도약할 기회를 잡을 수 있습니다.

## ■ 놓치지 말아야 할 마케팅 법칙

　기업은 다음과 같이 고객의 구매 의사 결정 과정이 크게 바뀐 것을 명심해야 합니다. 첫 번째는 특정 브랜드에 대한 개념이 기업에서 개인으로 이동한 것입니다. 많은 기업이 상품 회상 및 연상을 위해 전통적인 대중 매체에 투자하고 있습니다. 하지만, 브랜드 선택에 대한 주도권이 개인으로 넘어가면서 스마트폰이 대중화되던 이전 시기처럼 좋은 결과를 얻기 어려워지고 있습니다. 스마트한 생활로 인해 고객은 상품을 구매할 때 언제 어디서나 다양한 모바일 기기에 접속해 더 나은 상품 구매와 사후 만족도를 실시간으로 살펴보기 때문입니다. 더 나아가 구매 평판 의견들을 탐색하고 최종 의사 결정을 합니다. 이러한 일련의 상품 선택 과정을 '정보의 역전 현상'이라고 부릅니다. 이 현상은 기업에서 공개한 상품 정보 이상으로 고객이 다양한 채널을 넘나들며 확보한 정보를 통해 구매 의사 결정에 반영하는 것을 의미합니다. 이를 통해 최종 구매에 대한 결정권이자 영향력을 행사하는 대상이 이제 개인이라는 것을 알 수 있습니다. 기업은 밀접한 네트워크를 구축하고 공감 요소들을 확보하기 위해 고객과 직접적인 소통을 멈추지 말아야 합니다.

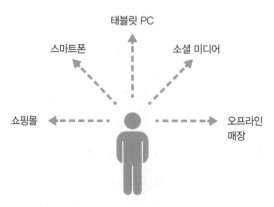

▲ 고객은 다양한 디바이스 접속으로 정보를 습득하고 있습니다.

두 번째는 단편적인 경험의 총합으로 상품을 결정하는 것입니다. 수없이 쏟아져 나오는 광고 메시지를 헤아릴 수 없다 보니 애착 가는 상품이 아닌 이상 고객은 쉽게 잊어버리기 일쑤입니다. 기업은 지속 가능한 성장과 매출을 신장할 수 있는 도약대이기 때문에 이럴수록 고객 관계 형성에 신경을 써야 합니다. 스마트한 생활, N-스크린, 정보 역전 현상이 보편화되면서 브랜드 접근 개념은 '단편화 (Fragmentation)된 경험의 총합[13]'으로 바뀌고 있습니다. 여기서 경험의 총합은 온·오프라인 매체에서 쏟아지는 광고 메시지에서부터 SNS 환경의 입소문, 비평 모두를 포함합니다. 다양한 경로를 통해 상품을 사전 탐색한 다음 최종 구매를 결정하는 과정은 고객의 일상적인 패턴으로 자리매김했습니다.

- 친구가 먼저 구매한 상품의 만족도와 기능 알아보기
- 전문가 그룹의 페이스북 피드백 살펴보기
- 인플루언서의 구매 후기 확인하기
- 매장에 직접 방문해 상품 비교하기
- 전문 업체의 평판과 리뷰 살펴보기

위의 사례는 단편화된 경험의 축적으로 고객들이 상품을 구매하는 과정을 확인할 수 있습니다. 이중 상품 구매에 많은 영향을 미치는 것은 '전문가의 의견'과 '친구의 사후 평판'입니다. 이러한 구매 결정 과정은 더 나은 상품을 구매하려는 고객의 자연스러운 행동으로 볼 수 있습니다. 기업은 고객이 단편화된 경험을 통해 상품을 구매하는 과정을 이해하고 전략적으로 접근해 대응해야 합니다.

---

13 단편화는 하드디스크 드라이브(HHD)에 기록하고 지우는 것을 수시로 반복할 경우 디스크 가용 공간이 이곳저곳으로 흩어지는 현상을 말합니다. 여기서는 여러 매체를 통해 습득하는 다양한 메시지로 이해합니다.

Part

# 바로 써먹는
# SNS 마케팅 법칙

9

# 목표를 위한
# SNS 큐레이션 로드맵

최적의 투자와 조건으로 기대 이상의 성과를 얻고, 구체적인 실행 계획 및 기본 전략을
실행하기 위해서는 짜임새 있게 접근하는 것이 필요합니다.
#SNS큐레이션로드맵 #PDCA사이클

로드맵(Road Map)은 앞으로 실행될 구체적인 계획이나 접근 방법 등을 일목요연하게 정리한 구상도로, 효과적인 업무를 실행하기 위한 도면과 같습니다. 여기에는 업무 운영 계획과 진행 지침, 어떻게 업무에 접근하고 해결하는지에 관한 방법들이 기록됩니다. 이처럼 체계적으로 로드맵을 만들면 업무 진행의 정체(병목) 현상을 방지할 수 있습니다. '왜 이것을 하는지', '이것으로 무엇을 얻을 수 있는지', '핵심 대상이 누구인지', '주력 키워드는 무엇인지' 등 담당자가 의문을 가지면 업무에 대한 정체성과 효율성이 떨어집니다. 이러한 업무 정체 현상을 방지하고 보다 생산적이고 일관적인 업무를 진행하기 위해서 확실하게 로드맵을 만드는 것이 중요합니다.

효과적인 SNS 큐레이션 로드맵을 만들기 위해서는 다양한 SNS 플랫폼에 대한 접근과 활용 방법이 많습니다. 먼저 고려해야 할 것은 기업에서 추구하는 것이 무엇인지 살펴봐야 합니다. 새로운 쇼핑몰은 신규 고객 창출, 페이스북은 페이지 팬을 통한 매출 신장, 웹 사이트는 기존 고객의 충성 고객 전환, 서비스 업종은 고객 만족도 향상 등 기업의 접근 방식에 따라 운영 방향이 달라집니다.

최적화된 SNS 큐레이션 로드맵을 만들기 위해 기본적으로 알아야 할 '목적', '목표', '전략', '전술'과 구체적인 실행 계획 및 기본 전략을 연결해 강력한 효과를 발휘하는 'PDCA 사이클'에 대해서 알아보겠습니다.

### 1️⃣ 앞으로 나아갈 방향 설정

SNS 큐레이션 로드맵[1]을 만들기 위해 첫 번째로 고려해야 하는 것은 목적 (Goal)입니다. 목적은 기업이 궁극적으로 달성하고자 하는 지향점을 의미하며, '달성하려는 과업', '도달하려는 지점'으로 전체적인 방향을 설정하는 것입니다. 소상공인, 중소기업, 대기업까지 포함되는 부분으로 지속적인 업무 효율화와 경영 성과를 얻기 위해 확실하게 지정해야 합니다. 목적이 없으면 명분을 잃고 기업의 정체성이 상실되기 때문입니다.

목적을 세울 때는 구체적이며 현실적으로 접근하는 것이 중요합니다. SNS 플랫폼을 활용한 재구매율 신장인지, 브랜드 인지도 향상인지, 신규 고객 확보인지, 신상품 매출 신장인지, 긍정적인 소통 채널 확보인지 분명하게 설정해야 눈에 보이는 성과로 연결할 수 있습니다.

- SNS 플랫폼을 활용한 1만 명의 신규 고객 창출
- 소비자 상담 서비스를 SNS 플랫폼으로 대체한 업무 효율 상승
- VIP 고객의 재구매율을 높인 수익률 증가
- SNS를 활용한 온라인 쇼핑몰 방문자 확보와 신규 매출 극대화
- 온·오프라인 통합을 이용한 고객 서비스 향상 및 브랜드 인지도 향상

---

1 SNS 큐레이션 로드맵은 최적의 투자와 조건으로 기대 이상의 성과를 얻는 기준입니다.

## ② 목표 달성을 위한 전략 수립과 방안 마련

목표(Objectives)는 이루고자 하는 목적을 달성하기 위해 한정된 계획표를 구체화시키는 것입니다. '목적'이 좀 더 큰 범위의 이상적이고 가치 중심적인 지향점이라면 '목표'는 구체적이고 계량화된 실제 설정으로 접근할 수 있습니다. 목표는 최종적인 경영 성과를 끌어내기 위해 지표로 측정할 수 있어야 합니다. 또한 주어진 계획표 안에서 도달할 수 있어야 하고 현실적으로 접근하여 진행해야 합니다.

명확한 목적이 설정되면 목표 달성을 위해 SNS 관련 업무를 대행업체에 맡길 것인지, 사내 인적자원으로 진행할 것인지에 대해 고려해야 합니다. 대행업체에 맡기면 실무자의 업무 비중이 축소되어 핵심 업무에 집중할 수 있습니다. 사내에서 직접 업무를 진행하면 빠른 의사결정으로 신속하게 대응이 가능합니다.

대행업체에 전문적으로 진행하는 것과 사내에서 직접 SNS 플랫폼을 운영 관리하는 부분에는 다소 차이가 있습니다. 대행업체는 일정에 따른 업무 수행과 전문성으로 비용 투자가 고려되어야 합니다. 이와 반면에 사내에서 직원이 업무를 진행할 경우는 실무자 선별과 목표한 업무 수행이 가능한지에 대한 분석이 필요합니다. 담당할 인력이 없다면 경력자를 고용해 운영할 것인지, SNS 플랫폼을 능숙하게 이용하는 직원을 훈련해 전문가로 양성할 것인지 고려해 봐야 합니다.

- 페이스북 페이지를 활용한 25% 매출 신장
- 고객 상담 서비스 지원으로 20% 원가 절감 효과 창출
- 카카오톡을 이용해 업무 효율 18% 신장
- SNS 플랫폼 홍보를 통한 전월 대비 30% 신규 고객 확보
- 신상품 홍보를 통해 경쟁사 대비 브랜드 인지도 25% 상승

## ❸ 구체적으로 목표 달성하기

목표 달성을 효과적으로 유도하기 위해서는 전략(Strategy)을 세웁니다. 전략은 계획표에 따라 달성해야 할 목표를 세우는 종합적인 활동으로 '어떻게 해야 하는가?'와 '어떻게 달성할 것인가?'에 관한 방안을 마련합니다. 효율적인 목표 수행을 위한 실천 계획으로도 이해할 수 있습니다.

- 페이스북 페이지 팬을 웹 사이트 신규 거래 고객으로 전환
- 신규 엑스 팔로워 확보로 충성 고객의 확보율 상승
- 몰입적인 스토리 구성으로 유튜브 동영상을 제작하여 브랜드 인지도 높이기
- 블로그를 포털 사이트 검색 결과 상위에 노출하여 신상품 홍보
- 실시간 모바일 메시지를 통해 기존 고객의 재구매율 상승
- 기존 엑스의 팔로워를 통해 자발적인 입소문을 퍼트려 매출 상승
- 인스타그램에 매장 사진을 올려 고객과의 관계 강화

## ❹ 목적을 성취하기 위한 방법

전략의 하위 개념인 전술(Tactics)은 전략을 실행하기 위한 구체적인 행동이나 수단을 말합니다. '전략'이 달성하고자 하는 목적을 명확하게 결정하는 것이라면 '전술'은 그 목적을 어떻게 추진할 것인가에 관한 방법입니다. 특정 SNS 플랫폼을 선택해 어떻게 활동할지 적용해 보면 다음과 같습니다.

- 여름 휴가철 특수를 맞이해 페이스북 페이지 팬들에게 바캉스 용품 할인 제안
- 페이스북 페이지 팬 대상으로 3+1 행사 진행
- 기존 엑스 팔로워 대상으로 한정 판매와 쿠폰 제공
- 블로그 글을 통한 재고 품목 할인과 카드 무이자 지원

명확한 목적에서부터 구체적인 전술까지 일목요연하게 정리해 보면 SNS를 활용해 어떻게 신규 고객을 유치하고 매출을 확보할지 한눈에 파악할 수 있습니다.

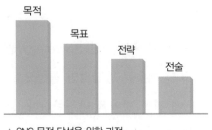

▲ SNS 목적 달성을 위한 과정

- 목적: SNS를 활용한 온라인 쇼핑몰 방문자 확보와 신규 매출 극대화
- 목표: 페이스북 페이지를 활용한 25% 매출 신장
- 전략: 페이스북 페이지 팬을 웹 사이트 신규 고객으로 전환하고, 고객 상담 서비스 지원으로 20%의 원가 절감 효과 창출
- 전술: 가을 휴가철 특수를 맞이해 페이스북 페이지 팬들에게 신상품 할인 제안, 페이스북 페이지 팬 대상으로 3+1 행사 진행, 기존 엑스 팔로워 대상으로 쿠폰 제공

위의 네 가지 항목은 다양한 규모의 업종 및 형태의 업체에 적용할 수 있습니다. 현재 위치에서 달성하고자 하는 목적을 정하고 내부 역량을 고려해 구체적으로 목표를 수치화합니다. 전략과 전술을 체크 리스트 형식으로 정리해서 실행할 수 있는 항목을 선택해 결정하면 한눈에 확인할 수 있는 SNS 큐레이션 로드맵을 완성할 수 있습니다.

### 5 업무 체계화를 위한 PDCA 사이클 적용

명확하게 목표를 설정하고 실행할 수 있는 전술을 수립했다면 효율적으로 업무를 이해하고 일정한 과정으로 체계화하는 작업 체계인 'PDCA 사이클[2]'을 알아보겠습니다. 'PDCA 사이클'은 원인 분석 도구로 업무를 원활하게 수행하고 확실한 성과를 올리기 위한 관리 방법입니다. 미국의 통계학자이자 품질 경영 분야의 선구자인 에드워드 데밍(Edward Deming) 박사가 고안하고 체계화해서 '데밍 사이클(Deming Cycle)'이라고도 부릅니다.

---

2 복잡한 정보 현황 및 문제를 해결하는 데 사용하는 기본적인 뼈대를 말합니다.

'PDCA 사이클'은 SNS 큐레이션 로드맵을 구체적으로 현실화하고 실무자를 위한 세부적인 행동 지침으로 제안할 수 있습니다. 이 방법은 한 번에 끝나지 않고 몇 번을 해도 같은 순서로 되풀이됩니다. 반복적으로 실행해 사이클이 누적될수록 '목적'과 '목표'에 대한 '전략'과 '전술'을 개선할 수 있습니다. 또한, 결과의 원인을 찾아 문제에 대한 해결점을 이끌어 낼 수 있습니다. SNS 큐레이션 업무를 연속적으로 개선해 목적에 따른 좋은 결과를 얻을 수 있습니다. 또한 목표를 달성하기 위해 대안을 마련하고, 수행하는 데 있어 현재 대안이 제대로 수행되는지 모니터해 개선할 수 있습니다. SNS 큐레이션 로드맵을 실질적으로 구체화할 수 있는 PDCA 사이클 과정은 다음과 같습니다.

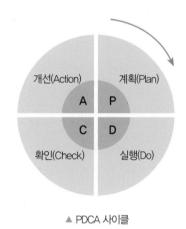

▲ PDCA 사이클

■ 계획(Plan)

먼저 계획(Plan)은 목표를 현실적으로 분석 및 계획해 명확하게 세우는 것을 의미합니다. SNS 큐레이션 업무에 대한 깊이와 요구 사항을 파악하는 것으로, 구체적인 자료 수집을 통해 '무엇을', '어떻게', '언제까지', '담당자는 누구인가'에 대해 기술합니다.

- SNS 플랫폼을 활용해 2/4분기까지 CS 3팀에서 고객 상담 서비스를 실행한다.
- 커뮤니케이션 팀에서 엑스 계정을 활용해 여름 시즌 할인 이벤트를 진행한다. 재고 상품을 파악해 20% 세일, 한정 판매를 시행한다.
  쇼핑몰 가입 고객 대상으로 20 · 20 · 20 세일 홍보 = 20일 동안 20대 고객에게 20% 세일
- 실무 담당자가 페이스북 페이지 팬들을 대상으로 한 달 동안 인기 품목을 할인해 매출을 15% 신장 시킨다.

■ 실행(Do)

실행(Do)은 SNS 플랫폼을 운영하고 관리하는 것을 의미합니다. 업무 과정이 적합하게 진행되고 있는지 모니터해 검증할 수 있습니다. 업무 과정과 실행 절차를 파악해 체크 리스트를 작성해야 합니다.

☐ SNS 플랫폼 성과 지표가 계획표에 맞춰 일정하게 측정되고 있는가?
　　주/월/분기에 따라 수치 측정
　　페이스북 페이지 좋아요 수
　　페이스북 페이지 공유하기 수
　　엑스 리포스트 수
　　엑스 팔로워 수
　　엑스 멘션 상담 수
　　카카오톡 상담 수
　　블로그 댓글, 공감 수
　　블로그 글 상위 노출 빈도수
　　유튜브 구독자 수
　　SNS 플랫폼을 통한 거래 고객 전환 수
　　SNS 플랫폼을 통한 웹 사이트 방문자 수

☐ 기업 브랜드 및 상품의 긍정적, 부정적인 변화에 대한 평판을 관리하는가?

☐ 단기 매출 신장을 위한 SNS 플랫폼별 이벤트 홍보가 진행되는가?

☐ 운영하고 있는 SNS 플랫폼별 캠페인 도달 범위와 성과를 측정하는가?

☐ SNS 플랫폼별 메시지와 이야기 전략이 수립되어 있는가?

☐ 실무자를 위한 단계별 운영 교육이 이루어지는가?

☐ 책임 있는 실무자가 자격 요건을 갖추고 있는가?

■ 확인(Check)

확인(Check)은 실행을 통한 SNS 업무 과정 점검을 의미합니다. SNS 플랫폼 운영 효과를 분석하는 과정으로 재무적, 비재무적인 접근이 중요합니다. 실무에서는 비재무적인 성과에 대한 효과 분석 중심으로 측정하지만, SNS 큐레이션 업무에 대한 타당성과 신뢰성을 확보하기 위해서는 재무적인 측정도 병행해야 합니다.

☐ SNS 마케팅 업무 진행 여부와 방법은 어떠한가?
☐ SNS 마케팅 업무에 대한 실적은 좋은가?
☐ SNS 마케팅 업무 효과는 어떠한가?

위와 같은 내용을 평가해 시정 및 개선 처리를 합니다. 특히 확인 과정은 SNS 마케팅과 큐레이션 업무의 목표 대비 성과 측정입니다. 광고 투자를 통해 어느 정도의 매출을 신장시켰는지, 얼마만큼의 이익이 발생했는지 분석해 목표를 실현할 수 있습니다.

SNS 플랫폼이 지속해서 개인과 기업에게 사랑받는 이유는 무료이기 때문입니다. 누구나 개인 정보를 제공하면 손쉽게 계정을 만들어 소셜 네트워크 공간에서 관계를 맺을 수 있습니다. 이야기 생산, 운영 관리에 대한 부분을 고려하면 섣불리 무료라고 단정할 수는 없습니다. 이러한 부분은 어느 정도 자원(Resource)이 투입되므로 투자 항목으로 여길 수 있습니다.

대표적인 포털 사이트인 네이버와 다음의 검색 결과 상위 페이지(블로그, 카페 등)에 노출하기 위해서는 유료 광고 채널(네이버 검색광고, kakao business 키워드 광고 등)을 이용해야 합니다. 페이스북 페이지도 활성화하기 위해서는 초기에 어느 정도 광고 예산을 산정해야 합니다. SNS 플랫폼 업데이트 실적은 재무적, 비재무적인 성과 분석으로 접근할 수 있습니다. 비재무적인 성과는 SNS 플랫폼의 업데이트 빈도, 도달률 분석으로 가시적인 보고서를 만들어 업무 과정을 보여 줍니다. 하지만, 실질적인 결정권자(경영자)를 설득하고 동의를 끌어내기는 쉽지 않습니다. 이 성과들은 중개 역할을 하는 기준이므로 재무적인 성과 분석이 병행되어야 합니다.

• 비재무적인 성과 분석

- 엑스 팔로워 수
- 엑스 멘션 수
- 엑스 리포스트 증가
- 유튜브 구독자 수
- 인스타그램 팔로워와 게시글 좋아요 수
- 페이스북 페이지의 좋아요 수, 댓글, 공유하기 수
- 블로그 글의 포털사이트 검색 결과 노출 기간
- 블로그 글에 대한 댓글과 공감 수
- SNS 플랫폼 글의 긍정적, 부정적인 성향 변화
- 실시간 메시지 위젯 상담 요청 수
- 웹 사이트 방문자 수
- 웹 사이트 반송률

• 재무적인 성과 분석

재무적인 성과는 기업이 자원을 투자해 성공적으로 이익을 창출했는지, 기대한 목표를 달성했는지 살펴볼 수 있는 확실한 근거 자료가 됩니다. 비재무적인 성과는 목적 달성을 위한 업무 과정의 증거 자료이지만, 재무적인 성과는 금전적 지표인 수익률로 제시되어 "왜 SNS 플랫폼을 운영해야 하고, 왜 필요한가?"에 대한 정당성을 부여합니다. 다음의 예시에서는 확실한 재무 성과를 제시하고 있습니다.

- SNS 플랫폼을 활용한 이벤트로 15% 매출 신장
- 블로그 방문 신장으로 웹 사이트 회원 가입 20% 증가
- 페이스북 페이지 팬 대상으로 재고 물량 90% 판매
- 엑스 팔로워를 대상으로 신규 상품을 한정 판매해 1억 매출 달성

가시적인 재무 성과를 제안할 수 있는 기법인 'ROI'와 'ROAS'에 대해서 살펴보겠습니다. 이 두 가지 기법은 광고가 기업의 수익과 매출에 어떠한 영향을 미치는지 분석할 수 있고, 경영자를 설득할 수 있는 강력한 호소력을 지닙니다.

### • ROI(Return On Investment)

투자와 수익의 상관관계를 표현하는 투자 수익률로 널리 사용하는 유용한 재무 관리 기법입니다. 투자비용(광고비용 등) 대비 광고 시행을 통해 획득한 수익을 측정하는 지표로 기업의 경영 성과를 종합적으로 판단할 수 있습니다. 투자 수익률 공식은 다음과 같습니다.

ROI = 수익/투자비용×100

여기서 확인해야 할 사항은 '수익'입니다. 경영 성과의 척도로 정확도와 설득력을 높이기 위해 수익에 객관적인 실제 투자 부분을 수치화해 적용합니다. 광고를 통해 발생한 매출액에서 투자된 인건비, 임대료, 기술비, 광고비, 기타 잡비 등을 합산해 제외하면 수익을 확인할 수 있습니다. 광고를 통한 투자수익률(매월 수익률 집계를 통한 평균 기준치)을 임의로 적용해 알아보겠습니다.

예 광고비용 250만 원, 광고를 통한 월 매출 2,000만 원, 수익률 30%
   ROI = 2,000만 원×30%/250만 원×100=240%

• ROAS(Return On Advertising Spend)

광고 수익률로 광고비용 대비 광고 매출이 발생했는지 측정하는 재무관리 기법입니다. 광고 효과를 측정하는 지표로 손쉽게 적용할 수 있으며 공식은 다음과 같습니다.

> ROAS = 광고를 통한 매출/광고비용×100
>
> 예 광고비용 250만 원, 광고를 통한 월 매출 2,000만 원
> ROAS = 2,000만 원/250만 원×100 = 800%

### ■ 개선(Action)

개선(Action)은 현재 업무 과정을 유지할 것인지, 개선할 것인지에 관한 수정 및 보완을 의미합니다. 업무를 목적과 목표에 맞게 진행하고 있는지 파악해 조처할 수 있습니다. 개선에 대한 예를 살펴보겠습니다.

> • SNS 담당자가 페이스북 페이지 팬들을 대상으로 한 달 동안 인기 품목을 할인합니다.
> • 매출 25% 신장이라는 계획을 세우고 페이스북 페이지 마케팅을 실행합니다.
> • '페이스북 페이지 Like 수', '페이스북 페이지 공유하기 수'를 확인한 다음 광고 효과를 분석합니다.

최종 결과를 통해 어떤 부분을 개선하고 보완할 것인지 확인합니다. 페이스북 페이지 마케팅을 통해 웹 사이트로 방문자를 유도했지만, 기대한 매출이 발생하지 않을 때는 개선해야 합니다. 나열하면 담당자의 업무 파악 정도, SNS 스토리 접근 전략, 입소문 도달률, 웹 사이트 반송률, 상품 정보의 설득성 등이 있습니다. 최종 개선 사항이 홍보 전략이라면 페이스북 페이지와 웹 사이트 메인에 독창적인 카피를 적용해 방문자의 시선을 사로잡는 한정 판매 이벤트를 기획해 볼 수 있습니다.

SNS 큐레이션 로드맵을 만들기 위해 '목적', '목표', '전략', '전술'과 'PDCA 사이클'에 대해서 살펴보았습니다. 로드맵은 목적으로 설정한 항로를 이탈하지 않고, 최종적으로 기대한 결과를 얻을 수 있도록 이끌어주는 이정표와 같습니다. 이에 구체적인 실행 계획이 작성되고 효율적인 투자 전략이 수반되면 최적의 조건이 됩니다. 시기적절하게 TPO(시간, 장소, 상황)도 맞아주면 기대 이상의 성과를 만들 수 있습니다. 우리 기업에 맞는 SNS 플랫폼을 활용해 현실적이고 명확한 로드맵을 만들기 바랍니다.

## SNS 플랫폼으로
## 효과적인 브랜드 구축하기

SNS 환경에 출사표를 던지고 계정을 만들어 온라인 커뮤니티 여권을 발급받으면 하루에 수십 명에서 수만 명의 친구와 상호작용하고 관계를 맺을 수 있습니다. 복잡하게 연결된 네트워크가 만든 경이로운 결과물로, 시간이 갈수록 모바일에서의 관계는 가까워집니다. 블로그를 활용해 풍성한 정보를 제공하고, 엑스 단문 메시지로 전 세계 팔로워와 자유롭게 소통을 즐길 수 있습니다. 페이스북을 통해 친구들과 수다를 즐길 수 있으며 열성적인 팬들을 모아 정보를 공유할 수도 있습니다. 현대사회에서 SNS는 사람과 사람, 사람과 국가, 국가와 국가를 이어주는 다리 역할을 합니다.

SNS 플랫폼을 운영하다 보면 한 번쯤 맞닥뜨리는 상황이 있습니다. 브랜드 효과 창출에 대한 부분으로 직접 운영하는 SNS 플랫폼을 통해 브랜드가 잘 노출되고 있는지, 기대한 목표 이상의 성과를 얻었는지 등을 파악하는 것으로 매우 중요합니다. 운영 결과에 따른 피드백과 성과 분석이 '지속성'과 '몰입성'을 만들기 때문입니다. 지속성은 운영 중인 SNS 플랫폼에 주기적으로 이야기를 올리는 것을 말하며, 몰입성은 친구들과 관계를 형성하며 상승 효과[3]를 만들어 내는 것을 말합니다.

여기서는 SNS 플랫폼 서비스를 운영하면서 브랜드 효과 측정 항목들을 간략하게 살펴보겠습니다. 일반적으로 '범위, 빈도 수, 타당성'과 같은 세 가지 형태로 접근할 수 있습니다.

범위는 SNS 플랫폼을 통해 어떻게 확산시켰는가를 의미하며, 빈도 수는 얼마만큼 주기적으로 노출되었는가를 의미합니다. 타당성은 확산과 노출을 통해 과연 기대한 성과에 이바지했는가를 검증하는 것입니다. 앞서 설명한 세 가지 항목들을 세부적으로 접근하면 다음과 같습니다.

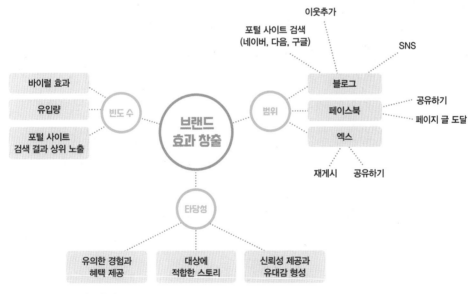

▲ SNS 플랫폼 효과 창출 항목

---

3 여러 사람의 의견과 정보가 모여 상호작용하면서 기대치가 커지는 효과를 말합니다. '대중'과 '외부 자원 활용'을 합성한 신조어인 '클라우드 소싱'의 의미와 비슷합니다. 최대한 많은 사람의 지식과 아이디어를 모아 더 나은 제품 및 서비스 제공을 위해 적극적으로 반영할 수 있습니다.

# 브랜드 구축을 위한 SNS 플랫폼 체크 항목

현재 운영하고 있는 주류 SNS 플랫폼이 잘 운영되고 있는지
핵심 메뉴들을 체크해 보겠습니다.

#SNS체크하기

SNS 플랫폼이 사회적, 문화적, 정치적으로 막강한 영향력을 발휘하면서 개인 또는 기업에 필수적인 매체로 자리 잡았습니다. 개인의 경우 SNS 플랫폼을 활용해 '개인 브랜드 구축', '취미생활 공유', '유용한 정보 수집', '친구와의 소통' 등으로 접근할 수 있습니다. 기업의 경우 '기업 브랜드 구축', '고객 상담 서비스', '상품 판매 및 홍보', '정보 수집', '고객과의 소통', '이벤트 홍보' 등으로 접근할 수 있습니다. SNS 공간이 확대되고 밀접한 네트워크로 연결될수록 SNS 플랫폼을 활용한 브랜드 구축은 핵심 아이콘으로 인식됩니다. 여기서는 이전에 살펴본 블로그, 페이스북, 인스타그램을 운영하면서 브랜드 이미지를 구축하기 위해 점검해야 할 항목들을 살펴보겠습니다.

## 1 정보의 허브 채널, 네이버 블로그 체크하기

돈 들이지 않고 바로 사용할 수 있는 개인 및 기업의 블로그 점검 사항에 대해 살펴봅니다.

## ■ 핵심 키워드 검색

키워드는 드넓은 웹 공간에서 개인이나 기업의 존재 가치를 알릴 수 있는 이정표입니다. 그래서 블로그 운영 전이거나 운영하고 있는 블로그가 있다면 반드시 점검해야 할 항목입니다. 그 이유는 키워드가 포털 사이트 검색엔진이 개설된 블로그를 찾을 수 있도록 유도하기 때문입니다.

핵심 키워드 선정 및 활용은 블로그 활성화에 초석이 될 것입니다. 블로그의 핵심 키워드 역할은 첫 번째, 메뉴 카테고리가 될 수 있습니다. 메뉴 카테고리는 방문자에게 운영자의 정체성을 알리고 정보 탐색 방향을 제시하기 때문에 명확하고 간략하게 만드는 것이 중요합니다. 2차적인 카테고리 역할을 하는 태그와도 연결됩니다.

**카테고리**

📁 **전체보기** (1720)
📁 일상이야기
 └ 📷 일상이야기
 └ 📄 문화살롱
 └ 📄 장종희 강의/칼럼
 └ 📄 맛집정보탐방
 └ 📄 여행다이어리

▲ 블로그 카테고리

**태그**　　　최근 | 인기

**일상·생각** , **장종희** , **비즈니스·경제** , **좋은글·이미지** , **교육·학문** , IT·컴퓨터 , 마케팅 , 장종희강사 , 가볼만한곳 , 소셜미디어 , 소셜큐레이션 , 자기계발 , 취미 , 문학·책 , 소셜마케팅

▶ 모두보기

▲ 태그

태그 클라우드에 키워드가 볼드체로 상단에 배치되어 있다면, 운영자가 어떤 스토리 중심으로 접근하고 있는지 파악할 수 있습니다. 두 번째, 블로그 제목입니다. 블로그 개성에 어울리는 핵심 키워드를 선정해 체계적으로 제목을 만들어 접근해야 합니다. 블로그 제목은 포털 사이트 검색 결과에 중요한 역할을 하기 때문에 포스팅 그 이상의 의미를 갖고 있습니다. 블로그 메뉴 카테고리와 태그 그리고 블로그 제목은 운영자가 어떤 스토리를 중시하므로 접근하고 업데이트하는지 확인할 수 있습니다.

## ■ 스토리 업데이트 주기

블로그 검색 최적화를 고려해 전략적으로 스토리를 구성해서 업데이트할 때에는 적지 않은 시간과 노력이 소요됩니다. 막강한 브랜드 파워를 가진 블로거의 경우 수십 장의 사진, 키워드 전략, 공감하는 스토리를 매력적으로 구성해 업데이트합니다. 초보 블로거의 경우 에베레스트를 등정하는 것처럼 어렵게만 다가옵니다.

그렇지만, '천리 길도 한 걸음부터'라는 말을 잊지 않도록 합니다. 지속성은 무엇이든 해낼 수 있는 힘을 길러 줄 것입니다.

블로그는 꾸준한 업데이트와 다양한 지수가 합산되어 포털 사이트 검색 결과 상위에 노출됩니다. 검색 엔진(Robot)은 지속해서 활동하는 블로그를 좋아한다는 것을 기억해야 합니다. 블로그를 운영하는 개인이나 기업의 담당자들은 '꾸준하게 스토리를 업데이트하는 것'이 얼마나 중요한지 이해했으면 합니다. 이미지 수는 포스팅 역량이 향상되었을 때 조금씩 늘리고, 스토리는 블로그가 포털사이트 검색 결과에 노출되는 핵심 기준이므로 실행 계획표를 만들어 꾸준히 업데이트 하기를 제안드립니다.

> 핵심 키워드 중심으로 1주일에 1~2개 포스팅, 이미지 수는 10~15개

■ 블로그 타이틀 디자인

블로그 타이틀은 방문자가 블로그에서 처음 접하는 영역으로 깊은 인상을 주고, 운영자의 개성을 파악할 수 있습니다. '디자인은 곧 소통이다.'라는 말이 있습니다. 차별화된 타이틀 디자인으로 방문자에게 공감할 수 있는 메시지를 제공해야 합니다.

▲ 역쟁이_blog.naver.com/overroad89

▲ 불꽃남자 킹쿵이(blog.naver.com/romanticuk)

■ 배너 위젯 추가

위젯은 블로그 액세서리로 메인을 풍성하게 장식하고 볼거리를 제공합니다. 특히 배너 위젯은 웹페이지를 연결하는 허브 역할을 하므로 운영자의 활동 반경과 관심 사항을 알려줍니다.

▲ 온(blog.naver.com/sillfox)

▲ 메밀꽃부부(blog.naver.com/mina860527)

■ 프로필 작성

블로그 운영자의 브랜드 이미지를 확실하게 제시하는 영역은 프로필입니다. 자기소개가 없거나 불명확하면 친밀한 상호작용을 만들기 어렵습니다. 자기소개가 없으면 비즈니스 미팅에서 빈 명함을 내미는 것과 같습니다. 특별한 형식이나 기준은 없지만, 소소한 일상 이야기를 중심으로 운영하면 자유롭게 표현할 수 있습니다. 전문 블로그를 운영할 경우에는 운영자를 소개하는 알림판으로 인식하고 구체적이며 명확하게 작성해야 합니다.

O2O비즈니스 큐레이터
(zabarai)

SNS마케팅전문가, SNS강사로 활동하고 있습니다. 온/오프라인 창업예정자 대상으로 온라인마케팅의 기본부터 응용까지 실행할 수 있도록 도움을 드리고 있습니다. 네이버 스마트스토어로 쇼핑몰창업을 시작하는 분들께도 꾸준히 수익창출 할 수 있도록 교육을 진행합니다. / 장종희강사 강의 문의 : zabarai@naver.com

▲ 블로그 프로필 화면

### 2 SNS 글로벌 여권, 페이스북 체크하기

누구나 쉽게 당장 사용할 수 있는 페이스북 운영 시 점검사항에 대해 살펴봅니다.

■ 개인 정보

페이스북 계정을 만든 다음에는 가장 먼저 출신, 거주 지역, 출신 학교, 현재 현황 등에 관한 소개와 함께 좋아하는 스포츠, 영화, 음악 등의 정보를 요구합니다. 이러한 정보는 페이스북에서 광고 및 비즈니스 목적으로 활용됩니다.

여기서는 페이스북 개인 정보 활용에 관한 내용보다 친구들과 소통하고 관계를 맺기 위한 매체로 접근합니다. 개인 정보 작성은 같은 학교 친구를 찾을 때, 전문가가 필요할 때, 직장 동료를 검색할 때와 같

**소개**

온라인 마케팅전문가, 비즈니스 기획자로 활동하고 있으며, 온라인 vs 오프라인 창업/마케팅, 디지털마케팅 강의/코칭, 컨설팅을 진행하고 있습니다.

소개 수정

작가_나는네이버스토어마케팅으로돈번다 외 4권

플랜스페이스 대표

전 한베콘텐츠협회 사무총장

전 Seri기획연구회포럼 시삽

전 엔투어 대표

전 강남경제인포럼 기획위원

전 이클래어 그룹 마케팅 팀장

전 와우애드 대표

▲ 페이스북 소개 화면

이 연결 고리를 만들고 폭넓은 관계의 디딤돌 역할을 합니다. 충실한 개인 정보 입력은 개인 브랜드의 신뢰성을 높이고 객관성을 검증하는 데 중요합니다.

### ■ 개인 정보 노출 수위

페이스북은 수십억 명의 회원 자료를 바탕으로 수익을 창출하는 거대한 SNS 기업입니다. 페이스북 계정을 만들 때 가장 먼저 고민하는 부분은 바로 '개인 정보' 영역입니다. 개인 정보를 모두 공개하면 페이스북에 업데이트되는 모든 정보가 친구들에게도 공유되는데 이 기능을 '그래프 서치'라고 하며, 기업의 경우 긍정적으로 정보를 전체 공개할 수 있지만, 개인의 경우 활동 정보가 그대로 노출되면 난감한 경우가 생길 수 있으므로 반드시 '공개 범위'를 설정해야 합니다.

▲ 페이스북 개인정보 공개 범위 설정 화면

### ■ 페이스북 상단 커버

상단 커버는 블로그의 타이틀과 같은 기능입니다. 페이스북 프로필의 브랜드를 알리는 매개체 역할을 하며 페이지, 그룹도 적용할 수 있습니다. 블로그의 경우 타이틀 변경 시 크기를 고려해야 하지만, 페이스북 상단 커버는 '커버 사진 편집'을 손쉽게 반영할 수 있습니다. 옵션으로 페이스북에 업로드한 사진을 선택하는 '사진 선택', PC에 저장되어 있는 사진을 불러오는 '사진 업로드', 추가된 사진 위치를 수정할 수 있는 '위치 조정'이 있습니다.

▲ 디자인 소리 페이스북 페이지(www.facebook.com/designsorian)

## ❸ 재미와 흥미의 놀이터, 인스타그램 체크하기

사진 공유 SNS 플랫폼인 인스타그램 운영 시 점검 사항에 대해 살펴봅니다.

### ■ 개인 정보

모든 SNS 플랫폼이 동일하듯 개인 정보 소개는 운영자의 개성과 전문성을 파악할 수 있는 영역입니다. 내가 하는 주요 업무 또는 관심 사항, 어떤 주제로 게시글을 올리는지 해시태그(#)로 구성하여 추가할 수 있습니다. 인스타그램 소개글은 최대 150자로 설명할 수 있습니다.

▲ 인스타그램 소개글 화면

■ 프로페셔널 계정 전환

■ 프로페셔널 계정 전환

효율적으로 인스타그램을 활용하기 위해서는 개인 계정에서 프로페셔널 계정으로 전환해야 합니다. 프로페셔널 계정으로 전환하면 팔로워와 계정 성과에 관한 인사이트를 확인하고, 친구들과 간편하게 연락할 수 있는 연락 옵션 버튼, 광고 도구, 행동 유도 버튼 등을 추가할 수 있습니다. 계정 전환의 첫 단계는 카테고리를 선택해야 합니다. 카테고리는 친구들이 계정을 찾는 데 도움을 줍니다. 프로페셔널 계정에는 '크리에이터'와 '비즈니스' 계정이 있습니다. '크리에이터' 계정은 공인, 콘텐츠 제작자, 아티스트 및 인플루언서에게 적합하고, '비즈니스' 계정은 판매점, 지역 비즈니스, 브랜드, 단체 및 서비스 제공업체에 적합합니다.

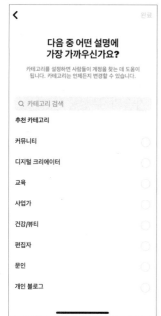

▲ 카테고리 설정

▲ 광고 도구

▲ 인사이트

## ■ 정적, 동적 콘텐츠 구성

인스타그램은 사진 공유 SNS 플랫폼으로 확고히 자리를 구축하고 있습니다. 메타로 인수되면서 스토리 하이라이트, 동영상, 릴스 등 다양한 기능들이 업그레이드되었습니다. 정적인 사진과 더불어 동적인 영상을 제작하여 소통의 기회를 확장하는 것이 필요합니다. 움직이는 영상은 다양한 시·청각적 효과를 적용하여 즉각적인 반응을 일으키고 더 많은 메시지를 제공하기 때문입니다.

## ■ 바이럴 마케팅 승부

개인 간의 가장 강력한 소통 형태를 꼽으라면 단연, '바이럴 마케팅(Viral Marketing)'입니다. 인터넷이 대중화되지 않았던 시절에는 전보나 우편을 통해 소식을 전달했습니다. 특정 화제나 정보가 대중적으로 확산되는 데는 어느 정도의 시간이 소요되었습니다. 이러한 궁금증과 기다림은 낭만이었지만, 이제는 이러한 시간적 여유가 없어진 채 과거의 전유물이 되었습니다. 디지털 혁명으로 인해 정치, 경제, 사회 등의 전방위적인 영향은 초고속 인터넷 기술과 무선통신 기술로 연결되어 사람들을 더욱 밀접하고 긴밀하게 연결하는 네트워크 사회를 만들었습니다. 지구 반대편에 있는 가족, 친구들과 실시간으로 소통할 수 있을 뿐만 아니라 생활 속에서 뉴스, 상품, 서비스 등 각종 정보를 제약 없이 공유할 수 있습니다. 특히 스마트폰의 메시지 앱과 SNS 플랫폼의 서비스는 개방적인 소통 도구로 즉각적인 반향을 만들어 내고 있습니다.

사회 관계망 서비스에서 공유되는 핵심 이슈와 정보들을 살펴보고 웹에서 미처 보지 못했던 유익한 정보를 추천받아 정보 탐색 시간을 줄일 수 있습니다. 더 나아가 네트워크 친구들에게 긍정적인 경험 중 유익한 내용을 공유할 수 있습니다. 여기서 공유는 정보 발신자(영향력 있는 블로거 또는 유명인)의 긍정적인 체험담이면서 정보가 명확해야 합니다.

'SNS 큐레이터'가 핵심적으로 확인해야 하는 항목은 바로 수평적인 참여를 통한 자연 발생적인 입소문(Word of Mouth)인 '바이럴 마케팅'입니다. 바이럴 마케팅은 사회적인 이슈나 관심사에 흥미를 유발해 대중이 자발적으로 입소문을 내는 마케팅 기법입니다. 이처럼 밀접한 네트워크는 전 세계 수많은 기업이 SNS 플랫폼에 관심을 두고 참여하는 강력한 요인이 되었습니다. 저비용으로 널리 스토리를 퍼뜨릴 수 있는 최적의 도구입니다.

SNS 세상은 즉각적으로 상호작용이 일어나는 동시에 실시간으로 하나의 메시지가 이슈화되면 예측할 수 없는 범위로 퍼져나갑니다. 인적이 드문 깊은 산골의 농부도, 액세서리를 판매하는 소규모 상점도, 작은 수제 구두 전문점도 SNS 플랫폼을 이용해 폭넓은 세상에서 수많은 고객을 만날 수 있습니다. 지금 이 시각에도 복잡하게 얽히고 연결된 네트워크 공간에서는 가늠하기 어려울 정도로 다양한 정보와 메시지들이 연쇄적으로 연결, 결합, 복제되어 퍼져나가고 있습니다.

# 긍정적인 입소문을 만드는 바이럴 마케팅

소통의 창인 SNS 공간에서 바이럴 마케팅이 어떤 과정으로
진행되는지 알아보겠습니다.
#바이럴마케팅

정보는 어떻게 자연발생적으로 확산되고 퍼져나갈까요? 이 질문에 대한 답은 다양한 기기의 디지털 환경 접속과 복잡한 인적 네트워크를 통해 만들어지기 때문에 추적하기 쉽지 않다는 것입니다. 최초 정보 제공자는 파악할 수 있지만, 바이럴이 일어나는 과정은 예측하기 어렵습니다. 여기서는 바이럴 마케팅이 어떻게 발생되고 진화하는지 살펴보겠습니다.

## 1 SNS 환경에 부는 열풍

강력한 궁금증과 호기심 유발은 거대한 입소문 효과를 가져오는 초석이 됩니다. 성공적인 동영상 교본으로 인식되는 '떨녀 동영상'은 정보 탐색 욕구의 발현으로 어린이에서부터 성인까지 온몸을 떠는 패러디 영상들이 넘치게 만든 입지전적인 성공 사례[4]입니다. 우선 SNS 환경에 바이럴 씨앗을 퍼뜨리기 위해서는 사회적인

---

4 어려운 환경을 이기고 뜻을 세워 노력해 목적을 달성한 사례를 말합니다.

트렌드와 목표 고객의 라이프 스타일을 포착해야 합니다. 스마트한 생활이 주를 이루는 현대에는 바이럴 씨앗을 쉽게 포착할 수 있는 환경이 잘 조성되어 있습니다. 'SNS 큐레이터[5]'는 최근에 사회적으로 유행하고 이슈가 되고 있는 키워드를 찾아 스토리 전략에 활용할 수 있어야 합니다. 기업도 마찬가지로 자유롭게 아이디어를 내놓는 브레인 스토밍으로 지속 가능한 트렌드를 비즈니스에 융합할 수 있습니다.

## ② SNS 큐레이터의 적극적인 참여

접종은 바이럴 마케팅이 발현되는 과정으로 중요한 역할을 담당하는 영향 유발인, 파워(알파) 블로거, 인플루언서, 비(Bee), 슈퍼 커넥터, 아이 시티즌 등이 직접 행동해야 합니다. 이들은 강력한 소셜 네트워크를 구축하고 자연 발생적인 입소문을 통해 바이럴 씨앗을 널리 퍼뜨립니다. 'SNS 큐레이터'가 사회 관계망 서비스에서 영향력을 갖추지 않았다면 이들을 주목해야 합니다. 네트워크를 구축하고 친밀한 관계를 맺어 든든한 지원군들을 확보하면 저비용으로 고효율의 성과를 얻을 수 있습니다. 추가로 원활한 접종이 이루어지도록 SNS 플랫폼에 맞는 '키워드 전략'과 '매력적인 스토리 작성'이 중요합니다.

## ③ 다양한 참여와 활동 기간

면역은 다양한 SNS 플랫폼을 통해 집중적인 관심과 시선을 끄는 과정입니다. 블로그는 지속해서 댓글 또는 공감이라는 추천을 받고, 엑스는 리포스트를 통해 스토리가 증식합니다. 유튜브는 구독자와 조회수가 늘고 공유되어 퍼져나가며, 페이스북에서는 '좋아요'와 '공유하기'라는 관심의 물결로 친밀한 관계를 맺은 친구들에게 먼저 노출됩니다. 또한, 포털 사이트의 자동완성 키워드가 되어 누리꾼들에게 집중적으로 조명받을 수 있습니다.

---

5 새로운 문화와 IT 기술이 향상되면서 새로운 용어가 만들어지고 있습니다.

## 4 입소문의 티핑포인트 과정

배양은 각종 SNS 플랫폼에서 유기적인 융합이 발생하는 과정입니다. 사회적으로 이슈화되고 유행으로 번져 다양한 매체를 통해 소개됩니다. 재미있는 패러디가 급물살을 타고 퍼져나가 지속해서 참여율이 높아지고 긍정적인 정서가 길러집니다. 입소문이 가장 많이 퍼질 즈음, 노출 수가 임계점[6] 이상으로 올라 폭발하는 '티핑 포인트(Tipping Point)[7]'를 맞이합니다. 이때 대중에게는 "아, 이거였구나!", "어떻게 이럴 수 있지, 재미있네!" 등과 같은 공감대가 형성됩니다. 형성된 공감대는 카카오톡, 페이스북, 엑스 등의 SNS 플랫폼을 활용해 친구들에게 널리 알려집니다.

## 5 지속적인 재생산

전염은 바이럴 마케팅이 성공해 상업 아이콘이 되고 문화 코드로써 인식되는 마지막 과정입니다. 개인은 유명해지고, 특정 상품은 고객에게 많은 사랑을 받아 구매로 연결됩니다. 기업은 유료 광고 채널을 활용하지 않고도 수익을 창출할 수 있습니다.

'포착 → 접종 → 면역 → 배양' 과정이 원활하게 이루어져 전염까지 도달하기 위해서는 관심과 호기심을 주는 스토리와 정보 탐색을 유도하는 궁금증 유발 요인이 담겨야 합니다. 이처럼 호기심과 궁금증은 입소문 효과를 증식하는 동시에 자발적으로 재생산을 확대합니다. 이 두 가지를 바이럴 마케팅 진화 과정에 포함하기 위해서는 차별적인 희소성, 독창성, 공감성, 창의성 등의 복합적인 요소들이 포함되어야 합니다.

---

6 두 가지 물질에서 그 온도나 압력 등의 상태를 점차 바꾸면 결국 물질이 서로 일치하는 점에 도달하는 부분을 말합니다.
7 상품이나 아이디어가 전염되는 것처럼 폭발적으로 번지는 순간을 가리킵니다.

- **희소성**: 어디서 발견했지?
- **독창성**: 놀랍고 독특하네?
- **공감성**: 정말 재미있네?
- **창의성**: 보면 볼수록 정말 새롭네?

SNS 플랫폼에 위와 같은 네 가지 요소를 적절히 조합해 스토리에 적용하면 광범위한 온·오프라인 환경에 거대한 영향력을 만들 수 있습니다. 단, 스토리를 만들 때는 고도의 기획력과 철저한 분석력이 필요합니다. 간혹 우연한 계기로 발전되는 경우가 있지만, 스토리가 사회 관계망 서비스에 전파되기까지는 어느 정도의 시간과 전략이 필요합니다.

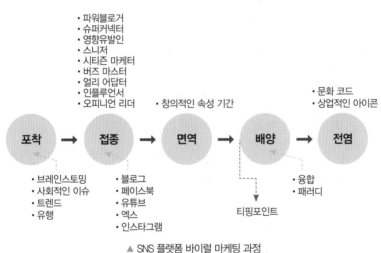

▲ SNS 플랫폼 바이럴 마케팅 과정

■ 바이럴 효과 창출을 위해 갖춰야 할 능력

- **네트워커(Networker)**: SNS 환경에서 넓고 깊은 지적 인맥 망을 구축할 수 있는 능력
- **프로모터(Promoter)**: SNS 도구를 활용해 비즈니스 콘셉트와 구성을 연결할 수 있는 능력
- **코디네이터(Coordinator)**: 핵심 정보 확보와 이익을 결합할 수 있는 능력
- **콘셉트 플래너(Concept Planner)**: 목표 달성을 위해 비즈니스 기획의 핵심을 발견하고 구축할 수 있는 능력
- **컨스트럭처(Constructor)**: 뛰어난 구성력으로 전체의 흐름을 만들 수 있는 능력

# 부정적인 반응에 대한 관리 계획의 5단계

SNS의 거대한 파급력으로 예측하기 어려운 위기가 발생하면 심각한 결과를 초래합니다.
잠재적 위기에 대응할 수 있는 과정에 대해 알아보겠습니다.
#위기관리

기업에서 SNS 플랫폼이 마케팅 도구로 활용되면서 매출 신장, 고객과의 소통 활성화, 부서 간 효율성 제고, 비용 절감, 브랜드 홍보 등 순기능적인 혜택을 얻고 있습니다. 개방된 네트워크를 통해 누구나 정보를 생산하고 유포할 수 있습니다. 반면에 언제든지 접속할 수 있는 모바일 웹과 다양한 기기의 확장으로 인한 역기능도 만만치 않습니다.

고객은 기업에서 제공하는 서비스가 만족스럽지 않을 경우 보상을 요구하거나 특정 브랜드에 대한 편견 또는 적대감을 가집니다. 만약 부정적인 작은 소문이라도 순식간에 번지면 기업의 영업을 방해하고 막대한 손실을 초래합니다. 더 나아가 브랜드 이미지 등에 치명적인 타격을 줍니다. 개인의 경우도 마찬가지입니다. 연예인처럼 개인에 관한 허위 사실이 퍼지면 오해와 진실을 가릴 여유도 없이 부정적인 인식이 눈덩이처럼 커지므로 주의해야 합니다.

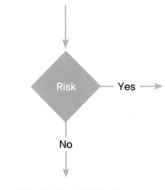

▲ 기업의 메시지 모니터링은 필수

　기업 차원에서는 신속하게 대응할 수 있는 위기 감지 시스템을 구축하고 긍정적이거나 부정적인 메시지를 모니터해야 합니다. 추가로 자격 요건을 갖춘 위기 관리 담당자 지정, 매뉴얼 작성, 업계 여론 동향 파악에 관한 시스템 구축이 필요합니다. 개인도 정기적으로 관련 키워드 변화, 욕설이나 허위 사실에 관심을 두고 대응할 수 있도록 살피는 것이 중요합니다. SNS 환경에서 바이럴 위기가 일어나는 과정은 다음과 같은 5단계로 진행됩니다.

## 1 위기 전조 단계

　위기 발생의 시작으로 기업의 상품과 서비스에 관한 불만 및 사후 처리에 대한 부적절한 대처 등으로 SNS 플랫폼 업데이트가 이루어집니다. 전조 단계에서 위기 상황을 감추거나 방치하면 부정적인 메시지가 증폭되어 예기치 않은 사태로 연결될 수 있습니다.

## 2 위기 감지와 경계 단계

　SNS 환경에서 부정적인 메시지가 이슈화되는 시점으로, 실시간 모니터링을 통해 육하원칙을 이용해서 부정적인 견해를 파악하고 신속하게 수습합니다. SNS 플랫폼을 통한 최초 게시자를 찾아 문제를 해결하고 어떤 의도와 내용인지, 어디까지 전이되었는지 확인해야 합니다. SNS 플랫폼에서 실시간 이슈와 사건들을 파악할 수 있는 국내의 대표적인 모니터링 대행업체를 살펴보겠습니다.

■ 한국 모니터링

한국 모니터링은 '실시간 SNS 모니터링', '실시간 언론 모니터링', '네티즌 여론 모니터링', '실시간 외신 모니터링', '정책 및 관련 기관 모니터링' 서비스를 제공합니다. '실시간 SNS 모니터링'은 기업 브랜드, 제품, 이슈 등 빠르게 확산되는 의견들을 실시간으로 수집해 사회 현상과 트렌드에 대한 모니터링 서비스로 신속하게 위기에 대응할 수 있습니다. '실시간 여론 모니터링'은 국내 주요 포털 사이트 및 1,000여 개의 매체를 통해 경쟁업체 및 업계 동향에 관한 최신 정보를 모니터링할 수 있는 서비스입니다. '네티즌 여론 모니터링'은 주요 포털 사이트에서 제공하는 카페, 블로그 등에서 발생하는 여론들을 하나로 모아 정리해 왜곡된 정보에 신속하게 대응할 수 있도록 하는 서비스입니다. '실시간 외신 모니터링'은 해외 정보를 모니터링해 국제적인 안목 향상 및 정책 현황을 모니터링할 수 있습니다. '정책 및 관련 기관 모니터링'은 정부부처, 공공기관 및 300개 이상 시·군·구청의 정책 및 민원에 관련된 게시글을 모니터링하는 서비스입니다.

▲ 한국 모니터링(monis.co.kr)

■ 골든플래닛

골든플래닛은 통계 기반의 데이터 마이닝과 자연어 처리(NLP) 기술을 보유하고 있는 회사로 공공, 커머스, 레거시[8] 등의 거래 및 행동 데이터 분석 서비스를 제공하고 있습니다. '빅데이터 분석'과 'SNS 플랫폼 분석'은 회사, 상품에서 발생하는 고객의 긍정적, 부정적인 반응을 실시간으로 확인할 수 있습니다. SNS 플랫폼으로 확산된 다양한 메시지들을 추출해 고객의 관심과 요구사항 파악도 가능합니다. 초기에 부정적인 표현이 언급된 아이템을 이끌어 초기에 대응 방안을 마련하고, 경쟁업체의 동향 파악 및 모니터링을 할 수 있습니다.

빅데이터 분석 서비스로 'TousFlux'가 있습니다. 빅데이터 처리 등의 클라우드 기술을 활용하여 여론 분석, 고객 관리 서비스 제공, 음성 인식, 이미지 분석, 영상 분석 등을 지원하는 서비스입니다. 소셜 분석 서비스로 '소셜 빅데이터 솔루션'이 있습니다. 소셜 미디어 상의 텍스트, 이미지, 동영상 데이터를 수집하여 감성, 속성, 트렌드, 키워드 긍정 또는 부정적인 현황을 분석하는 최적의 SNS 분석 서비스입니다.

▲ 골든플래닛(goldenplanet.co.kr)

---

8 레거시(Legacy)는 과거에 개발된 컴퓨터 시스템, 소프트웨어를 의미합니다.

■ 바이브

 소셜 미디어의 문서 수집기, 문서에 포함된 스팸 및 노이즈 데이터를 높이는 문서 필터링, 문서로부터 핵심 어휘와 구문을 추출해 연관 관계 및 자동 분류하는 문자 발견 등 독자적인 기술 서비스를 제공합니다. 서비스에는 AI 솔루션, VAIV Chatbot, Sometrend, VAIV Stock 등이 있습니다.

 'Sometrend'는 다양한 소셜 채널과 관련된 광범위한 빅데이터 커버리지 기술을 바탕으로 트렌드, 인사이트를 제공하는 플랫폼입니다. 주로 패션, 트렌드 및 인기 브랜드 분석 등 다양한 주제에 관한 콘텐츠를 다루며, 신제품 출시 정보부터 트렌드 예측까지 다양한 내용을 제공합니다. 기업과 기관은 시장 동향, 소비자 반응, 경쟁사 분석 등 깊이 있는 데이터 인사이트를 얻을 수 있고 실시간 모니터링으로 즉각적인 대응이 가능합니다. 'Sometrend'의 주요 기능으로 맞춤형 빅데이터 사용 및 분석이 가능하며, 복잡한 데이터도 직관적으로 이해하고 활용할 수 있습니다. 기업 고유의 데이터와 썸트렌드의 분석 데이터를 융합하여 통합적으로 분석할 수 있습니다. 누적 소셜 빅데이터 약 500억 건 국내 최대 커버리지, 20년 이상 고도화된 업계 최고의 자연어처리(NLP) 기술, 2008년부터 누적된 수백억 건의 데이터를 보유하고 있으며, 장기간 소셜 데이터 등 뛰어난 데이터 분석 역량을 제공합니다 또한, 업계 최고 수준의 자연어 처리 기술을 사용하여 변화하는 언어를 상시로 분석하고 관리합니다.

▲ 바이브(www.vaiv.kr)

▲ 바이브(www.vaiv.kr)

주류 SNS 플랫폼에서 부정적이고 적대적인 메시지가 감지되면 어떤 방향으로 나아가는지 추이와 연관어를 실시간으로 모니터링하는 것이 중요합니다. 썸트렌드 서비스로 위기 상황과 관련된 검색어가 어떻게 달라지는지 분석하고 순발력 있게 대응하는 기회를 만들어 전략을 세울 수 있습니다.

■ 훗스위트

앞서 엑스에서 소개한 SNS 플랫폼 '훗스위트'를 활용해 사전에 위기를 선제적으로 감지하고 신속하게 대응할 수 있습니다. 대표적인 기능으로 '멀티 SNS 플랫폼 계정 관리' 및 '트윗 트래킹과 분석'이 있습니다. 또한, 인기 검색어를 추가해 실시간으로 키워드 현황 파악이 가능합니다. 위기 상황으로 발생한 '핵심 검색어'와 '이슈 검색어'를 등록해 실시간으로 위기 상황과 함께 감지할 수 있습니다.

▲ 훗스위트(hootsuite.com)

## ❸ 위기 고조 단계

불특정 다수에게 빠른 속도로 전파되는 과정입니다. 포털 사이트에 실시간 검색어로 노출되고, SNS 플랫폼에서 메시지가 배양되어 티핑 포인트 단계를 넘어 사회적인 이슈가 됩니다. 목적이나 수준에 다다르는 힘이 매우 높은 미디어 매체를 통해 중개되어 제어하기가 어렵습니다. 위기 상황에 대한 긴급 비상 대책을 세워 대응 방침을 치밀하게 연구해야 합니다.

## 4 대응 단계

부정적인 메시지를 긍정적으로 바꾸기 위해 위기 확산을 축소하는 과정입니다. 위기 발생으로 이슈화된 회사명 또는 특정 제품이 언급되면 신속하게 견해를 밝혀 해명해야 합니다. SNS 플랫폼과 매체를 지속해서 모니터링해 상황에 따라 재빠르게 대처합니다. 이때 위기를 최소화하기 위한 법적 조치와 사후 보상 대응책을 고려할 수 있습니다.

## 5 마무리 단계

위기 발생에 대한 피드백과 재발 방지를 위해 학습하는 마지막 과정입니다. 위기 발생 시 어떻게 행동하고, 대응해야 할지 매뉴얼을 작성해 위기관리 의식을 주장하는 것이 중요합니다. 운영 중인 SNS 플랫폼을 재점검하고, 위기 재발 시 즉각 대응할 수 있는 매뉴얼 작성과 개선 작업이 수반되어야 합니다.

# SNS 플랫폼 제대로 활용하기

SNS 플랫폼은 소통의 아이콘이자 정보를 확산시키는 강력한 도구입니다. 세계적으로 다양한 SNS 플랫폼 중에서 하나의 SNS 플랫폼만을 활용할 수 있고, 여러 SNS 플랫폼을 전략적으로 활용할 수도 있습니다. 여기서 두 개 이상의 SNS 플랫폼을 활용하는 것이 '크로스오버(Crossover)'입니다. 크로스오버는 '하나의 스토리를 두 개 이상의 SNS 플랫폼을 활용해 확산시키는 것'을 의미합니다.

SNS 플랫폼의 춘추전국시대가 도래하면서 사용자 취향에 따라 세분화된 사용률이 높아지고 있습니다. 그래서 정보의 확산과 접근성을 높이기 위해 전략적으로 여러 SNS 플랫폼을 활용하는 추세입니다. 특정 상품과 서비스를 알리고 싶은 개인 및 기업의 홍보 담당자라면 크로스오버 활용이 더욱 중요해졌습니다.

■ 크로스오버 사례

크로스오버의 활용은 개인 또는 기업에 따라 다르며 특정한 법칙이나 규정은 따로 없습니다. 다음은 누구나 손쉽게 들고 다닐 수 있는 스마트폰 애플리케이션을 활용한 크로스오버 사례입니다.

▲ 콘텐츠 확산이 가능한 크로스오버

▶ 첫 번째, 위치 기반 소셜 네트워크 서비스인 **포스퀘어**(Foursquare)로 주변 장소를 검색하고, **스웜**(Swarm)으로 체크인해 **엑스**와 **페이스북**에 위치 정보를 연동합니다. 스웜에서 위치 정보를 SNS 플랫폼에 공유하는 것은 선택 사항입니다. '이곳은 좋은 곳이다.', '이곳은 가성비가 좋아서 가봐야 한다.'라는 정보 공유 차원에서 친구들에게 알릴 수 있지만, 나의 위치 정보도 제공되는 것이므로 한 번쯤 생각해 보았으면 합니다. 개인적으로 집에서는 체크인을 하지 않습니다.

▶ 두 번째, 위치 공유가 끝나면 다음으로 **엑스**에 단문 스토리를 작성해 공유합니다. 단문은 엑스에서 다룬 '설득력 있게 단문을 완성한다.' 내용 중 'UVP', '시·공간', '오감'을 활용해 작성합니다. 대표적인 태그와 사진도 추가하여 주목도를 높여 봅니다.

▶ 세 번째, 기하급수적으로 늘어나고 있는 사진 공유 SNS 플랫폼인 **핀터레스트**와 **인스타그램**에 게시물을 올립니다. 핀터레스트는 앨범 생성 후 핀을 꽂고, 인스타그램은 사진 또는 동영상을 올립니다. 짧고 재미있는 영상에 다채로운 효과 적용이 가능한 릴스 숏폼 영상도 제작해 볼 수 있습니다. 추가적으로 **페이스북, 엑스**와 연동하여 공유할 수 있습니다.

▶ 네 번째, 친구들과 더 가깝게 소통할 수 있고 정보 제공이 편리한 **카카오스토리**, **페이스북**에 올립니다. 엑스에 올린 단문 스토리를 활용해 감성적이고 공감이 반영된 스토리를 추가합니다. 카카오스토리에 작성된 스토리는 '카카오톡' 및 '카카오그룹'으로 공유할 수 있습니다. 또한, 페이스북 프로필에 업데이트된 스토리는 '페이스북 페이지' 및 '페이스북 그룹'으로 공유할 수 있습니다.

▶ 다섯 번째, 한국인이 가장 많이 사용하고 있는 모바일 동영상 플랫폼 분야의 최강자 **유튜브**에 동영상을 올립니다. 스마트폰으로 촬영한 사진들과 짧게 촬영한 영상을 활용하여 동영상을 제작합니다. 네이버TV 또는 유튜브에 짧은 동영상(1분~3분)을 제작하여 올려 봅니다. 스마트폰 동영상 제작 앱으로 비타(Vita), 블로(VLLO), 키네마스터(KineMaster) 등이 있습니다.

▶ 여섯 번째, **블로그** 글쓰기를 진행합니다. 스마트폰에서 네이버 블로그 앱에 접속해 스토리를 작성하는 것은 쉽지 않습니다. 화면 인터페이스의 제약과 수십 장의 사진과 텍스트를 입력해야 하기 때문입니다. 사진이 대여섯 장 일 경우에는 괜찮지만, 수십 장 일 경우에는 작성이 여간 어려운 게 아닙니다. 스마트폰에서 글쓰기가 어렵다면 네이버 클라우드 서비스인 '네이버 Mybox'에 추가하여 PC에서 작업할 수 있습니다. 블로그 스토리 작성은 '유혹하는 스토리텔링의 비밀(묘사적 흐름으로 글쓰기, 역피라미드 흐름으로 글쓰기, PREP 법칙에 따라 글쓰기)'에서 다룬 글쓰기 방법을 활용하여 작성합니다. 블로그 글쓰기가 마무리되면 추가적으로 엑스, 페이스북 페이지 및 그룹 등에 공유하여 스토리를 확산시킵니다.

▲ 크로스오버 실행 과정

스토리를 만들어 SNS에 공유하고 블로그에 글쓰기를 한 크로스오버 사례
를 공유하겠습니다. 본 사례는 전문성이 요구되기 때문에 어느 정도 숙련도를 갖
추어야 합니다. 또한, SNS 플랫폼을 활용하는 사용자마다 각기 다르기 때문에
진행하는 순서에 대한 규칙은 따로 없습니다. 어떻게 접근하고 활용할 수 있는지
참고하여 연습하길 바랍니다. 다양한 SNS 플랫폼을 크로스오버로 활용하는 것
이 처음은 낯설지만, 꾸준히 연습하고 익히면 잘 다룰 수 있습니다. 이 크로스오
버 사례는 여행 스토리이며 주제는 '벚꽃 나들이'입니다. 스토리 소재는 아이폰으
로 찍은 15장의 사진, 30초 이내로 촬영한 2편의 영상입니다.

❶ 처음으로 접근하는 앱은 위치 공유 SNS입니다. 스웜(Swarm) 앱에 접속하여 특정
  위치를 찾아 적용하고 대표적인 사진 한 장을 추가합니다. 다음으로 단문 스토리
  를 작성하고 친구 또는 SNS에 공유할 수 있습니다. 업데이트가 끝나면 포스퀘어
  에 접속해 방문한 사람들의 팁을 살펴보거나 작성해 볼 수 있습니다.

▲ 스웜(Swarm) 앱에서 체크인하고 단문 스토리를 작성한 화면

❷ 스웜(Swarm) 앱에서 SNS에 공유하지 않을 경우 엑스에 접속해 단문 스토리를 작성합니다. 엑스는 단문 140글자와 해시태그, 이미지 4장까지 추가할 수 있습니다.

▲ 엑스 앱에 단문 스토리를 올린 화면

❸ 이미지 공유 SNS 플랫폼인 핀터레스트와 인스타그램 앱에 접속해 사진을 업데이트합니다. 핀터레스트는 앨범(일월공원 벚꽃 나들이)을 만들어 핀을 꽂아 올립니다. URL은 블로그 글을 올린 후 수정 후 추가하면 됩니다. 인스타그램은 사진 게시물(10장)을 올리고 주변 경관을 릴스 영상으로 짧게 촬영해 올릴 수 있습니다.

▲ 핀터레스트와 인스타그램에 스토리를 올린 화면

SNS 플랫폼 중 장문 스토리(이미지+동영상)를 올릴 수 있는 페이스북 프로필과 카카오스토리에 스토리를 활용합니다. 기존 단문 스토리를 활용하여 내용과 해시태그를 추가해 공감이 가는 스토리를 만들 수 있습니다.

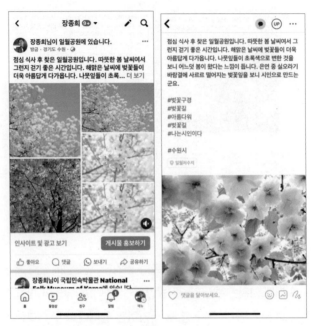

▲ 페이스북과 카카오스토리에 게시물을 올린 화면

❺ 다음으로 사진과 짧게 촬영한 영상으로 동영상을 제작합니다. 여기서는 VITA 앱으로 제작해 봅니다. 짧은 동영상을 제작하더라도 기획 과정이 필요합니다. 처음은 어떻게 시작하고, 어떤 자막을 넣고, 영상 분위기에 맞는 음원을 선택하고, 내러티브(Narrative)[9]는 어떻게 구성해야 할지 콘티(Continuity)[10]를 작성합니다. 1분~3분 이내의 동영상이라도 기획하고 영상의 기본적인 뼈대인 콘티 구성을 하면 완성도가 높아집니다. 동영상 제작이 완료되면 유튜브 또는 네이버TV에 업로드합니다.

---

9 인과관계가 있는 완성형의 스토리 구조를 전달하는 수단과 방법을 의미합니다.
10 텍스트와 이미지들이 있는 스토리의 거친 화면 구성으로 간략하게 동영상 흐름을 그려 놓은 것입니다.

▲ VITA 앱 동영상 제작 화면      ▲ 유튜브에 올린 화면

❻ 주류 SNS 플랫폼 다음으로 몰입적이고 탄탄한 스토리 작성이 가능한 블로그를 활용합니다. 대표적으로 네이버 블로그와 티스토리 블로그가 있습니다. 스마트폰 앱으로 작성할 경우 작은 화면과 인터페이스의 제약으로 스토리 작성이 어려울 수 있어 PC 환경에서 진행해야 합니다.

▲ 네이버 블로그 글쓰기 화면

❼ 블로그 글쓰기를 완료한 다음, SNS 플랫폼을 활용해 스토리를 공유해 봅니다. 저자는 다수의 계정을 만들어 활용하고 있습니다. 본 스토리는 여행이 주제이므로 엑스는 여행 계정에 재게시하고, 페이스북은 여행 페이지와 그룹에 단문 스토리를 추가한 후 블로그 주소 링크를 걸어 크로스오버를 실행합니다.

Foreign Copyright:
Joonwon Lee          Mobile: 82-10-4624-6629

Address: 3F, 127, Yanghwa-ro, Mapo-gu, Seoul, Republic of Korea
            3rd  Floor
Telephone: 82-2-3142-4151
E-mail: jwlee@cyber.co.kr

콘텐츠와 글쓰기로 매출 올리는
# SNS 마케팅

2022.  9. 20. 1판 1쇄 발행
**2024.  3. 27. 1판 2쇄 발행**

지은이 | 플랜스페이스
펴낸이 | 이종춘
펴낸곳 | [BM] ㈜도서출판 **성안당**
주소 | 04032 서울시 마포구 양화로 127 첨단빌딩 3층(출판기획 R&D 센터)
       10881 경기도 파주시 문발로 112 파주 출판 문화도시(제작 및 물류)
전화 | 02) 3142-0036
       031) 950-6300
팩스 | 031) 955-0510
등록 | 1973. 2. 1. 제406-2005-000046호
출판사 홈페이지 | **www.cyber.co.kr**
ISBN | 978-89-315-5896-8 (13320)
**정가 | 25,000원**

이 책을 만든 사람들
책임 | 최옥현
진행 | 조혜란
기획·진행 | 앤미디어
교정·교열 | 앤미디어
일러스트 | 문수민
본문·표지 디자인 | 앤미디어, 박원석
홍보 | 김계향, 유미나, 정단비, 김주승
국제부 | 이선민, 조혜란
마케팅 | 구본철, 차정욱, 오영일, 나진호, 강호묵
마케팅 지원 | 장상범
제작 | 김유석

이 책의 어느 부분도 저작권자나 [BM] ㈜도서출판 **성안당** 발행인의 승인 문서 없이 일부 또는 전부를 사진 복사나 디스크 복사 및 기타 정보 재생 시스템을 비롯하여 현재 알려지거나 향후 발명될 어떤 전기적, 기계적 또는 다른 수단을 통해 복사하거나 재생하거나 이용할 수 없음.

■ 도서 A/S 안내

성안당에서 발행하는 모든 도서는 저자와 출판사, 그리고 독자가 함께 만들어 나갑니다.
좋은 책을 펴내기 위해 많은 노력을 기울이고 있습니다. 혹시라도 내용상의 오류나 오탈자 등이 발견되면 **"좋은 책은 나라의 보배"**로서 우리 모두가 함께 만들어 간다는 마음으로 연락주시기 바랍니다. 수정 보완하여 더 나은 책이 되도록 최선을 다하겠습니다.
성안당은 늘 독자 여러분들의 소중한 의견을 기다리고 있습니다. 좋은 의견을 보내주시는 분께는 성안당 쇼핑몰의 포인트(3,000포인트)를 적립해 드립니다.

잘못 만들어진 책이나 부록 등이 파손된 경우에는 교환해 드립니다.